A cara lavada

TINI DE BUCOURT

A cara lavada

Como encontrar la verdadera belleza

Tini de Bucourt

Dedico este libro a mis adorados hijos, Juan y Ceci,

quienes me enseñaron tanto…

TINI DE BUCOURT

Índice

TINI DE BUCOURT

Prefacio a la segunda edición (2019)

16 años después de la primera publicación me doy cuenta de que esta visión ha madurado, mi objetivo contempla todo lo que escribí antes más la madurez de haberme dado cuenta que las mujeres y los hombres, el ser humano en general, luego de la mitad del vida tiene la hoja en blanco.

Esta hoja en blanco es cuando los hijos están más grandes y llegamos al momento de darnos cuenta de que cumplimos con los mandatos familiares.

No le temo a la hoja en blanco, sino que tengo respeto a todo lo que pintaré sobre ella. Esta metáfora es una invitación a preguntarnos: ¿qué hacemos nosotros con esa hoja después de la mitad de la vida?

Retomo a Coco Chanel que así comenzaba el primer prefacio escrito allá en el 2003 "no hay mujeres feas, sí haraganas" Esa hoja en blanco es el gran desafío donde debe prevalecer la voluntad y la decisión, donde realmente tomo consciencia que estoy en el tramo más importante de nuestra vida

Ya hemos cumplido con lo que se espera de nosotros y que ahora de verdad es el momento de vivir nuestra propia vida.

La maestría de saber cómo hacerlo es entender que tenemos una etapa nueva con nuestra pareja, rearmarla; los hijos vuelan, hay que dejarlos volar, no depender de ellos.

Hay que poner en marcha aquellos sueños que siempre

estuvieron y que nunca encontraron el momento pues estábamos ocupados con todo lo que había que hacer. No seas tu enemiga ahora, ¡ah, ahora no, tengo cincuenta y pico! ¿Cómo me voy a poner a estudiar ahora y hacer esto otro? Es momento de poner en marcha la voluntad y el coraje.

La voluntad es la que te llevará, definitivamente, a ser ese ser que ansías, una mujer bella que sos. No tiene nada que ver con ser linda, la belleza tiene que ver con tu verdad.

Tu belleza aparece cuando vos te animás a ser vos misma. Este es mi nuevo pensar a esta altura de mi vida, cerca de los 70, siendo una mujer muy feliz, muy contenta con la vida que tengo. No cambiaría un solo día de mi vida a esta altura por todo lo que estoy haciendo y viviendo.

Sobre todo, quiero decirles ¡¡GRACIAS ETERNAS a todas las mujeres que me siguen, que vienen a mis viajes, que vienen a mis talleres, porque de ellas aprendo cada día y también me empujan a ser esa mujer coherente a la cual quiero llegar a ser día a día!!

PRIMERA PARTE - LA MUJER MÁS ALLÁ DE SU IMAGEN

Escaneado del libro original

1. Infancia entre Berlín y Buenos Aires

Nuestra recompensa se encuentra en el esfuerzo y no en el resultado.
Un esfuerzo total es una victoria completa.

GANDHI

Nací el 12 de octubre de 1950 en la ciudad de Buenos Aires. Mi madre había nacido en Hungría en una familia de un excelente nivel cultural y económico, lo cual le permitió estudiar en distintos países, como Inglaterra, Suiza y Alemania. Era buena deportista, hablaba varios idiomas a la perfección y cursó diferentes carreras, entre ellas su pasión: el diseño de modas.

Como en toda familia tradicional, se esperaba que ella se casara con "un buen partido". Estudiando en Berlín conoció a mi padre, un alsaciano de origen más bien humilde que era todo lo contrario a lo esperado. Muy buen mozo, simpático y loco por las motocicletas, los automóviles, las lanchas y todo aquello que tuviera motor. El sonido de los motores era música para sus oídos. Había trabajado desde niño junto a su padre, quien se dedicaba a la herrería, y con el tiempo llegó a instalar un taller mecánico con un amigo y a participar en carreras automovilísticas. Su dedicación y perseverancia eran enormes, pero algo interfirió con sus planes tal como debe de haberles ocurrido a miles de hombres de su tiempo: la Segunda Guerra Mundial.

Mis padres continuaron su relación a pesar de las circunstancias, que no eran las más favorables para ellos ya que además de la guerra sufrían la oposición de mi abuelo materno, quien estaba tan furioso con su futuro yerno que hasta llegó a desheredar a su hija. Pero el amor pudo más y se casaron en Berlín con el estallido de la guerra. El único adorno romántico de la ceremonia fue una rosa que papá consiguió quién sabe en qué lugar. Al poco tiempo, justo cuando mamá estaba embarazada, él tuvo que partir a pelear al frente ruso.

Las contrariedades que produjo esta guerra en ellos, así como en tantos millones de personas, fueron terribles. El hecho más destacado ocurrió un 3 de febrero de 1943 mientras mamá se encontraba viajando en tren hacia Berlín y éste fue atacado por los bombardeos justo cuando ella comenzaba a sentir los primeros dolores de parto. Los pasajeros del tren fueron evacuados a un hospital de emergencia instalado en una casa particular, pero el único médico presente en el lugar había sufrido la amputación del brazo derecho a causa de una explosión, por lo que mamá fue llevada al último piso y allí parió sola a mi hermano Manfred. Papá recién pudo conocerlo después de algún tiempo.

Al finalizar la guerra, papá se impuso buscar una vida mejor para nuestro futuro. Cualquier lugar era bueno para estos hombres jóvenes que habían perdido años en una guerra cruenta, y él eligió la Argentina, un país con perspectivas de libertad y crecimiento. Consiguió un puesto en los talleres mecánicos del Ejército Argentino (recuerden que era loco por los motores), poco a poco logró reunir dinero y pagar el pasaje para mi madre, y mi abuelo materno se apiadó de él y colaboró con el pago del pasaje de mi hermano. Llegaron a Buenos Aires a fines de 1948 y allí se produjo el encuentro con su hijo, de cinco años de edad.

Instalarse en un país diferente, con un idioma desconocido y códigos nuevos no fue nada fácil para ellos, pero como papá era muy sociable siempre estaba rodeado de compañeros que habían venido con él a la Argentina. Para mamá, en cambio, la adaptación fue difícil, y me animaría a decir que nunca logró adaptarse por completo. Era menos sociable, enfrentaba sin ayuda todo el trabajo que implicaba la presencia constante de gente en nuestra casa, atendía ella sola a mi hermano, lavaba y cocinaba para los muchos amigos que se quedaban hasta tarde diariamente. El desconocimiento del idioma fue para ella una barrera difícil de sortear, y, para colmo de males, en ese entonces comunicarse por carta con su familia significaba esperar el correo durante meses. Todo era diferente de su querida Europa; ella veía que en la Argentina la gente prometía más de lo que cumplía, pero también que era una nación generosa en todos los aspectos. La gente era alegre, amistosa y cálida, el país era rico y no había sido arrasado por la guerra.

Nací en la maternidad del Little Mary, sobre la Avenida del Libertador San Martín, y fui el primer eslabón de una cadena iniciada en un continente nuevo. Para mi padre fue un hecho muy significativo, ya que pudo vivir este momento como antes no había podido hacerlo con mi hermano. A eso se le sumaba que yo era mujer, lo cual estableció claramente dos bandos. En adelante, mi mamá protegería más a mi hermano y mi padre lo haría conmigo, y estos hechos terminarían por marcar el destino de nuestras vidas. Mi madre se encargaba de recordar, siempre que podía, que ella "no había querido traer otro hijo al mundo".

Papá trabajaba mucho, y veía cumplidos sus proyectos. Se levantaba a las cinco de la mañana y no volvía a descansar sino hasta altas horas de la noche, con lo cual logró establecer su primera empresa de automóviles, dedicada a traer al país los primeros Porsche. Poco a poco mi abuelo reconoció el mérito de su yerno y se reconcilió con él. Viajamos a Alemania prácticamente todos los períodos de vacaciones de verano argentinos para pasar los inviernos europeos en la casa de mi abuelo prusiano. A mi abuela no llegué a conocerla porque había muerto de diabetes cuando mamá era muy joven.

La casa era soberbia, maravillosa, y estaba situada en la región central de Alemania. Después de la guerra, mi abuelo había recuperado parte de sus fábricas de cemento y su casa de gusto exquisito. En la puerta de entrada podía leerse en un cartel escrito con letra gótica: "Sobre todo, el deber", tal el mandato familiar. El jardín era imponente, y las empleadas domésticas, la cocinera, la empleada de la limpieza y el chofer iban y venían vistiendo uniformes negros meticulosamente limpios y prolijos. Las mujeres, con cofias y delantales blancos, y el chofer, con su respectivo gorro. Este último estaba a cargo de dos Bentleys.

Uno de mis recuerdos favoritos se relaciona con la hora de las comidas, cuando me mandaban castigada a la cocina por hablar en la mesa o comer de manera inapropiada (recuerden que mi abuelo era prusiano). A mí me encantaba porque allí me malcriaban —sobre todo la cocinera— y entonces podía hablar y comer como quisiera. A veces, me llevaban al jardín con una canasta para elegir las frutillas de la huerta. Tampoco olvidaré nunca las *Tante Frieda Plaetzchen*, golosinas de chocolate con confites de colores que siempre me regalaba la hermana de mi abuelo.

Las Navidades eran únicas. Cerca de la casa de mi abuelo vivía una íntima amiga de mamá que era veterinaria. Yo amaba ir a sus establos a darles de comer a los caballos, mis confidentes de los años juveniles. El olor a la paja y al sudor de los cuadrúpedos aún hoy son de mis preferidos.

En Alemania, cuatro domingos antes de Nochebuena, se acostumbraba a decorar las casas con un *Adventskrantz* o corona con cuatro velas rojas, y cada domingo se encendía una de ellas hasta la llegada de la Nochebuena. Esos días salíamos a pasear por la nieve en trineo guiado por caballos, el cual portaba una campana y faroles navideños. Nos envolvíamos en mantas de lana gorda, los perros se ubicaban debajo de nuestros bancos y dábamos paseos inolvidables.

Al volver a la casa nos esperaba un árbol de Navidad alto hasta el techo y decorado en forma natural. Allí nada era artificial, ni las velas rojas ni los propios árboles, porque en los países sajones el buen gusto enseña a rechazar el plástico y los adornos recargados. *Tante Ella* —la amiga de mamá—, que era una gran pianista, tocaba villancicos y todos cantábamos como en un cuento. Esta experiencia se repitió anualmente hasta mis diecisiete años.

Otros recuerdos, nada gratos, por cierto, también me marcaron para toda la vida. Por ejemplo, el cruce en automóvil desde Berlín Occidental hacia Alemania del Este, donde habían quedado mis abuelos paternos después de la guerra. Viajar en auto hasta Berlín me provocaba una sensación difícil de describir. El camino era un túnel largo bordeado de alambrados electrificados altos con casillas para los guardias. Todo era gris, y durante el trayecto un silencio denso se instalaba entre mi madre, mi padre, mi hermano y yo.

Al llegar a los puestos de cruce de la frontera, los policías, que parecían de la Gestapo, me producían tanto miedo que no podía ni mirarlos. Vestían sobre todos de cuero verde oscuro y botas, y eran tan altos que aterrorizaban. Había que portar un permiso especial para cruzar y no retrasarse en la estadía, y ellos revisaban el automóvil con minuciosidad microscópica porque estaba prohibido llevar revistas, café y todo aquello que fuera un indicio del buen vivir de este lado del muro. Papá siempre tenía algo escondido para sus padres y yo sentía pánico. La sensación era opresiva. Pasar del otro lado del muro era como pasar de ver una película en colores a ver una en blanco y negro y cámara lenta. Cada vez que volvía a Occidente los colores y nuestra risa parecían renacer.

Así fui creciendo, entre una educación germana y una cotidianidad latina. Fui al Colegio Goethe, donde durante el turno matutino se dictaban las materias en castellano y el clima era distendido y divertido, mientras que en el vespertino todo parecía emanar un aire de seriedad, los códigos eran otros y los profesores ni siquiera hablaban castellano ya que eran contratados por el gobierno alemán.

A mis once años se produjo otro hecho significativo en mi vida: mi hermano fue enviado a estudiar a Alemania. Que su hijo tuviese una educación superior a aquella que él mismo había recibido era el sueño de mi padre y lo vio realizado con mucho esfuerzo, pero mi hermano vivió esta circunstancia como si él fuera un obstáculo al que había que sacar de en medio. Mi madre nunca pudo perdonarse a sí misma haberlo dejado partir a los dieciocho años. Recuerdo la despedida en el aeropuerto de Ezeiza, él llorando a los gritos tomado desesperadamente de ella y pidiendo que no se lo llevaran, y mi padre separándolos a la fuerza pensando que sólo se trataba de un capricho adolescente.

Cuatro días antes de cumplir los trece logré realizar uno de mis sueños más preciados. Mi padre volvió especialmente de Alemania para festejar mi cumpleaños y me invitó a ver ballet al Teatro Colón.

¡Era el mejor programa de mi vida! Hacía ocho años que estudiaba ballet clásico y me fascinaba, pero mi deseo era ir sola con él a una función. Mamá me regaló un vestido para la ocasión y yo no podía dejar de sentirme un poco como la novia de papá. Fue la primera y la última vez, porque cuatro días más tarde recibí la noticia más terrible de mi vida: su muerte en un accidente automovilístico en la provincia de Santa Fe, al norte de Buenos Aires.

Papá había construido la fábrica Auto Union DKW de vehículos de origen alemán y viajaba cada lunes a esa provincia para regresar los viernes. Cuando yo veía su auto partir sentía que algo se desgarraba dentro de mí y ese "abandono" me marcaría a fuego. Estos viajes pusieron distancia entre los integrantes de la familia, pero papá se hacía presente para mí de una manera muy particular: llenándome de regalos. Eran obsequios a cambio de ausencias. (Y fueron demasiados, porque terminé acostumbrándome a ellos y sólo después de muchos años de terapia pude superar ese modelo).

Cuando papá estaba con nosotros en Buenos Aires yo jugaba a ser su secretaria, otro de mis sueños dorados. Él me llevaba como una reina a todos lados y me hacía sentir la persona más importante, incluso más que mi madre, con quien él mantenía una relación amistosa y de mucho respeto. Con su muerte sentí que me había quedado sola en el mundo ya que mi compañero de bando se había ido para siempre. Y como si esto fuera poco, comenzaba a ser mujer.

La vida se tornó gris de repente, mi hermano no estaba y mi madre había caído en un estado de tristeza y depresión. Papá nunca le había hecho faltar nada, pero ella lo desconocía todo acerca del funcionamiento de sus negocios. Con la desaparición de mi padre se desencadenó una cantidad de complicaciones legales por la pérdida misteriosa de ciertos documentos muy importantes y no fue fácil para ella tener que lidiar con los abogados argentinos en su mal español. No tenía a nadie de su familia cerca, aunque por suerte teníamos unos vecinos austríacos que eran nuestros mejores amigos. Quedé sola con mi madre, que apenas me hablaba a causa de su tristeza, a los trece años, la realidad me parecía insoportable. Mis únicos amigos eran los libros.

La adolescente rebelde

Se aflojó la red, pero no se soltaron los nudos.

PROVERBIO ACADIO

La etapa que se inició con la muerte de mi padre fue la peor de mi vida. Me sentía como en una prisión y mi reacción fue dedicarme a la lectura. Emily Dickinson escribió: "Una cárcel llega a ser un amigo", y así lo sentía yo. Pero a la vez aprendí una lección importante: podía estar sola y llevarme bien conmigo misma.

No hallaba consuelo a la idea de no volver a ver nunca más a papá. La única persona que yo sentía que me había amado sin condiciones ya no estaba; mi hermano se encontraba lejos y cada vez más distanciado, y el futuro sola con mamá significaba tristeza, dolor e incomunicación, todo lo cual me generó dificultades y empecé a tartamudear desesperadamente. Yo estaba tan desgarrada que las palabras no querían salir de mi boca y no podía expresarme. Y a la vez sentía que nada de lo que hacía era suficientemente bueno para mi madre, cuya desaprobación constante dificultaba aún más la posibilidad de alivianar mi tartamudez. Me negaba a expresar cualquier emoción por miedo a ser reprendida por ella. Hoy comprendo que su propia insatisfacción debe de haber sido enorme y que no era consciente del daño que me hacía. ¿Cuántas cosas negativas les diremos a nuestros hijos sin darnos cuenta?

Además de la pérdida de mi padre, tuve que aprender a enfrentar la cotidianidad del colegio. Mis compañeros, tanto varones como mujeres, me tuvieron lástima durante algún tiempo, pero pronto se olvidaron de mi dolor y las burlas no se hicieron esperar. Ni siquiera podía pasar al frente a dar una lección, y si me obligaban a leer en voz alta me ponía a llorar. ¡Quería dejar el colegio! Me refugiaba en mis clases de danza, donde no tenía que hablar más que con el cuerpo y donde nadie me molestaba ni se burlaba de mí.

Ahora más que nunca necesitaba la aprobación de los otros, por lo que silenciosa y meticulosamente fui trabajando mi aspecto exterior. Descubrí que los demás, al verme atractiva, me decían palabras agradables. ¡Por fin algo no relacionado con la tristeza! Necesitaba escuchar que era linda, que servía para algo, que significaba algo para alguien, aunque la devolución viniera de personas anónimas. Este mecanismo se transformó primero en un refugio y, más tarde, en una obsesión crónica. Estaba harta de tanto dolor y había encontrado un recurso que me brindaba resultados satisfactorios.

Me las ingenié entonces para mejorar al máximo mi aspecto, para lo cual transformé mi cuarto en un camarín mágico. Las revistas de moda fueron mis grandes aliadas y las estudiaba hasta el último detalle para adaptarlas con mucho talento a mi persona. Mi cuerpo era flexible gracias a las clases de danza, mi postura, erguida, y estaba consciente de mi atractivo.

Sabía moverme sugestivamente para no escapar de la mirada de nadie. Tenía el cabello largo y brillante, y todas las noches dormía tortuosamente con ruleros enormes para lograr el efecto de la famosa melena a lo Brigitte Bardot, abultada, sinuosa y sexy. La piel, las manos y las uñas debían verse perfectas. Estaba prohibido ir con maquillaje al colegio, pero yo me pintaba muy sutilmente (los ojos eran mi fuerte, grandes y pidiendo afecto a gritos). Estaba de moda la minifalda, y la túnica verde del colegio no podía ser más corta. El cinturón, los accesorios, todo ocupaba el lugar preciso, perfecto, como en una producción de modas. Sin darme cuenta hice una carrera en forma autodidacta, sola y sin ayuda. No podía saber que estas prácticas se constituirían en la maravillosa base de mi futuro trabajo.

Recuerdo perfectamente el vestido que más piropos y bocas abiertas producía. Rojo con pintitas o motas blancas, con un corazón tipo *patchwork* sobre mi corazón y otro sobre el ruedo del lado derecho. Era simple, pero me quedaba pintado. Inocente y al mismo tiempo muy sugestivo, enfatizaba la mezcla de mujer-niña típica de esa edad.

No tenía muchas amigas por mi problema y también porque mamá no me permitía invitarlas muy seguido ni ir mucho a sus casas. Ni hablar de quedarme a dormir o que vinieran ellas; mis compañeras vivían a grandes distancias de mi casa porque el Colegio Goethe, en ese entonces, quedaba en el barrio de Belgrano y acudíamos desde lugares muy diferentes de la ciudad. En aquellos años, Lomas de San Isidro era un sitio alejado de todo porque era una zona nueva. Además, una chica de buena familia no duerme en casas ajenas.

Mi transformación fue increíble ya que, de ser una chica linda, a quien le resultaba imposible expresarse verbalmente, me convertí en una líder. Claro que en mi interior convivían ambos aspectos. Hacía verdaderos malabarismos para ganarle a la tartamudez, que tanta vergüenza me producía y que por mucho tiempo fue un trauma, pero a la vez me transformé en alguien muy llamativo y mi estrategia para comunicarme comenzó a pasar por el lenguaje corporal.

*Mi cuarto era mi camarín de juegos teatrales, mi taller de
creación de personajes. También en el altillo pasaba
muchas horas y ese espacio fue transformándose lentamente
en mi laboratorio artístico. Allí cosía y era mi lugar para
los fines de semana, mientras que mi cuarto era un
minicamarín diario donde disponía de todo lo necesario
para producirme.*

También las obras de Proust, Flaubert, Goethe, Schiller, Brecht y tantos otros tomaban fuerza creativa dentro de mí. Yo no compartía con nadie lo que aprendía a través de la lectura, pero lo incorporaba a mis vivencias para utilizarlo después en la creación de mis personajes. Creo que fue entonces cuando nació mi talento para la pasarela.

Salíamos con Elisabeth, una compañera que era especialmente mona (sigue siéndolo hasta hoy, así como una muy querida amiga), alta, rubia, de ojos azules y boca grande. Ella era una especie de Brigitte Bardot y yo —alta, castaña oscura y también con ojos azules—, una Jean Shrimpton, famosa modelo descubierta por el fotógrafo David Bailey. Éramos el dúo más conocido del colegio. Un día mi amiga se platinó el pelo y yo me lo teñí de negro azulado. Hoy lo recuerdo y me causa mucha gracia ese color tan oscuro que nada tenía que ver con mis pecas. ¿Dónde se vio una india con pecas? Pero no importaba porque nos sentíamos fantásticas.

Estoy segura de que mi pobre madre no debe de haber sabido cómo manejarme al verme crecer con un tic nervioso por la pérdida de mi padre y necesitada de afecto. No sabía ponerme límites allí donde más los necesitaba, y entonces, a la larga, yo conseguía todo lo que me propusiera. Pedía y pedía, y ella, después de mucho negarse, terminaba cediendo por agotamiento y lástima. Lograr las cosas deseadas a fuerza de insistir fue un esquema que también repetí por muchos años. Mamá estaba indefensa ante mis rebeldes trece años. Hizo lo que pudo y la admiro por eso, pero la situación la superó. Tampoco supo hacerme partícipe de sus cosas o contarme como una aliada, sino que sus palabras y mensajes eran siempre descalificantes.

Con los abogados no tuvo mejor suerte. La "viveza" de algunos de ellos la marcaría de por vida y fue generando una bronca persistente contra todo lo argentino. Por supuesto que adoraba a este país que los había cobijado a ella y a su familia, le gustaban sus paisajes generosos, su naturaleza sin límites y la calidez de su gente, pero a la vez me comparaba demasiadas veces con ese actuar que tanto la había perjudicado a ella. Relacionaba mi rebeldía y aparente superficialidad con una característica muy argentina, muy alejada de su amada cultura sajona. Podría decir que su desgracia era tener una hija argentina.

A veces, al entrar en su cuarto, la encontraba llorando. Nuestro distanciamiento era cada vez mayor, y creo que inconscientemente yo hacía ciertas cosas sólo para irritarla y provocar una reacción en ella. La guerra entre nosotras estaba declarada. Hoy comprendo que no hubo maldad, pero sus reproches estaban a la orden del día. Para ella todo lo que yo hacía estaba mal, y si yo continuaba en esa tesitura, mi futuro—siempre según su propia perspectiva— sería un completo desastre. Sólo años después entendí por mí misma lo difícil que era ser madre. Como yo tenía la fuerza y el empuje de mi padre, me llevaba el mundo por delante. Así fue creciendo en mí uno de los mayores puntos a trabajar en mi vida: la ansiedad. Lindo trabajo me esperaba. No tenía la menor idea de que la ansiedad es sinónimo de miedo (a darme cuenta del dolor, a la incomprensión, a la desvalorización) ni que mi omnipotencia era su Contracara. Yo estaba ciega, no podía detenerme a mirar y menos aún a pensar. Mucho tiempo pasaría hasta que mi fuerte eje innato ganara la luz. Un manto de dramático silencio se instaló entre mi desesperada madre y yo, y este patrón de silencio se transformó en un modelo estable para mí que repetí varias veces en mis intentos de pareja. A decir verdad, no era fácil comunicarse conmigo. (Recién a los cuarenta y cuatro años me animé a descorrer ese manto y descubrí que el silencio no me hacía feliz).

Gané mucho dinero en mi vida, pero siempre sentí que no me lo merecía; más aún, necesitaba sentirme desesperada y abandonada. Cuando gastaba impulsivamente era sólo por pensar que lo adquirido me proporcionaría la segura mirada de los otros, y yo podía ser yo siempre y cuando esos otros se fijaran en mí. Gasté y gasté sin pensar nunca en mi seguridad futura, quizá por no haber conocido esa sensación en la niñez, pero luego pude hacer conscientes los patrones repetidos. Ese darme cuenta me llevó a un mundo desconocido en el cual no sabía manejarme y me producía pánico. Con los viejos esquemas nos sentimos mucho más cómodos porque conviven con nosotros desde siempre.

Therese Bertherat desarrolla un estudio sobre Marilyn Monroe, cuya infancia estuvo signada por el descuido y el abandono. Muchas veces, salvando las distancias, me he identificado con ella en lo relativo al crecimiento precoz y la manera de llamar la atención de los otros. Este mecanismo psíquico también a mí me dio la posibilidad de sentirme visible y querida.

Mucha gente que sufre experiencias infantiles de descuido o abandono, en particular las mujeres, se siente atraída por el cine o el *showbusiness* porque actuar a ser otra persona permite tornarse más visible. Ser actor o modelo es una forma de decir "aquí estoy, existo". Para mí fue el lugar donde, en esa época, mayor atención se me brindaba. El sentimiento de abandono me era demasiado familiar.

Pero como Dios nunca va a darnos una tarea que no podamos soportar, yo tenía mi propia tabla de salvación. Casi a título de presagio, desde los cinco años había despertado mi vocación por lo corporal y comenzado mis clases de danza clásica, las cuales se prolongaron por diez años. Tenía la sensación de que un hilo conductor inconsciente me llevaba a incursionar en los más variados campos de la expresión corporal, la que no sólo era mi eje físico sino también espiritual. El cuerpo era mi casa propia, el sitio que me proporcionaba paz y silencio. Allí era libre y nadie me criticaba. Como si la vida me hubiese impuesto la misión de integrar aquellos aspectos tan opuestos y competitivos que convivían en mi interior, un animal salvaje peleaba dentro de mí sangrando y desgarrándose.

Era tal mi necesidad de afecto y aprobación, que desarrollé una simpatía inquebrantable que consumía toda mi energía. Tenía que caerle bien a todo el mundo, ser linda y estar siempre impecablemente vestida porque de esa forma ~creía~ los demás me tendrían en cuenta. Como podrán imaginar, esta identificación se transformó en un mecanismo de gran importancia para mí. Necesitaba desesperadamente que me quisieran, pero, curiosamente, lograba mantener una sana naturalidad.

Los hombres son un capítulo aparte en mi vida. Sin padre ni hermano, sin abuelos, tíos ni primos, ellos se transformaron en mi obsesión. ¡En algún lugar tenía que encontrar ese cariño que me era tan esquivo! Así fue como me di permiso para vivir aventuras tan alocadas que, si mi madre se hubiera enterado, me habría puesto pupila. Me convertí en una adicta al amor, a tal punto que casi me caso a los dieciséis años con un chico doce años mayor que yo. El erotismo era otro de los campos donde tenía que brillar, y me había jurado que ningún hombre me olvidaría, aunque sólo fuese por el sexo.

Llegaron los dieciocho y, con ellos, la finalización del colegio. Un día, yendo para mi casa, conocí a quien iba ser mi marido y el padre de mis dos hijos. De pronto noté que un chico muy buen mozo iba a mi lado manejando un auto muy despacio. El MG descapotado llegaba justo al borde de la minifalda verde del colegio. Empezó a hablarme, pero una chica bien no conversa con extraños. Llegamos a la puerta de mi casa justo en el momento en que mi madre salía del garaje con su coche y él, ni lento ni perezoso, saltó de su maravilloso auto sport y rápidamente fue a presentarse. El detalle de su origen alemán no pasó inadvertido para mi madre, así que cuando él le pidió permiso para invitarme a tomar el té ella aceptó no sin antes establecer un horario límite.

Imaginen ustedes que la princesa y el príncipe se enamoraron perdidamente. Parecíamos hermanos: el mismo color de ojos y cabello y la misma altura. Al día siguiente conocí a sus padres y después de seis meses de estar juntos quedé embarazada. Me casé en agosto de 1969, y como mi hermano vino de Alemania para el evento mi felicidad era total. Mamá se sintió aliviada al pensar que ya no tendría responsabilidades sobre mí, pero se equivocó: la historia recién comenzaba.

Las cosas parecían al fin acomodarse. Mis suegros, mis cuñadas, todos me querían, y yo sentía pertenecer a una familia, algo que nunca había tenido. El ser futuros padres no ocupaba demasiado lugar en nuestras cabezas porque los dos éramos muy jóvenes e inmaduros, pero las vivencias del embarazo me colocaban en las nubes. Nunca fui tan feliz como en ese momento, me parecía estar tocando el cielo con las manos. Si el ser mirada era muy importante para mí, en ese momento me sentía más que satisfecha ya que el embarazo, mi juventud y el amor me pusieron más linda que nunca. La pancita era un punto de atracción irresistible y todo el mundo se fijaba en mí.

El enamoramiento de mi dulce hijito Juan fue fulminante. No podía dejar de estar con él, lo cual, como se darán cuenta, al padre no le causaba ninguna gracia. Al ser un inmaduro igual que yo —aunque era diez años mayor— los celos lo mataban y el maltrato comenzó a estar a la orden del día. No se me ocurrió que el lugar fundamental que yo le había dado a mi hijo podría provocarle semejante daño al padre. Las cosas iban de mal en peor, pero nos queríamos mucho.

Un nuevo embarazo volcó aire fresco sobre el paisaje y otra vez una sensación de bienestar y plenitud inundó mi ser. Nuestra casa en Lomas de San Isidro era hermosa y yo me sentía creativa y hábil. Éramos como una familia de cachorros que juegan y pelean, pelean y juegan. Ceci anunció su llegada y comenzó a formar parte de este baile.

Poco a poco el silencio empezó a infiltrarse nuevamente en nuestras vidas. Nubes grises aparecieron en el horizonte, pero nosotros seguíamos como si nada pasara. Fue en ese entonces que decidimos con mi mejor amiga Bárbara comenzar juntas la carrera de Psicopedagogía con orientación al arte, dictada en la Goethe Schule, y en ese momento despertó mi vocación docente. Mis dos hijos y el estudio ocupaban prácticamente todo mi tiempo, lo cual fue otro acto irritante para mi marido. Las nubes se transformaron en tormenta, y luego de otros desencuentros un buen día agarré a los chicos del brazo y hui a la casa de mi madre. La separación fue un duro proceso para todos. Por mucho tiempo había callado mi dolor porque había aprendido que "la ropa sucia se lava en casa". Bárbara, con sus dieciocho años, era mi única confidente y hacía lo que podía. En mi entorno la idea de analizarse equivalía a estar demente, con lo cual el panorama se complicaba.

Gracias a Dios, y cumpliendo con "el deber", mamá me brindó sus brazos, pero yo comencé a bajar de peso peligrosamente hasta llegar a los cuarenta y cinco kilos. Como no es difícil imaginar, mamá hizo de abuela y también de madre de todos, ya que yo era una criatura en todo sentido. Ella amaba a sus nietos y creo que, en parte, esta responsabilidad le dio sentido a su vida, pero conmigo nunca encontró otro modo de comunicarse que a través de reproches.

Poco a poco mis nervios fueron cediendo, así como también mi delgadez extrema, pero cada vez me sentía más insegura con respecto al futuro. Mi vacío interno y la ausencia de sostén eran cada vez mayores, y empecé a buscar desesperadamente un apoyo. Era joven, estaba llena de vida y una fuerza poderosa me impulsaba hacia adelante sin permitirme mirar hacia atrás para no enfrentarme al dolor. También me proporcionaba un margen de tiempo necesario para reconstruirme. Mis hijos me habían dado una luz muy especial, y bien sabía que cuando al fin hallara la plenitud luego de las equivocaciones vividas, recién entonces ingresaría en la etapa de la reflexión.

El divorcio fue muy difícil, como lo son todos. Mamá se comportó en forma generosa ayudándome en lo que podía, pero yo estaba ciega y necesitaba olvidar; el dolor era muy fuerte y la herida, demasiado reciente. Lo peor fue que reaccioné a esta situación mostrando una soberbia que, en realidad, era una máscara que ocultaba todo el dolor que sentía. No podía agradecerle a mi madre ni tampoco darme cuenta de todo lo que ella hacía por mí, sino que sus constantes reproches me generaban odio. Yo estaba tan ocupada en volver a sentir amor, en rearmar mi vida desde cero, en mantener a mis dos hijos, que pensaba lo menos posible en mi tragedia y empujaba hacia adelante.

Mamá fue una ayuda invalorable para mí, aunque en ese momento yo no podía admitirlo. Fue incondicional conmigo y mucho después comprendí cuánto me quería y se había brindado.

Tengo dos hijos divinos, los amo, y que a pesar de haber crecido sin una figura paterna son independientes en la vida, me aman y apoyan en mis decisiones, y como si esto fuera poco me admiran tanto como yo a ellos. Muchas veces fueron mis confidentes y me dieron fuerzas para salir adelante, tuvieron que vivir a mi lado muchas idas y venidas, pero en todo momento estuvimos muy unidos y pudimos contar uno con el otro. Hoy estoy convencida de que siempre se puede elegir entre caer en un pozo o salir fortalecidos.

Agradezco todo lo que viví y, también, el haberme dejado llevar por tantas experiencias. Sé que si hubiera usado más la cabeza jamás habría pasado por ellas, pero hoy puedo comprender muchas cosas y transmitir otras porque fue un tiempo de aprendizaje. Estoy convencida de que siempre es posible aprender de los errores para crecer. Toqué fondo muchas veces y así también me animé a renacer.

¿Modelo con dos hijos?

Todo el mundo cree que ser linda es la solución a todos los problemas, pero puedo asegurarles que en mi caso fueron mayores las dificultades que me ocasionó que las respuestas que me brindó. La belleza fue la mayor trampa de mi vida. Linda y tartamuda, ¡parecía una broma de mal gusto!

A los veintiún años me encontré separada, con dos hijos y viviendo en la casa de mi madre como antes de casarme. Era un retroceso a todas luces. Un buen día, mientras paseaba con ellos por Martínez, al pasar por la vidriera de una de las mejores boutiques de moda de Buenos Aires en ese momento, L'Interdit, salió una mujer, se presentó y me preguntó quién era yo. Ella era Maggie Tow, la dueña del lugar; me pidió que caminara, me observó varias veces de arriba abajo y me prometió llamarme en marzo del año siguiente para participar en su desfile. Yo no podía creer lo que estaba pasando. ¿Modelo yo? Nunca había imaginado que mi trabajo de autoaprendizaje podría transformarse en un medio de vida. Ese era mi secreto y no se me había pasado por la cabeza hacerlo visible. Además, mi energía estaba puesta en la psicopedagogía.

Toda la inseguridad del mundo se hizo presente en mi ánimo y el miedo se apoderó de mí. Seguro que no va a llamarme —pensé entonces—, hasta marzo faltan cuatro meses... Pero marzo llegó y, con él, el llamado tan temido para informarme del día y la hora de la prueba. Se trataba de uno de los desfiles más importantes y esperados de la temporada y yo iba a participar en él. Una parte de mí me impulsaba a buscar una excusa para no presentarme a la prueba mientras que otra parte, la correspondiente a mi educación germana, me obligaba a cumplir con mi palabra. La ansiedad me mataba, la fecha estaba próxima y yo no podía conciliar el sueño a causa de los nervios.

Nunca en mi vida había visto un desfile ni a una modelo en

carne y hueso, tampoco sabía caminar sobre una pasarela, así que todos los fantasmas habidos y por haber se congregaron en mi cabeza.

Llegado el día concurrí a la prueba más tranquila de lo esperado. Después de todo —me ilusionaba—, lo más probable era que yo no le gustara a Maggie y tuviera que volver sin pena ni gloria. Me puse mi perfume favorito de entonces, pachuli, y partí vestida con un look *hippy*. ¡Qué podía yo saber de códigos de la moda! Al llegar al taller me probaron ropa de confección y calidad espectaculares, pero en tonos verdes. Yo odiaba ese color porque había sido el de mi uniforme del colegio durante trece años y volver a él me parecía un castigo.

Esperaba ansiosamente el momento en que Maggie me dijera que conmigo había habido un error, que se había equivocado y no deseaba que yo desfilara, pero en cambio se mostró encantada. Ese día descubrí en mí una condición muy importante, ya que, cuando me probaba un vestido, me miraba en el espejo y algo mágico sucedía que me hacía olvidar por completo de que estaba en presencia de la gente y el lugar se transformaba en la intimidad de mi cuarto. De pronto me encontraba jugando con el vestido y dándole vida a un personaje, y fue eso justamente lo que terminó de convencer a Maggie. Yo sentía que en lugar de apremiarme ella me daba libertad para jugar y sentir la ropa sobre mi cuerpo. Luego de la prueba, me indicó la fecha del desfile y el horario en que debía presentarme en la mejor peluquería de la ciudad. Ya no era una fantasía, sino una realidad bien concreta. Al no tener obligación de hablar, era perfecto para mí.

A partir de ese momento comencé a sentir lo mismo que Marylin Monroe, para quien los halagos se convirtieron en su alimento cotidiano. Marylin sufrió una historia dolorosa de abandono y su manera de concebir el afecto era ser visible para los demás. Eso significaba que mientras tuviera un público que la admirara, ella sería tomada en cuenta. El siguiente fragmento de Therese Bertherat puede echar luz sobre este sentimiento tan particular:

Terminé por comprender que mis interlocutores y yo no hablábamos de lo mismo y que la belleza era casi siempre confundida con lo que no es. La inflación de las formas, por ejemplo. Un cuerpo de dos metros de alto y de largas piernas pasa de inmediato por bello... La extravagancia de la ropa o el detalle agresivo hacen parecer bello lo que sólo es espectacular. La juventud es sinónimo de belleza. El sexo es confundido con la belleza, pero un cuerpo sexy es con frecuencia un cuerpo contrariado, herido. En el fondo quizá sea eso lo que gusta. Esa herida secreta que se adivina. La gente más insensible es capaz de sentir esa imagen. Necesita que el cuerpo que se desea tenga algo que hacerse perdonar, un ligero estrabismo, omóplatos como alas de ángel o un cuello inclinado. Quizá se sienta así más segura o quizá sienta confusamente que domina, que está en posición de fuerza.

Marylin, la más sexy, la más conmovedora, de atributos tan conocidos, como sus carnes fundentes, sus breteles que se deslizan y las formas movedizas de sus senos, ¿tenía musculatura? La pregunta parece incongruente. Sin embargo, en las volutas de sus formas mostraba también una espalda demasiado arqueada para ser feliz, las piernas, los pies y los dedos deformados. ¡Al diablo con los dedos de Marylin!, me dirán, es un detalle sin interés en una criatura de ensueño. Sin embargo, ese detalle, sin interés para nosotros, era para ella una expresión involuntaria de su vida real, que no nos estaba destinada. Una expresión de su angustia, lo mismo que su incesante dolor de garganta, sus uñas comidas o sus palmas húmedas, pero su angustia se veía en millones de ejemplares, en cada uno de sus retratos. Lleva, decía Truman Capote, "los estigmas de la mentalidad de una huérfana"; al no confiar en nadie, o muy poco, batalla como una campesina para gustar a todos, quiere hacer de cada uno de nosotros su querido protector.

Batallaba hasta quedar sin aliento, en forma literal. Los "estigmas" son visibles en las contracciones de sus músculos, pero uno no los ve más que de manera fugaz, casi subliminal, justo lo necesario para que nosotros, su público, quedemos de repente halagados, excitados. Fascinados por los volúmenes "que luchan por un mayor espacio en el infinito de su escote" no se nos ocurre detenernos en su espalda, que también lucha, pero para tener cada vez menos espacio, para permitir que el volumen de sus senos se expanda hacia adelante, desplegando sus atributos de estrella-paraagradarnos en detrimento del resto del cuerpo.

Al fin llegó el gran día. Con maxifalda nueva (estaba de última moda) y carterita bajo el brazo, me presenté en la peluquería Andrea, de mucho renombre en aquel momento. Me sentía "sapo de otro pozo", como una chica de campo en la gran ciudad. Por supuesto que jamás había entrado en una peluquería como ésa; es más, casi nunca iba al centro (como la gente llama a la ciudad) porque vivía en las afueras residenciales. Era un viaje de aventura para mí y lo hice sola. Si tenía dos hijos, también podría moverme sin ayuda por Buenos Aires.

Al llegar no supe qué decir ni por quién preguntar, pero enseguida se me acercó Monona, una de las modelos, que sería mi amiga para siempre, y me ofreció su apoyo incondicional. En adelante también yo trataría de ayudar a las chicas nuevas porque sabía de memoria cómo se sentían en sus primeros trabajos.

Me lavaron el pelo y me pusieron ruleros enormes. Ya no estaba en la intimidad de mi cuarto, el escenario había cambiado y por primera vez tomé contacto con miradas externas profesionales. También descubrí a las "diosas", que estaban sentadas por ahí con todo su *glamour* sin perder conciencia de estar siendo admiradas por todas las otras mujeres que nos encontrábamos presentes. Ellas estaban vestidas a la última moda y yo... con mi pollerita de pobrecita. Se mostraban indiferentes y sólo me observaban de costado (o eso me parecía) y ninguna me dirigió la palabra. Increíblemente lindas, tan bellas como distantes para el resto de los mortales, eran el foco de la envidia de las demás. Como podrán imaginar, lo único que yo quería era salir corriendo de allí lo más rápido posible. No sabía que a partir de entonces cambiaría el rumbo de mi vida.

De pronto alguien me dijo: "Tenés que maquillarte". "¿Con qué?", pregunté. Nadie me había avisado de esto, yo no sabía cómo hacerlo y mis únicos cosméticos eran el rímel y un poco de brillo labial. La solución fue ponerme en manos de la maquilladora de la peluquería, quien sin ser experta en desfiles me llevó a su camarín y comenzó la lenta tarea de transformación.

*Inmediatamente llegaría uno de los momentos más
traumáticos y significativos de toda mi carrera. Cuando al
fin dejé el camarín y me enfrenté al espejo, no me reconocí
y me eché a llorar desesperadamente. Recién después de
muchos años pude comprender que la imagen que había
visto reflejada y que tan horrible me había parecido era
sólo maquillaje, el cual podía ser quitado para
reencontrarme con mi rostro verdadero.*

A partir de esa experiencia me convertí en alguien renuente
a la cirugía estética, el *lifting* y otros cambios en la cara o el cuerpo,
por el pánico de no poder reconocerme luego de adquirir una
máscara para toda la vida de la cual no poder desprenderme.

Poco a poco fui aprendiendo a adoptar estilos diferentes
usando el maquillaje y la ropa y a tomarlo como un juego
fascinante por su dosis de creatividad, en especial para mí, que
no tenía modelos claros en mi mente y menos clara tenía mi
identidad. Ser otra todo el tiempo era una tentación
deslumbrante y peligrosa a la vez. Un buen escudo para no tener
que mostrar quién era yo. Pero el mayor placer era limpiarme el
maquillaje por la noche para poder estar nuevamente a cara
lavada.

Ahora volvamos al momento "trágico". Después de calmar
mi angustia me dirigí junto a las otras modelos, y siempre en
estado de shock, al Hotel Alvear, donde se realizaba el desfile. Al
entrar vi a cientos de mujeres haciendo cola para poder ingresar
en el salón y una vez más el pánico que se adueñó de mí. Como
en trance accedí al vestuario gigante, y viví todo lo que ocurrió
luego como si hubiera estado anestesiada.

En el momento de salir a la pasarela, sentí nuevamente el
impulso de huir. Unas manos me empujaron con suavidad hacia
mi destino y al ver a todo ese público femenino clavando sus ojos
en mí, "la modelo nueva", rogué a Dios que me hiciera
desaparecer. Nunca nadie me había enseñado a caminar por la

pasarela y ahora debía hacerlo delante de todos. La pasarela era alta y angosta, por lo que sólo había espacio para una sola persona. Y ocurrió lo peor.

Mi última pasada era un vestido negro espectacular tipo Chanel, el más hermoso de toda la colección. Lo acompañaban zapatos con tacos de doce centímetros de altura, que solamente tenían puntera y estaban atados a los tobillos por cintas de raso. Cuando me encontraba en el punto más alejado del vestuario se me desataron las cintas, con lo cual me era imposible continuar avanzando. ¿Qué hago?, pensé, mientras gritaba por dentro en busca de ayuda. Debo de haber parecido un animal herido, quieta y desesperada; pero la salvación llegó desde mi propio interior cuando la danza, esa herramienta silenciosa de mi cuerpo, vino en mi apoyo. En un solo momento decidí depositar mi confianza en mis recursos, y, sin doblar las rodillas y exhibiendo mucho orgullo por no dejarme dominar, me incliné lenta y graciosamente hasta llegar con las manos a la altura de los tobillos para hacerme cargo de las cintas rebeldes. Podía percibir el silencio del público y su respiración contenida. Las señoras no podían creer que, sin doblar las rodillas y subida a tacos altísimos, yo llegara a tocar el suelo, recogiera las benditas cintas y las atara con elegancia y precisión.

Lo más extraño de todo, al menos para mí, fue sentir una confianza absoluta en mí misma. Hice las pasadas sin que nadie me enseñara y dejándome conducir por mi intuición. Ese día descubrí que caminar sobre la pasarela estaba hecho a mi medida y un gran orgullo creció en lo más profundo de mi ser. Caminé como una diosa sintiendo la música muy adentro y llevando el ritmo del baile en cada paso que daba. El aplauso de los presentes me alivió, y entendí que podía evitar el peso de la mirada crítica externa siempre y cuando confiara en mí misma. Me costaría años lograr esa sensación en otros aspectos de mi vida.

Al finalizar el desfile, caí desplomada sobre una silla. Esperé que todo el mundo se retirara para que nadie me hablara a la salida por la vergüenza que sentía, pero los demás estaban atentos a su propio éxito y no tenían tiempo para mí. Regresé a casa enseguida para atender a mis hijos sin poder ir a festejar como las otras chicas. Me sentí muy sola y esa noche lloré desconsoladamente. Había perdido tres kilos en el curso de la tarde a causa de los nervios.

Otra vez se repetía la dualidad de mundos: uno lleno de luces, de éxitos, el *limelight*, un mundo de ensueño deseado por mucha gente. Por otro lado la realidad, la educación de mis hijos, mi angustia por ganar dinero para poder cumplir con las obligaciones que me imponía su crianza, la búsqueda de mayor conocimiento sobre técnicas corporales. Pero algo importante había ocurrido, ya que al día siguiente me llamaron de tres revistas de moda. Yo les había gustado y entonces supe que podía ser buena. Me prometí a mí misma ser una de las mejores y no detenerme hasta lograrlo, aunque todavía no sabía cómo. Puse manos a la obra y practiqué hasta el cansancio. Rodeada de revistas estudiaba cada fotografía con la máxima precisión. No era fácil ser joven, querer disfrutar de lo mismo que cualquier chica de veintidós años y, a la vez, tener la responsabilidad de criar a dos hijos. Como no podía salir a bailar como las otras modelos, me quedaba en casa aprovechando el tiempo. Me probaba ropa de diferentes estilos y buscaba incorporarle a cada una el personaje adecuado extraído de mi memoria después de haber leído tantos libros. La magia y el ritmo venían de la danza. En un año había sido contratada por todas las casas de moda de la ciudad. También fui enamorándome del espejo, y peor aún, me encantaba el efecto que producía en el público. Los hombres me asediaban y yo quería creer que era porque les importaba, sin darme cuenta de que deseaban seducirme sólo para hacerse ver conmigo.

En ese entonces, pasaba mis vacaciones en Villa Gesell en una casa frente al mar comprada por mi madre donde viví momentos gratos. Tenía un grupo de amigas, todas solteras, que hacían programas para salir a bailar, ir al cine y esas cosas que suelen hacer las chicas. Yo también deseaba tener esas experiencias, pero estaba atravesando etapas correspondientes a otro momento de la vida y me sentía desfasada.

Mis programas eran con mis hijos, desde andar a caballo o caminar por la playa hasta salir a pasear o hacer picnics. Otra vez la dualidad: por un lado, compartir el tiempo con gente soltera, la adecuada para mi edad, y por otro lado con parejas jóvenes y sus hijos, por fuerza de las circunstancias.

Recuerdo cuando una colega me invitó a Mar del Plata a pasar un día de playa con su grupo de amigos. Ella quería presentarme a un posible candidato, pero a mí esta situación me angustiaba por mi escasa experiencia. Mi mundo en ese momento era otro. Además, tenía claro que no debía enredarme en relaciones sin sentido que afectaran mi moral o la de mis hijos.

Los chicos me acompañaban a los desfiles de verano que se realizaban en diferentes balnearios. Viajábamos en mi Mehari rojo, un Citroën abierto al que amábamos, donde llevábamos también a Brutus, nuestro perro, y todo era muy divertido. El paisaje campestre en el contexto de las dunas nos invitaba a disfrutar de los paseos. El auto había sido la primera compra con dinero propio, ganado en una publicidad de un producto para el cabello.

Poco a poco comenzaba a ser conocida, la gente me reconocía en todos lados porque mis fotografías estaban en muchas revistas, y esto, que por un lado era halagador para mi narcisismo creciente, por otro lado, significaba la pérdida de mi privacidad. Iban sumándose situaciones difíciles de manejar, en especial para mí, que ya tenía suficientes. Para los chicos todo debe de haber sido muy extraño puesto que ninguna de las mamás de sus amigos tenía una vida como la mía. Cuando iba a buscarlos al colegio siempre llamaba la atención de todos. Ellos eran felices de tener una madre joven, pero que fuera el centro de la atracción general ya no les gustaba. ¡Yo era su mamá! Además, en esa época no había muchos compañeritos que fueran hijos de padres separados como ellos. Y para colmo, con una mamá atípica.

Caminando, ordenando, limpiando

Fue difícil lograr el equilibrio entre mis obligaciones maternas y el anhelo de ser una chica de mi edad, de vivir intensamente una etapa tan especial, de encontrarme a mí misma. Y sumado a todo esto, ser modelo.

Deseaba desesperadamente rehacer mi vida. Salía con chicos y también con hombres no tan jóvenes quizá buscando al papá perdido. También quería rehacer mi familia, darles un hogar a mis hijos y una imagen paterna y masculina. Las parejas siempre fueron definitorias en mi vida, cada una, una inmensa oportunidad de crecimiento, y si bien eran personas excelentes y bienintencionadas, sin darme cuenta yo las elegía pensando en que debían llenar mis ausencias. La necesidad de afecto me hacía aceptar muchas cosas que nada tenían que ver con mi personalidad.

El hecho de estar a cargo de la manutención de mis hijos me transformó poco a poco en una luchadora. Comprendí el sufrimiento de las mujeres durante la guerra, cuando sus hombres peleaban en el frente y ellas quedaban a cargo de la casa, los hijos y el sustento. Yo también estaba peleando mi propia guerra.

Fue una etapa de confusión, pero también de vivencias movilizantes. Yo estaba buscando, experimentando y formando mi propio modelo mediante el sistema de ensayo y error. Mis parejas, por entonces, duraban un tiempo corto, y cuando mi Ángel de la Guarda aparecía diciéndome "esto no va más", ¡adiós!, la historia se terminaba. Llenaban mi orfandad en el afecto al considerarme linda, me da vergüenza confesarlo abiertamente pero así era. Ellos tenían por misión completar esos espacios vacíos de mí misma. Con el tiempo aprendí que únicamente yo podía hacerlo.

Paralelamente a mi vida afectiva y profesional, una nueva energía me impulsaba a investigar técnicas corporales.

Infancia entre Berlín y Buenos Aires

*Quizás uno de esos impulsores haya sido la tartamudez,
que con los años fue desapareciendo y sólo quedaron de ella
suaves vestigios al pronunciar ciertas sílabas; pero lo cierto
era que necesitaba profundizar más sobre la magia
silenciosa del cuerpo, tal vez para evitar que todas esas
experiencias traumáticas se inscribieran en el mío en
forma de tensiones, contracturas y pinzamientos inducidos
por mi mente.*

Fui conociendo las técnicas de Therese Bertherat, Gerda Alexander, André Lapierre, las teorías de Paul Schilder sobre la imagen y apariencia del movimiento, así como las de Matthias Alexander. Todo aquello que me permitiera investigar y conocer más sobre los distintos lenguajes corporales se transformó en mi foco. En mi tiempo libre, leía cuanto podía y a todos lados mis libros iban conmigo. También hacía gimnasia, pero esta práctica no me conformaba del todo porque tenía que ver con lo externo, lo puramente físico, y yo buscaba caminos diferentes. Intuía que mi cuerpo era una suerte de espacio escénico, un mapa en el cual aprender a leer mis traumas, mis fantasmas y mis cicatrices.

El mundo de las modelos nunca fue del todo mío. Es verdad que me servía para acariciar mi ego, pero a la vez asistía a cuanto curso sobre técnicas corporales se cruzaba en mi camino y así fue como me encontré con el yoga. Mi primera maestra fue una señora procedente de la India de ochenta y cuatro años.

*Me fascinaba estudiar los gestos, el lenguaje sutil del
cuerpo y todo aquello que no manejamos en forma
consciente. Leía sobre máscaras, tribus, ritos, diosas,
mitología y todo tipo de terapias novedosas, y participaba
activamente en retiros espirituales y talleres
experimentales. También se infiltró en mí el bichito de la
espiritualidad y me convertí en una experta en encontrar
seminarios y workshops.*

*Comencé a hacer catarsis llorando y limpiando mis
heridas, y todo ese trabajo interior silencioso finalmente fue
mi salvación.*

También sentí la necesidad de hacer terapia tradicional, pero tener que evocar mis años de infancia me causaba un profundo dolor y tardé mucho tiempo en contar mi historia. La ayuda recibida de mi psicóloga Marta G. fue inmensa y produjo en mí un verdadero despertar. Recuerdo muy especialmente su recomendación de leer el libro de Jorge Semprún La escritura o la vida, donde el autor narra sus experiencias en un campo de concentración nazi durante la guerra siendo muy joven. Allí asegura que le tomó casi cuarenta y cinco años poder escribir sobre el inmenso dolor vivido, y entendí que a veces elegimos no darnos cuenta para no sufrir.

Hoy, mirando atrás, me parece imposible conciliar a las dos Tinis, la externa y la interna. En ese entonces no sabía qué podía surgir de todo ello, pero tampoco me lo planteaba. Lo que estaba claro era que yo no era la modelo típica. Mi vida continuaba el trazo de los caminos opuestos, contradictorios.

Fui contratada por los diseñadores de todo el país y así fue como conocí la Argentina de punta a punta y me enamoré de mi tierra, su gente y su inmensa belleza. Podría haber sido modelo internacional porque no me faltaron oportunidades, pero entre quedarme con mis hijos y viajar por el mundo no tuve dudas y elegí lo primero. También comenzó a ser frecuente que, al terminar los desfiles, mujeres de todas las edades se me acercaran a charlar y a preguntarme si podía enseñarles a caminar "de esa manera tan especial". ¿Enseñar yo? Lo más llamativo era que me lo preguntaban a mí y no a mis colegas. ¿Qué tenía yo de diferente? Quizá transmitiera algo sutil en mi lenguaje corporal que a ellas les atraía.

Con una colega muy querida, Patricia Miccio, decidimos abrir una escuela para modelos en particular y para la mujer en general. Allí se formaban chicas con condiciones para la profesión, pero también acudían mujeres de todas las edades para aprender a mejorar su aspecto y su andar. Fue el comienzo del que después sería mi propio método. Resultaba bastante difícil dar clases y trabajar como modelo al mismo tiempo. La escuela requería horarios formales y la profesión era todo lo contrario, así que después de un tiempo la escuela se deshizo.

Fue en esta época que se produjo la incursión de las modelos en la televisión, algo que se transformaría en un verdadero boom. Éramos contratadas para participar en muchos programas y algunas, entre ellas yo misma, para intervenir regularmente. Al poco tiempo una importante empresa de multimedios me contrató para dirigir su escuela de modelos.

Los viajes y mi conocimiento de idiomas también fueron un factor de gran ayuda. Mi profesión me llevó a diferentes lugares del mundo y mi cabeza incorporaba toda la información recibida como un contenedor de millones de datos nuevos.

A veces, lo aparentemente caótico posee un orden y un sentido ocultos a primera vista. En mi caso, sentía que este proceso albergaba un gran tesoro que en algún momento iba a ser descubierto, y decidí confiar ciegamente. La vida me ofreció muchas oportunidades; transitándolas no sólo fui aprendiendo, sino también pude ir limpiando y ordenando mi, hasta entonces, confusa vida.

El reencuentro

Muchos años más tarde, viviendo en la India, comprendí que el caos es apenas una etapa dentro del gran sistema del orden, la etapa previa. Mis lecturas y mi indagación en diferentes disciplinas no eran más que la búsqueda de respuesta a miles de interrogantes. Ante todo, a la pregunta por mi identidad, siendo como era la primera argentina de la familia y teniendo códigos tan diferentes de los aprendidos y exigidos en casa. Necesitaba hallar respuestas a preguntas como quién era yo, qué rumbo darle a mi vida, cómo educar bien a mis hijos, qué significaba ser buena persona, qué quería para mi futuro una vez que dejara la profesión. ¿Ser linda seguía siendo tan importante, o habían surgido otras cosas para equilibrar la balanza? ¿Cuáles?

Explorando mis ganas de pintar y esculpir comencé a incursionar en el arte y descubrí con alegría que mucho de lo aprendido aparecía en mis modestas creaciones. Además de esto, tomé contacto con una técnica de autoconocimiento llamada Programación Neurolingüística, una rama de la comunicación creada por los norteamericanos John Grinder y Richard Bandler, y empleé estas técnicas en todo lo que hice en mi vida, las cuales fueron una herramienta poderosa para el que sería mi futuro medio de subsistencia: la comunicación.

En este tiempo de descubrimiento, me cuestionaba acerca del significado de la belleza y así fue creciendo mi interés por la antropología.

¿Qué era la belleza a los ojos de otras culturas, razas y pueblos? Cuanto más investigaba, más fascinada estaba. Me convertí en autodidacta, y, a medida que adquiría mayores conocimientos a partir de la lectura, mi manera de ver el mundo y a mí misma se modificaban.

Mi foco estaba puesto en las mujeres de todas las edades; me pasaba largo tiempo observándolas y preguntándome por qué se preocupaban tanto por ser lindas y verse jóvenes, qué les pasaba a aquellas que ya no lo eran y cosas por el estilo. Sentía que tenía mucho para compartir por haber sufrido una verdadera adicción a la belleza. Era experta en la actuación cuando se trataba de crear personajes para desfilar o para las fotos de las notas de moda, una maestra en el llamado arte efímero, pero en mi vida personal sólo me importaba lo natural.

Infancia entre Berlín y Buenos Aires

Una noche apareció en mis sueños un cartel luminoso que se encendía y apagaba sin cesar en letras grandes que decían: "Deja la pasarela" y al día siguiente anuncié mi retiro definitivo. Tenía treinta y seis años. Siempre obedecí los mensajes llegados a través de los sueños porque provienen del inconsciente y confié en esa voz interna como en un maestro porque era mi *Higher Self*, pero en ese momento no lo sabía.

¿Qué iba a ser de mi vida? No me desesperó pensar en el después porque sabía que algo nuevo estaba por comenzar. ¿Acaso los cambios no eran el *leitmotiv* de mi vida?

Cuando tenía veintisiete años, tuve una experiencia imborrable para el resto de mi vida. Cruzando en automóvil la zona de los Alpes, en Austria, descendí del vehículo y caminé un rato hasta llegar a un punto solitario y alejado del ruido de la ruta. Mirando la increíble belleza del paisaje tuve de pronto una sensación profunda de paz interior jamás experimentada y, con ella, la percepción certera de que todo estaba bien. Mi angustia y confusión se evaporaron como por arte de magia y quedé allí sentada como en estado de éxtasis. Había tenido una profunda experiencia espiritual. Comprendí que tanto sufrimiento, desesperación y dolor tenían que servir finalmente para algo. Innumerables veces viví la misma sensación y siempre estando sola, en contacto con la naturaleza, rodeada de paisajes majestuosos.

Como le ha pasado a mucha gente, en ocasiones estuve tentada de elegir el lado oscuro de la vida (los flirteos con la anorexia, el contacto con la droga), pero gracias a Dios siempre ganó la luz. Supe que el dolor y los errores podían ser transformados en riquísimas experiencias de vida, estaba finalmente en la senda correcta y me sentía una buena persona.

Transitaba el camino del reencuentro. Lloré mucho y di las gracias por haberme equivocado tanto.

2. Arquitecta de mujeres

Puse la vista en el agua y vi correr mi destino.
PROVERBIO SUMERIO

Ahora que ya conocen un poco más sobre mi historia personal, voy a hablarles de una de las etapas más creativas de mi vida.

Cuando dejé la profesión la pregunta clave era: ¿y ahora qué? Me angustiaba pensar en lo difícil que sería encontrar una actividad que me permitiera ganar dinero tan rápidamente, pero me sentía demasiado estresada por una profesión inestable en la que nunca se está segura de ser llamada en la siguiente temporada o de seguir siendo la favorita.

Tenía un proyecto en la cabeza y en el corazón, pero ¿cómo empezar? Llegar a realizarlo era tan importante para mí, que hasta renuncié a la posibilidad de casarme e irme a vivir al extranjero. Fue una decisión difícil, pero sabía que si no ponía en marcha mi idea me sentiría frustrada por el resto de mi vida. Era un proyecto mío, concebido durante años, y sabía que iba a servirles a todas las mujeres de todas las edades.

Antes de comprometerme con alquileres, decidí iniciar el emprendimiento en mi propio departamento. Para chequear si mi idea tenía la aceptación suficiente para seguir adelante publiqué un aviso en el diario, distinto de todos los que yo había visto sobre temas dedicados a la mujer, y la primera sorprendida con la amplitud de la respuesta fui yo. No sólo acudieron a los cursos personales las postulantes a modelos, sino también mujeres con distintos intereses y perspectivas. ¡Tuve que dictar clases todos los días, pero todo en la comodidad de mi hogar! Pronto me di cuenta de que la atmósfera casera, alejada del ambiente de los clásicos institutos, era una parte importante de mi éxito. Las alumnas se sentían como en su casa mientras aprendían a tomar contacto por primera vez con su verdadera y única casa: su propio cuerpo.

Cuando el curso terminaba yo me quedaba trabajando, escribiendo y pensando, y en medio de todo esto mis chicos iban y venían con sus quehaceres diarios divirtiéndose al verme tan activa y entusiasmada. Fue un gran incentivo para ellos.

Mi hijo Juan, que sabía que mi profesión soñada era la Arquitectura, un día me dijo: "Pero mami, si sos arquitecta de mujeres..." Me impactó mucho porque era cierto, yo sentía que las ayudaba a reconstruir esquemas corporales perdidos.

Era tanta la gente que llamaba solicitando un lugar en los cursos, que después de unos meses el departamento me quedó chico. La señal era clara: tendría que abrir un lugar mucho más espacioso porque la etapa experimental había llegado a su fin. Busqué y encontré la casa más linda que puedan imaginar, un Petit Hotel francés construido por un arquitecto famoso, que había pertenecido a un expresidente argentino. Con sólo entrar fue suficiente para darme cuenta de que ese era el lugar indicado.

Ahora había que negociar, pintar y decorar, pensar en la folletería, el logotipo, el nombre, la inauguración, así que luego de dar los cursos salía corriendo a controlar los arreglos. Por suerte, conocía a muchos fotógrafos de mi profesión de modelo y tenía otros contactos que fueron invalorables en ese momento y que eran el premio a mi profesionalismo. Tantos años de sacrificio por fin rendían una buena cosecha.

La decoración debía ser de buen gusto, pero sin distraer del objetivo de la enseñanza. Y desde hacía algún tiempo ya sabía cuál iba a ser el nombre. Un día, caminando por el campo, una persona muy importante en mi vida que conocía a fondo mi filosofía me sugirió el siguiente juego con las letras de mi propio nombre: T de tiempo, I de imágenes, para un N de nacimiento, I de interior: TINI. Me encantó y así se conoció mi proyecto. Esta empresa fue un renacer para mí.

Lo que para otros hubiese significado un costo tremendo para mí fue sencillo. Lo primero que hice fue convocar una reunión de prensa, a la que asistieron todos los medios y publicaron notas sobre el nuevo proyecto. Como consecuencia, cada vez se inscribían más mujeres en los cursos. Siempre me había costado gran esfuerzo comunicarme con la gente, pero ahora observaba que todos percibían y entendían mi código. Esto me produjo gran sorpresa y me permitió revalorizarme a mí misma. Me sentí mimada y feliz.

Trabajaba dieciséis horas diarias y esto continuó así por doce largos años. No tenía la menor idea de lo mucho que iba a crecer. Necesitaba ayuda para dar clases ya que yo sola no podía abastecer a la cantidad de mujeres que se presentaban, entre postulantes a modelos y mujeres de todas las edades, para aprender a sacar el mejor provecho de sí.

Inicié los cursos antes de finalizar la obra de decoración, lo cual aportó su cuota de encanto. Sobre todo, porque todavía no había sillas y trabajábamos en el suelo, si bien había almohadones comodísimos y todo estaba previsto para el mayor confort. Este detalle tan simple desestructuró por completo a las alumnas y las animó a soltarse.

Conseguir a los profesores adecuados no resultó tarea sencilla ya que mis pretensiones eran altas. Publiqué un aviso buscando personas con preparación en áreas muy específicas, como danza, pintura, cine, video, teatro, expresión corporal, técnicas corporales variadas, psicología, entre otras disciplinas, y se presentó un gran número de postulantes, todos fantásticos, a quienes recuerdo hasta el día de hoy. Fue una época de felicidad ya que la Escuela TINI nos brindó la posibilidad única de aprender y desarrollar ideas novedosas en forma mancomunada. Descubrí que había mucha gente con ganas de hacer cosas diferentes, pero que no encontraba espacios donde expresarse. ¡Yo misma quería ser alumna para poder experimentar las enseñanzas! Fue realmente un boom.

Instalamos una escuela de maquillaje, salones de producción de modas donde se filmaba, y de fotografía donde se tomaban fotos a las modelos. Y como nada es casual en la vida, la espiritualidad tocó otra vez a mi puerta. Maestros llegados de diferentes latitudes encontraban un espacio en TINI y comenzamos a ofrecer conferencias desde los Estados Unidos, *workshops* sobre la muerte guiados por maestros lamas, todas propuestas que encontraban corazones abiertos y ávidos de aprender.

Fue tanta la suerte que tuve, que hasta una cocinera ofreció sus servicios y abrimos un pequeño y exitoso restaurante. Empresarios asistentes a desayunos de trabajo, gente de la prensa haciendo notas, alumnas de edades e intereses diversos, todos iban y venían por los distintos espacios de la escuela. Era un proyecto pionero, pleno de buena onda y mejor energía.

El tiempo fue pasando y trajo muchas ofertas, entre ellas la de tener mi propio programa de televisión por cable. Las empresas entendieron que el tema femenino podía concitar el interés del público y así nació "Estilo Tini", primero, y "Ser humana", luego. Era un desafío mayúsculo ya que en sólo un día se grababan los cinco programas de la semana. ¡Resultaba agotador! Además, había que conseguir espónsores para no tener que invertir dinero propio y una productora para pasar las temáticas al lenguaje televisivo. Los resultados no sólo fueron altamente redituables desde el punto de vista del contenido sino también desde el comercial. Ahora que vuelvo a revivir la odisea, hasta yo misma me sorprendo del esfuerzo realizado.

Comencé a dar conferencias para la mujer, reinicié los viajes por todo el país y países vecinos y poco a poco se abrieron sucursales en otras zonas de la ciudad, una en el sur y otra en el norte de la capital. Todo este esfuerzo me desgastó muchísimo porque la gente quería verme a mí, pero yo no podía estar en todos lados al mismo tiempo, entonces armé un esquema meticuloso para que cada alumna tuviese la oportunidad de tomar clases conmigo. Contaba con excelentes profesores y lo que comenzó siendo apenas un proyecto se transformó en una gran empresa.

Los viernes a la noche yo les ofrecía la casa en forma gratuita a artistas jóvenes y talentosos, cuya selección estaba respaldada por gente idónea en la materia. La prensa, siempre de mi lado, cubría todos estos eventos. Los miércoles a la noche se daban cursos de bailes sociales para hombres y mujeres, como tango, vals y otros. Como se darán cuenta, no tenía tiempo para aburrirme.

En ese entonces participaba también en un programa de radio como columnista fija a través del cual convocaba a personas de todas las edades a caminar por la ciudad los sábados por la mañana haciendo un reconocimiento arquitectónico y botánico de la mano de especialistas. Concurría gente de todas las edades (los abuelos y abuelas con sus nietos, los padres con sus hijos) y extracciones sociales. Luego íbamos a mi escuela, donde se ofrecían premios.

Surgió la posibilidad de abrir las primeras carreras de Producción y Fotografía de Moda y la idea tuvo un éxito inmediato. Las expectativas fueron superadas altamente y el plan de apertura de una universidad no tardó en aparecer entre los que llevábamos el proyecto adelante.

Muchas de mis alumnas fueron grandes impulsoras de ideas. Gracias a una de ellas surgió la propuesta de las que luego serían las famosas "Charlas abiertas". Se fijó un día a la semana y se convirtió en un clásico, ya que concurrían entre cien y doscientas mujeres por vez y de allí sacaba en parte a mis alumnas. Las mujeres tenían oportunidad de conocerme en persona y preguntarme directamente todo lo que deseaban. Fue un acierto.

Como broche final, una gran amiga que tiene agencias de turismo tuvo la feliz idea de organizar viajes de mujeres con Tini a Nueva York. El objetivo era ayudar a la mujer a viajar sola, animarla a tener sus propios programas —de teatro, musicales, desfiles, arte, conciertos—, y sobre todo a conocer un Nueva York con el que todos los turistas soñaban.

Así fue como se organizó y concretó el proyecto TINI, el cual sólo pudo sostenerse gracias a una buena planificación y a las personas que creyeron en mí. A todos ellos, mi eterno agradecimiento.

Buenos Aires, Ciudad del Descontento Corporal

Si algo me sorprendía cada vez que convocaba a mujeres a mis charlas abiertas, era la heterogeneidad del público. A pesar de eso, todas se mostraban interesadas en algo que no podían definir con palabras, pero que intuían en forma clara. Sabían que había algo mucho más sustancial y permanente que el aspecto exterior, que el mundo no se terminaba en lo meramente visual y aparente. Yo me daba cuenta de que eso que buscaban era su propio estilo, pero desconocían cómo hallarlo.

Hay determinados temas que importan y preocupan a la mayoría de las mujeres pertenecientes a ciudades cosmopolitas, donde el consumo es moneda de todos los días. Los grandes centros urbanos ofrecen múltiples y tentadoras opciones para comprar desde ropa hasta artículos de decoración, libros, y presenciar cientos de espectáculos de entretenimiento, como el cine, el teatro, los conciertos o la danza.

Todas estas alternativas muchas veces logran distraer del sentir corporal, ocupan la mente en actividades externas y hacen que lentamente la balanza se incline hacia un lado. En estas circunstancias, es poco el tiempo que resta para dedicarle al ser interior. No ocurre lo mismo en las sociedades rurales, donde la gente establece un vínculo directo con la tierra y donde el cuerpo, al estar mucho más tiempo al aire libre, se comporta de una manera más suelta.

Buenos Aires, la ciudad cosmopolita más austral del mundo, ya en aquel momento se había convertido en uno de los centros urbanos con mayor descontento corporal. Un número considerable de mujeres padecían y padecen hoy un fuerte síndrome de falta de identidad y son, por ello, extremadamente conscientes de su imagen. Piensan que envejecer es sinónimo de morir, por lo que su objetivo es ser eternamente jóvenes y deseables.

Muchas de ellas no sólo se vuelven adictas al bisturí, sino al agregado de sustancias que alteren su fisonomía para siempre. No se sienten conformes ni con el paso del tiempo ni con aquello que la naturaleza les ha dado, por lo que intentan cambiarlo suponiendo que, finalmente, encontrarán la fórmula de la juventud eterna. Sólo permanecen fieles a sí mismas aquellas que están más conectadas con la realidad y se niegan a que la juventud sea una prioridad en sus vidas.

En el año 2001, en Mar del Plata, se realizó un congreso de psicoterapeutas internacionales donde fueron analizadas las causas probables de la adicción femenina al cambio corporal. Esta inclinación por el aspecto físico en un país de Sudamérica llama la atención en todo el mundo, porque parece haber superado a países desarrollados como los Estados Unidos. Factores históricos, políticos y sociales son los grandes responsables de esta, hoy denominada, enfermedad social.

Ya saben ustedes que, quizá por mi historia personal, toda mi vida observé el comportamiento de las mujeres buscando mi propio camino para encontrar mi identidad. El cuerpo siempre fue mi ancla, mi cable a tierra, y el estudio de distintas técnicas corporales me llevó a sentirlo mío y hacer de él mi única casa. Recuerdo cuando estando de viaje por Francia quedé fascinada al observar a las mujeres porque las veía llevar su cabeza con orgullo, como si el intelecto fuera un trofeo a exhibir con vanidad. No les importaba la edad, y podría decir que el paso del tiempo parecía incrementar el orgullo de las francesas por su género. Esa misma sensación la viví cuando estudiaba los grupos tribales, para quienes la edad es una escritura honrosa y sabia, que ofrece la posibilidad de hacer una lectura sobre cada cuerpo. Esta concepción del mundo captó mi fascinación para siempre y fue el pilar fundamental de mi método. Busqué entonces una manera creativa y divertida de hacer realidad el despertar del poder femenino. Como ocurre con todas las cosas serias, tenía que lograr transmitir esta idea casi como un juego. El desafío era enorme.

Los cursos

Trabajo con chicas de trece a dieciséis años

Comencé a trabajar con jóvenes maravillosas de entre trece y dieciséis años, una etapa de gran inseguridad y desconocimiento del propio cuerpo justo en un momento de grandes cambios. Me encantaba trabajar con ellas porque podíamos comunicarnos fácilmente y los resultados eran siempre exitosos. Más que la palabra empleaba el juego, la sensibilidad, la posibilidad de experimentar tales cambios corporales. Sabía que la teoría debía ser aplicada a la realidad para evitar que quedara sólo en la cabeza, entonces les decía: "Basta de palabras y bienvenida la acción". Siempre creí que es más efectivo un diez por ciento de práctica que un ciento por ciento de saber teórico y hoy, transcurridos los años y con la perspectiva que éstos brindan, me doy cuenta de haber acertado.

Las madres llevaban a sus hijas adolescentes a las charlas porque intuían que en mi escuela ellas descubrirían algunos aspectos relacionados con su autoestima y femineidad.

Habían leído sobre mi método en diferentes revistas y diarios, y sabían que me había pasado la vida investigando nuevos caminos de apertura femenina. Para mí la belleza no pasaba por el maquillaje o el vestuario, sino por lugares imperceptibles a simple vista.

Mi premisa era que todas las experiencias emocionales se encuentran inscriptas en el cuerpo. Que, por ejemplo, un pecho cerrado es señal de una autoestima baja. Que trabajar en el nivel físico implica tocar temas de gran profundidad y privacidad, generalmente dolorosos y cerrados bajo siete llaves. Que estos conflictos que les dieron origen son tan aflictivos, que a veces las personas no desean evocarlos por temor al sufrimiento. Es fácil olvidar, pero el cuerpo pide ayuda a gritos porque padece las múltiples consecuencias de tal negación. Es allí cuando surgen las enfermedades, los rostros tensos y una imagen corporal distorsionada. El cuerpo se achica, se acorta, pierde su simetría natural, parece más "añoso" de lo que realmente es. La cirugía no ha podido llegar a nuestro interior dañado, y jamás lo hará porque los cambios son el producto de un trabajo consciente y personal con nosotros mismos. No existe maquillaje, ni crema milagrosa, ni lifting, ni peinado o vestuario que logre la transformación de nuestro ser más auténtico. Sólo algunas prácticas muy antiguas, como el yoga —una cirugía sin anestesia ni bisturí—, posibilitan llevar nuevamente al cuerpo a su estado de belleza original, pero esto sólo se consigue después de años de dedicación.

Trabajar con estas personitas tan jóvenes y desconocedoras de su potencial fue una gran satisfacción para mí a la vez que una gran enseñanza. Guiarlas con amor y cuidado, en un lenguaje entendible para ellas, fue un aprendizaje recíproco. Fue, quizá, la etapa más rica de mi vida.

Trabajo con mujeres adultas

Cuando la mujer ya ha concluido sus estudios, se sumerge en el mundo laboral consciente de necesitar una buena imagen como carta de presentación para su trabajo. Los cursos con el grupo adolescente continuaban con grupos de 16 a 18 años, 19 a 24, 25 a 35 y 36 a 45.

En este momento de la vida, si bien la primera etapa casi infantil de baja autoestima ha sido superada, todavía quedan vestigios de emociones irresueltas, a veces de por vida. Es común ver a mujeres bellas con cuerpos contraídos y tensos, con malas posturas copiadas de los padres, con emociones perdidas en el océano silencioso del cuerpo, mujeres que no saben lo que les pasa, pero perciben que algo no está bien. La idea era ayudarlas a reencontrar su centro para investigar luego sobre el estilo de cada una. Fue un regalo del cielo haber tenido en mis manos la oportunidad de ayudarlas; esa posibilidad mágica de trabajar con la belleza de acuerdo con etapas vitales tan diferentes fue una gloria para mí.

Mujeres de la mediana y la tercera edad

Estos ejemplos fueron la culminación de mi experiencia. ¿Estaban ellas ayudándome a mi preparación para el futuro? La confianza que demostraron tenerme aun sabiendo que yo era más joven y, por ende, había atesorado menor cantidad de vivencias fue una suerte de gracia que me concedieron. Juntas transitamos un camino de descubrimiento ya que ellas deseaban aprender a adaptar su cuerpo a una realidad muy alejada de los ideales juveniles.

El cuerpo nunca es el mismo ya que sufre transformaciones

constantes a través del tiempo, pero en esta etapa del camino a la madurez el cambio es radical: aparecen arrugas notorias con las que no sabemos cómo lidiar, la carne se torna flácida y la piel, carente de la frescura anterior. Los primeros signos de la proximidad de la vejez se hacen visibles y, con ellos, surge la pregunta por la forma de mantenerse lo mejor posible. Si en cualquier lugar del mundo éste es un interrogante inevitable, en la Argentina lo es en mayor medida ya que el paso del tiempo es vivido casi como un castigo.

Haber tenido la oportunidad de trabajar con estas mujeres de edad mediana fue otro broche de oro en mi carrera, a la vez que una posibilidad de captar la esencia de la vejez y conocer otros caminos de satisfacción y otras definiciones o modalidades de la belleza.

Pude demostrarles y demostrarme a mí misma que es posible ser linda en cualquier etapa de la vida. En ese camino estoy, me cuesta, pero me gusta y he notado los resultados. Es un camino de fe, confianza y disciplina, donde el espejo externo —del que nos ocuparemos enseguida— no cuenta. Seguir inscribiendo el cuerpo con un lenguaje profundo, honesto y valiente. Ése es el camino que elegí para mí y el desafío que propongo en este libro.

3. Espejito, espejito...

Aunque le arranques los pétalos, no quitarás su belleza a la flor.

RABINDRANATH TAGORE

Quién no ha sentido envidia alguna vez. Es un sentimiento totalmente humano, pero por alguna razón misteriosa es también uno de los más difíciles de aceptar. Considerado un pecado contra el décimo mandamiento y uno de los siete pecados capitales del Infierno de Dante.

Para explicar esta emoción tan intensa me gustaría retomar el famoso cuento de hadas "Blancanieves y los siete enanitos", escrito por los hermanos Jacob y Wilhelm Grimm a comienzos del siglo XIX. Refresquemos la memoria para descubrir juntas las claves de esta maravillosa historia.

¿Recuerdan cuando la reina, al pincharse un dedo, pierde una gota de sangre en la nieve, y a partir de entonces sueña con tener una hija de piel blanquísima, boca roja y cabello muy negro? Su sueño pronto se hace realidad al nacer Blancanieves, pero al poco tiempo la reina muere y el padre de la niña vuelve a casarse, esta vez con una mujer bella pero orgullosa y soberbia. Para sentirse segura, esta madrastra típica necesita que le digan todo el tiempo que es la más linda y joven de las mujeres y confirma su posición frente a las rivales preguntándole a su espejo mágico, que nunca miente, quién es la más bella. Espejito, espejito...

Mientras la reina es joven el espejo la señala a ella invariablemente, pero un día le responde que la más linda de las mujeres no es otra que Blancanieves. Ella se pone verde de envidia y entonces envía a un cazador a darle muerte a la muchacha mientras pasea por el bosque. El cazador deberá entregarle a la reina mala, como prueba del cumplimiento de su misión, un órgano del cuerpo de la pobre Blancanieves, pero llegado el momento no tiene corazón para hacerlo y le entrega a cambio el de un animal salvaje. La madrastra malvada se alimenta de él pensando que así recuperará la juventud y belleza perdidas.

Mientras tanto, Blancanieves recorre el bosque y se encuentra con una extraña morada, la casita de los siete enanitos, quienes la invitan a permanecer con ellos. Los enanitos saben que en cualquier momento podría presentarse la madrastra y entonces advierten a Blancanieves sobre el peligro de abrir la puerta o hablar con extraños.

Siempre a través del espejo, la reina descubre que su hijastra está viva y, como la envidia no le permite pensar con claridad, prepara una manzana embrujada cuya mitad contiene un veneno mortal. Disfrazada va en busca de Blancanieves, la encuentra en la casa de los enanitos en el bosque y le ofrece comer la fruta predestinada. Primero la joven se niega, pero luego la reina le propone probar ella misma una de las mitades para que Blancanieves compruebe que tal veneno no existe. La joven, que anhela encontrarse con una madre buena y comprensiva, da un mordisco a la otra mitad de la manzana y cae muerta. Al verla, los enanitos no tienen ánimo ni fuerzas para enterrarla; además, se dan cuenta de que tiene las mejillas rosadas y deciden ponerla en un ataúd de vidrio para continuar admirándola y protegiéndola. Siempre hay un enanito a su lado cuidando de ella.

El tiempo transcurre y la joven permanece en su ataúd, pero un día pasa por allí el hijo del rey y se detiene a contemplarla sin poder apartar los ojos de ella. Entonces les pide permiso a los enanitos para llevarse el ataúd y, al pretender levantarlo, el cofre se cae y se rompe haciendo que la manzana venenosa salga de la garganta de Blancanieves. El resto del cuento es bien conocido:

el príncipe y Blancanieves se casan y van a vivir al palacio. Invitan a la boda a la madrastra y ella acepta enfrentar a su rival y enemiga, pero al verla tan hermosa queda petrificada. Deberá bailar calzando unas zapatillas de hierro caliente hasta caer muerta.

Blancanieves se libera de la reina malvada y, al poco tiempo, da a luz a una niña. Esperamos que haya sido capaz de manejar su envidia mejor que su pérfida madrastra.

Los cuentos de hadas tienen la función de develar tabúes culturales a través de metáforas e imágenes, en este caso, la inaceptable envidia y la complicada relación madre-hija (un vínculo que no siempre es un lecho de rosas), especialmente cuando ésta deja de ser niña y se transforma en mujer. Como ustedes podrán imaginar, cuando estudié y analicé este cuento quedé fascinada. No sólo me era de utilidad en la relación con mi propia hija, sino también para comprender mejor a mis alumnas, en especial a los grupos de madres e hijas.

En estas narraciones cada elemento tiene un significado especial, y "Blancanieves y los siete enanitos" no es la excepción. Veamos juntas qué simboliza cada uno de ellos.

El espejo: simboliza las emociones encubiertas

La madrastra de Blancanieves es vanidosa y no soporta pensar en el triunfo de su hijastra. Si hubiese sido una buena madre habría reflejado la belleza interior de Blancanieves, pero la joven no ha tenido la suerte de contar con una madre bondadosa sino con una egoísta y centrada en sí misma.

Lo que quiere decirnos este cuento es que, si una niña tiene en su madre un espejo adecuado, su desarrollo será adecuado. Cuando una madre no sabe reflejar las buenas cualidades de la hija, ésta desconocerá que las posee.

Una madre envidiosa bloqueará el normal desarrollo de su hija. Al no tener un reflejo de sus buenas cualidades en su madre, esa hija creerá que éstas no existen, con lo cual probablemente se sienta incapaz de realizarse. Buscará su afirmación y autoestima en el hombre porque anhela el espejo que le fue negado.

Todas las madres somos, en algún momento de la vida, como la reina malvada del cuento. Las buenas madres intentarán que sus hijas vean realizados sus sueños y expectativas, pero otras sentirán envidia al comprobar que disfrutan de oportunidades, logros y diversiones de las que ellas nunca gozaron. Por supuesto que las madres como las del cuento no siempre son conscientes de lo destructivo de su sentimiento.

Sabido es que todas las mujeres del mundo se enfrentan alguna vez con su envidia al comprobar que la belleza las ha abandonado y la juventud ha quedado atrás para siempre. La tragedia ocurre si esta madre ve a la hija como una rival. Dado que no es una buena idea provocar la ira de una madre con estas características, la hija limitará inconscientemente sus logros, su felicidad y la confianza en sí misma. Esta conducta, conocida como "síndrome de Blancanieves", hará que quienes lo padezcan se muestren en un nivel inferior al materno por temor a ser envidiadas por ella, temor que en realidad encubre el miedo de no ser queridas o aceptadas.

Tener una madre cariñosa y comprensiva es el anhelo de todas las hijas. Si esto no ocurre, su crecimiento se teñirá de inseguridad y llegar a la adultez podrá transformarse para ellas en una batalla como la de Blancanieves.

El bosque: simboliza su propia naturaleza interior

Blancanieves recorre su naturaleza y es allí donde encuentra a sus ayudantes psíquicos, los enanitos, quienes le brindan el apoyo y contención necesarios para prepararse para el mundo envidioso.

El cazador: simboliza la ausencia del padre, un padre que no puede decirle "no" a la esposa, pero ayuda a la hija detrás de la espalda de aquélla.

Una relación afectuosa y armoniosa con él es fundamental para el buen desarrollo sexual femenino. La ausencia paterna llama la atención en el cuento. Podría haber sido una voz opuesta a la de su esposa malvada que apoyara a su hija para sobrellevar los mensajes descalificantes de aquélla, pero al estar él ausente Blancanieves debió trabar lazos de amistad con los enanitos para comenzar a descubrir su sexualidad. Ellos son esas personas que aparecen en nuestras vidas para llevarnos luz y claridad, ya sea un amigo, un pariente, un terapeuta, un cura o incluso un desconocido. Como todos los enanitos tienen buenas cualidades —opuestas a las de la madre malvada—, junto a ellos Blancanieves aprende sobre el mundo exterior. Quiere decir que sólo una vez que se ha separado de su madrastra ha podido descubrir sus valores y atributos.

El ataúd de vidrio: simboliza un espejo propio

El ataúd de vidrio significa que Blancanieves no está aislada y, a la vez, tiene espacio propio, mientras que el largo sueño está relacionado con el renacimiento de su ser verdadero. En el vidrio ella ve su propio reflejo como en un espejo y, además, le permite tomar contacto con el afuera. El período que Blancanieves permanece en el ataúd simboliza la etapa de crecimiento, de ahí que al quedar liberada se encuentre lista para iniciar una relación de pareja.

El príncipe: simboliza a su hombre interior

El príncipe es el símbolo de aquellas cualidades que

Blancanieves creía no poseer, pero que estaban en ella en forma latente. En este caso, la iniciativa, la agresividad y el cumplimiento de sus objetivos. La madre mala no contribuyó para que ella las desarrollara, pero el príncipe, es decir, el "hombre interior", la ayudó en este proceso de descubrimiento. Al tomar las riendas de su personalidad, estuvo preparada para salir del ataúd y enfrentar la vida.

Finalmente, Blancanieves se anima a hacer frente a la madre envidiosa para desechar la fuerza destructiva interior que la impulsa a ser como ella. La muerte de ésta alude a la unión de los dos aspectos de la personalidad de la hija. Por último, podríamos decir que el triunfo de Blancanieves representa la posibilidad que todas las mujeres tienen de hacer frente a la envidia materna.

La envidia es una emoción que las personas suelen esconder u ocultar por sentirla oscura y sucia. Un sentimiento doloroso nacido de una carencia y del deseo de poseer aquello que el otro tiene. Pero en realidad, daña más a quien la siente que a la persona sobre la cual se vierte. Por eso conviene trabajarla para quitarle lo negativo y transformarla en una envidia "sana", esa que sirve de motor para conseguir lo deseado.

Sacar a la luz este sentimiento y trabajarlo a fin de convertirlo en un estímulo para el cambio es saludable y positivo. Nos impulsa a imitar a la persona envidiada sin por eso perder la identidad o a hacer el esfuerzo necesario para desarrollar nuestros mejores talentos. Quiere decir que esta versión sana de la envidia nos ayudar a hacer identificaciones positivas.

Reconocer la envidia produce vergüenza y obliga a negarla, pero es la única manera de superarla. Muchos son los mecanismos puestos en práctica para disfrazarla, como tenerse lástima, adoptar el papel de víctima, mostrarse indiferente, criticar al exitoso o elogiarlo falsamente. Quizá nuestra madre tampoco haya tenido un buen reflejo en su madre, pero esa es otra historia. Una niña que ha experimentado esa ausencia se sentirá impotente y buscará afuera su reflejo.

Lo importante es entender que este sentimiento oculta una carencia. Se siente envidia cuando se mira demasiado hacia afuera, cuando no se ha tenido un espejo positivo en la infancia y todo está depositado en los otros.

Las Venus de hoy

La envidia es un sentimiento que nunca está ausente en la relación entre hermanas, amigas o entre el hombre y la mujer, y puede surgir por distintas causas, como la competitividad en el trabajo, el éxito personal, el aspecto externo y otras. Las mujeres envidian muchas cosas, pero la primera de la lista es la belleza ya que un buen aspecto y un cuerpo admirable han sido identificados por largo tiempo como atributos vinculados con el éxito por sobre la profesión o la inteligencia. La belleza no puede medirse, pero la importancia concedida a ella es tal que logra despertar un sentimiento de inseguridad y envidia en quien no la posee.

El auge de la fotografía y el cine contribuyó a incrementar este interés hasta tornarlo en obsesión. En su libro A primera vista, la doctora Robin Lakoff dice que las modelos son estándares de belleza casi imposibles de alcanzar, con cuyas imágenes la sociedad es bombardeada en forma permanente:

Las Venus de hoy nos recuerdan lo que no somos; nos hacen sentir, por el color humano de los ojos, la calidez de la piel, que podríamos ser como ellas si usáramos el cosmético tal o nos hiciéramos el estiramiento cual. Al tener presente lo que no es, usted envidia.

Es así que la mujer termina creyendo que con dinero, esfuerzo y tiempo podrá alcanzar el ideal deseado.

Cada vez hay más revistas, programas de televisión y hasta canales exclusivamente dedicados a la moda y la belleza. El director de arte de la famosa revista *Vogue* en los años treinta decía: "Un fotógrafo capacitado puede transformar momentáneamente a una chica en una diosa y objeto de envidia". En los años cincuenta, *Vogue* describía un rostro espectacular como aquel portador de seguridad económica, posición y estatus. En los setenta, una mujer bella estaba conforme con su personalidad, era activa y atlética y tenía inquietudes profesionales. La belleza pasiva quedó de lado, así como también toda clase de artificio, ya que esta mujer reivindicaba su aspecto natural. En los ochenta la tendencia obligaba a lucir un físico espectacular a toda costa, y todavía hoy las personas son juzgadas rápidamente sobre la base de una observación superficial y se emplea una definición limitada de belleza.

En una sociedad que practica el culto a la juventud eterna, la fijación por el aspecto exterior debería ser revisada y superada. Al respecto propone la Dra. Lakoff:

> La belleza debe entenderse como algo conseguido mediante la experiencia individual, que aparece en el rostro como un distintivo de un ser humano competente, interesado y pensante. Belleza es lo que pueden mostrar las arrugas alrededor de los ojos, la estructura del mentón, el porte de la que sabe dónde ha estado, adónde va y adónde quiere llegar. Belleza es autonomía, personalidad.

La envidia por la ropa es otro factor relevante. Una mujer que siempre viste bien parece decirle al mundo que sabe lo que quiere y que se siente segura consigo misma. La mujer suele envidiar a aquella que manifiesta un estilo personal y único, pero conviene tomarse el trabajo de conocer a la persona que hay detrás de la ropa para evitar sentir envidia.

Si durante muchos años el éxito consistió en ser linda, popular, tener marido e hijos y un armario lleno de ropa de marcas reconocidas y costosas, hoy en día es el estatus en el trabajo lo que produce envidia. Sin embargo, el éxito muchas veces es hijo del miedo al rechazo social, a la falta de popularidad o incluso a ser considerada poco femenina de acuerdo con el mandato ancestral de la mujer de evitar la ambición. En síntesis, reconocer la envidia propia tiene como contrapartida el descubrimiento de la libertad para cambiar esta situación de evidente desventaja. Aprender de este sentimiento, aceptarlo y revertirlo en positivo, es un paso para dejar atrás la obsesión por lo que no se posee.

Atracción fatal

Jamás olvidaré aquel día de mi primer desfile, cuando me miré en el espejo y no pude reconocerme. El susto quedó marcado a fuego en mí por mucho tiempo. Recuerdo bien las dos reacciones intensas y desconcertantes: por un lado, al no hallar mi imagen y, luego, el alivio de saber que bajo esa máscara yo seguía teniendo el mismo rostro. Fue el comienzo de una larga etapa a la que denominé "atracción fatal por el espejo" y que desencadenaría una relación prolongada y con tintes de obsesión por ese objeto.

Por entonces, no me sentía cómoda conmigo misma y desconocía dónde estaba parada en la vida. Buscaba el espejo en el exterior porque el mío no reflejaba mis cualidades. Era como si un hechizo me llevara a enamorarme más y más de él porque lo que en verdad buscaba era ser visible para los otros. La trampa consistía en no poder ver que ese amor me alejaba cada vez más de mí misma. Por esta necesidad de mirar siempre hacia afuera y compararme con los demás sentí mucha envidia y por miles de razones, como por ejemplo el permiso que tenían mis amigas de visitarse y quedarse a dormir en la casa de otras amigas, el hecho de que todas ellas tuvieran un padre, o una madre más joven, o una familia completa, y la lista podría seguir.

*En aquel cuarto de mi casa hacía los primeros
experimentos con el espejo, el único amigo que sabía de
mis tristezas y mis dramas. No sospechaba entonces
cuántos actos iba a tener que representar hasta dejar caer
la máscara y animarme a verme tal cual era. Dejar de
fumar fue difícil, pero dejar el espejo fue mucho peor.*

Ser modelo fue mi gran oportunidad de transformarme en alguien, de hacerme visible para los demás. Quiere decir que funcionaban dos motores al unísono: por un lado, la necesidad imperiosa de ganar dinero para mantener a mis hijos y, por otro, la de demostrar cuánto valía. No me daba cuenta de estar transitando un camino peligroso.

Ustedes pensarán que soy desagradecida, pero ser linda es maravilloso siempre y cuando se tenga un mapa interior con el cual manejarse. Para mí fue una especie de emboscada del destino, porque me enamoré de mi imagen en el espejo y esto me impidió conectarme con mi interior. Es la trampa de la vanidad y el narcisismo.

Siempre digo que Walt Disney se habría hecho un festival conmigo. Al no tener referencia de mis cualidades reales pensé que el afuera me salvaría, y esperaba, al igual que Cenicienta o Blancanieves, que también transformara mi vida. Por mucho tiempo los otros me parecieron mejores, y así fue como desarrollé una fuerte dependencia afectiva de ellos. Me importaba mucho lo que opinaran de mí, y la posibilidad de no gustar o no caer bien me abrumaba. ¡Hacía lo imposible por agradar! y en eso se iban todas mis energías. El solo hecho de escribirlo me produce un cansancio enorme. Tenía pánico a reconocer mi vacío, y, si bien ganaba muy buen dinero como para mantenernos a los tres, durante largos años necesité a un hombre a mi lado que hiciera de espejo, sobre todo para sentirme protegida y dependiente.

En apariencia era una mujer fatal y me llevaba el mundo por

delante, mi empuje y hambre de éxito y fama ayudaban a lograr esas metas; pero por dentro era una niñita muy pequeña, confundida y reclamante de afecto. Como la reina mala del cuento, tenía adicción por el espejo, pero me negaba a ver mi propio reflejo.

Me miraba en cuanto espejo veía por una necesidad excesiva de aprobación. Ponía mucho esfuerzo en que mi imagen fuese positiva, en lucir perfecta, aunque estuviera a cara lavada. Mi ego era tan grande como mi inseguridad. Afortunadamente, como ocurre con la mayor parte de los cuentos de hadas, el mío también tuvo un final feliz.

Tal vez mi madre no haya sabido ser un espejo para mí, pero fue una mujer ejemplar y maravillosa en muchos sentidos y una gran ayuda con mis hijos. No sólo me ofreció su casa cuando me divorcié, sino que muchas veces hizo de madre también para ellos. Las buenas raíces familiares fueron la base que finalmente me salvó. Si bien durante largos períodos reinaron la confusión y el caos, nunca dejé de sentirme una buena persona. Lo más importante que espero haber aprendido y heredado de ella es su inmensa dignidad.

Vivimos en la era de la imagen, una era en la que nuestros ojos son bombardeados constantemente por la televisión, el cine, las revistas, y como si todo esto fuera poco hoy también se ha sumado la internet. La profesión de modelo alimenta esa revolución y, muchas veces, son las modelos las protagonistas absolutas de los medios de comunicación ya que todo se vende a partir de un cuerpo perfecto. Sin embargo, no se puede culpar de todo a esta era eminentemente visual ya que la trampa sólo funciona si el mensaje consigue adherirse a un aspecto inseguro de nosotras mismas.

Si, por ejemplo, algo de nosotras no nos agrada del todo, como una nariz que nos parece demasiado prominente, haremos lo imposible para tener el perfil de la modelo que vimos en la revista o en la tele y no nos detendremos hasta llegar a la mesa de operaciones del cirujano plástico que nos recomendó la misma revista. Para evitar caer en la trampa, lo ideal sería hacer de nuestro supuesto defecto nuestra carta de presentación más digna.

El enamoramiento del espejo es como cualquier otra pasión: un sentimiento que nos deja ciegos. Cuando nos enamoramos de él parece transformarse en nuestro mejor amigo, a quien creerle todo. Sin embargo, sólo vemos allí lo que queremos ver. Nos vemos gordas, o imaginamos rollos de grasita donde sólo hay pura piel y hueso y esta distorsión de la imagen, esta percepción no coincidente con la realidad, es la manifestación más evidente de estar padeciendo serios desarreglos alimentarios que podrían derivar en trastornos graves.

En mi caso, la etapa siguiente de la trampa fue coquetear con la anorexia dejando de comer. Las manzanas y el café eran mis alimentos preferidos hasta que empezaron los problemas dentales. ¡Me faltaba calcio! Me transformé en una persona irritable y poco razonable, pero gracias a Dios lo mío no pasó a mayores.

La anorexia favorece el surgimiento de problemas vinculares y sociales, ya que lleva a la persona a evitar invitaciones a comer o a buscar alguna excusa para estar ausente de la casa durante las horas de la comida. Los padres muchas veces prefieren negar el problema, pero lo más recomendable es ser conscientes de la gravedad del síntoma. La falta de alimento deriva en serios inconvenientes de orden físico y psíquico, y dado que generalmente se presenta en edades muy tempranas, el desarrollo normal de la persona se ve afectado. La anorexia puede curarse, pero esto sólo es posible si se busca y acepta asistencia médico-psicológica.

El espejo puede transformarse en un verdadero confidente a quien mostrarle lo que no somos capaces de compartir con nadie más. Chequeamos miles de veces la ropa, el peinado, el maquillaje, y si no nos gusta lo que vemos volvemos a cambiarnos y así durante horas. El espejo puede suscitar esa clase de atracción prohibida o fatal que nunca tiene consecuencias positivas.

Si ha tomado un lugar tan preponderante en nuestra vida, quiere decir que en nuestro interior existe un vacío difícil de llenar. El refugio en el espejo constituye otro de los caminos que nos alejan de nosotras mismas y también de los demás.

Lo mejor en estos casos es poder descubrir aquellos aspectos maravillosos que todos, invariablemente, llevamos dentro. Sólo así será posible lograr una devolución aceptable de nuestra imagen. Como ocurre con todas las adicciones (al alcohol, al cigarrillo, a las drogas), el primer paso para emprender el camino de regreso es darse cuenta.

En busca del espejo interior

En cierta etapa de mi vida, yo me daba cuenta de que por más encantadora que fuera la ropa, el maquillaje o los zapatos que usaba, mi cuerpo seguía descontento. A pesar de ser considerada linda, percibía que mi cara estaba tensa y que la ansiedad bailaba dentro de mi cuerpo causando estragos. Estaba fuera de mi centro.

Entendí que la respuesta era tomar la dirección opuesta y aprender a mirarme de otra manera. Comencé a trabajar con distintas técnicas corporales y así aprendí a conocerme, a percibir cada parte de mi cuerpo, a recorrer cada espacio con la mente, incluso el más recóndito e insignificante. De esa forma empecé a sentirme bien en mi casa, a encontrar paz conmigo misma, a estimarme y valorarme, a apreciar las diferencias con los demás. Pero, fundamentalmente, pude dejar de estar tan adicta al espejo.

Esas técnicas me enseñaron a vivir dentro de mi propio cuerpo y a ir descubriendo lentamente mi espejo interior. Poco a poco, una sensación de bienestar y comodidad se apoderó de mí en forma natural. Fueron los pilares sobre los que emprendí un proceso de reconstrucción interior, y al contarme mi historia, perdonarme los errores y recuperar mis valores, por primera vez tomé conciencia de mi incipiente identidad. Pude comprender que no se trataba de ir al otro extremo, sino simplemente de hallar el equilibrio.

Una nueva fuerza despertó en mi interior al descubrir que no todo el trabajo realizado estaba perdido. Ahora me animaba a enfrentar otro tipo de éxito, uno que no dependía de lo que los otros pensaran. Por supuesto que me gustaba seguir luciendo linda, pero ya no era lo más importante. Mi sensación inequívoca de paz interior poco a poco fue transformándose en mi eje. Desde entonces mi meta fue trabajar la belleza desde adentro hacia afuera para, finalmente, entrelazarlas.

Casi podría decir que la primera parte de mi vida la había dedicado a arruinar mi cuerpo: fumé mucho, me maté tomando sol sin pensar en mi piel, no descansé lo necesario, y, como si todo esto fuera poco, coqueteé con la anorexia. Una vez más la gran salvadora fue la danza, incorporada desde edad temprana, y las otras búsquedas corporales, pero de sus efectos positivos sólo fui consciente alrededor de los treinta años cuando tuve fuerzas para emprender el camino inverso, de afuera hacia adentro. Con el tiempo, aprendí a leer el cuerpo como si fuera un libro abierto.

Cuando más tarde tuve oportunidad de profundizar mis conocimientos de yoga y meditación en la India, verifiqué que la mía había sido una búsqueda acertada. En el próximo capítulo voy a contarles cómo fui recorriendo ese camino que me brindó la posibilidad de vivir un cambio profundo y definitivo.

4. Tu cuerpo, tu casa

Todo el mundo está dividido en dos partes,
de las cuales una es visible y la otra invisible.
Aquello visible no es sino el reflejo de lo invisible.

ZOHAR, I, 39

Muchas personas se ven impedidas de realizar movimientos corporales fluidos y se desplazan en forma brusca, rígida y limitada. Incluso los deportistas pueden ver reducida su flexibilidad con el paso del tiempo, y a veces ni siquiera llegan a tocarse los dedos de los pies con las manos sin doblar las rodillas.

La rigidez en las articulaciones no sólo limita los movimientos del cuerpo, sino que también produce una postura deficiente y una pérdida del caudal de energía. Esta pérdida resulta del conflicto entre el funcionamiento eficiente y esperable de nuestro cuerpo y la forma en que realmente trabaja. Una restricción en el uso de articulaciones y músculos afecta al sistema en su totalidad.

Cuando el cuerpo recupera su estado se transforma en una fuente de placer y seguridad, con lo cual desaparece la timidez que pueda sentir la persona. Cuanto más confiado se siente el cuerpo, mayor confianza genera, y la salud y el bienestar quedan a buen resguardo. El goce que produce deshacerse de la incomodidad física puede percibirse en cada rincón del cuerpo. Liberarlo de tensiones y restricciones que malgastan la energía es entrar en un mundo nuevo.

Siempre me sorprendió que los exámenes médicos completos no involucraran el chequeo del movimiento de nuestras articulaciones si se tiene en cuenta que, según las estadísticas, los dolores de hombros, musculares, de tendones, huesos y articulaciones son la segunda causa de sufrimiento (la primera la constituyen los trastornos mentales). Creemos que mientras podamos realizar diariamente nuestras actividades de rutina sin mayores problemas todo está bajo control, y si algo nos duele, tomamos una pastilla para aliviarnos y seguimos adelante hasta el próximo dolor.

La flexibilidad en las articulaciones es decisiva y vital para la salud corporal. Tomar conciencia de esto y recobrar las sensaciones asociadas al movimiento significa enriquecer la vida y recuperar gran parte de la juventud perdida.

Para lograr el objetivo de liberar a nuestro cuerpo de tensiones nos centraremos en un sentido corporal muy pocas veces tenido en cuenta: la propiocepción. Se trata de un receptor interno capaz de informarnos de los movimientos del propio cuerpo, que nos permite darnos cuenta de estar acostados, sentados o de pie, así como percibir ciertas acciones y procesos.

La propiocepción nos posibilita una toma de conciencia de nuestro ser físico y nos brinda la oportunidad de captar la relación de éste con la gravedad y el espacio. Y aunque está activo en forma permanente, funciona desde la "trastienda". Por ejemplo, si quiero tocarme la cabeza, mi voluntad hace que se pongan en movimiento aquellos músculos necesarios para lograr que mi brazo se eleve. Hasta aquí la relación entre la voluntad y la acción muscular funciona correctamente. Pero si le doy la orden a mi mano de tocarme los dedos de los pies sin flexionar las rodillas y no puedo, significa que hay un conflicto en esa conexión ya que los brazos obedecen, pero la acción muscular se encuentra impedida.

Este ejemplo simple expresa la necesidad de tener el control sobre nuestros movimientos a fin de evitar los dolores provocados por las tensiones, mejorar la respiración y la circulación sanguínea y, sobre todo, lograr una apariencia externa más bella a través de la flexibilidad y la conciencia muscular. Trasladarse mirando el piso y flexionando las rodillas por no poder estirarlas difícilmente dé como resultado una imagen joven y vital.

Las articulaciones son las encargadas de determinar nuestra postura porque sostienen el peso de nuestro cuerpo. Imprimir movimiento en ellas mejora automáticamente la forma de dominarlo y sostenerlo y le aporta ligereza y gracia al andar. Un cuerpo vivo está en armonía con la naturaleza, mientras que la rigidez es sinónimo de muerte.

Es posible mejorar nuestra postura, aspecto, flexibilidad y energía mediante la toma de conciencia y la práctica de algunas técnicas corporales (en especial, la maravillosa tradición del yoga). Una vez que nuestro cuerpo comienza a cambiar, también nuestro carácter se modifica tornándose más dócil, tranquilo y seguro.

Tu cuerpo, un Todo

Ya sea que estemos quietos o en movimiento, hablando o pensando, haciendo el amor, sintiendo placer o negándonos a sentirlo, estando felices o no tanto, con salud o sin ella, en cada momento de la vida usamos el cuerpo y lo ponemos a trabajar. El uso erróneo produce un funcionamiento con resultados negativos.

Este principio de gran simpleza fue ideado por Matthias

Alexander al estudiar el modo en que la gente hace uso de sus músculos al hablar y al descubrir que un empleo inadecuado de éstos afecta en forma significativa el funcionamiento del aparato de fonación. Analizó con minuciosidad los factores físicos y psicológicos implicados en tal uso y los asoció a perturbaciones de índole también física y psicológica, pero sin conexión con la voz.

El principio de Alexander es esencial y más del 99 por ciento de la humanidad debería aplicarlo, pero ni siquiera está enterada. Una estadística a tener en cuenta refleja que ninguno de los alumnos formados personalmente por Alexander, que hoy superan el centenar de maestros, ha sufrido afecciones tales como trombosis coronaria, cáncer, apoplejía, artritis reumatoidea, hernia de disco, úlcera, perturbaciones neurológicas o desórdenes mentales graves. Pero existen también cifras preocupantes: a los diez años de edad, el 70 por ciento de los niños y niñas presenta deficiencias musculares y posturales; a los 18 años, sólo el cinco por ciento de la población está libre de defectos, el 15 por ciento tiene defectos ligeros, el 65 por ciento defectos bastante graves y el 15 por ciento, gravísimos.

Muchos de nosotros hemos desarrollado serios hábitos de tensión al alcanzar la edad adulta. A menudo se presentan como bloqueos poderosos que nos impiden una adaptación completa al medio precisamente en aquellos momentos en que más la necesitamos, ya sea en la práctica de deportes competitivos, al hablar en público, ejecutar música o hacer el amor.

Uno de los primeros maltratos a nuestro cuerpo es el relativo a situaciones básicas como estar de pie, permanecer sentados o acostados. Incluso en estos niveles existe un uso benéfico de lo físico y uno perjudicial. Alexander descubrió este principio al experimentar consigo mismo ya que sufría de afonía crónica. Dice:

> Cuando experimentaba diversas maneras de usar de mí mismo en un intento de mejorar el funcionamiento de mis órganos vocales, descubrí que cierto uso de la cabeza en relación con el cuello y de

éste en relación con el torso... constituía un control primario de los mecanismos como un todo.

Si se observa detenidamente el movimiento que hace una persona al sentarse, podrá comprobarse que la mayor parte de las veces se produce una alteración de la posición de la cabeza, que es llevada hacia atrás mientras el cuello se endurece y se acorta. Alexander definió esa área como "la encrucijada fundamental del uso". La región donde la parte inferior del cuello se articula con la parte superior de la espalda es en cada persona una zona prominente porque allí cambia la forma de las vértebras cervicales. Es, además, un verdadero torbellino de coordinación muscular ya que desde este lugar surge la mala postura de hombros y brazos, así como también las dificultades en la respiración, y donde vasos sanguíneos y nervios cruciales y complejos transitan hacia el cerebro, con ganglios nerviosos que afectan la respiración. El 85 por ciento de la gente sufrirá de artritis en esa zona alrededor de los 55 años de edad o incluso antes. Desde allí la cabeza, que lleva en su estructura los equipamientos sensoriales más importantes de la vista, el olfato, el gusto y el equilibrio, debe coordinarse para el reposo y el movimiento. La giba, por ejemplo, es una tensión muscular excesiva y mal distribuida y, como tal, un testimonio del uso inadecuado del cuerpo a lo largo de la vida.

La modernidad se ha ocupado de producir equipos especialmente diseñados para la correcta colocación del cuerpo durante las actividades diarias, pero lo que realmente se necesita es un nuevo enfoque del uso que hacemos de nuestro cuerpo.

La idea central de Alexander es que todos los seres humanos son poseedores de una perfección básica, perdida a causa de una combinación de tensión ambiental y abandono personal. Su mayor preocupación era la de una dotación de reflejos de funcionamiento adecuado que el pecado corporal del mal uso ha ensombrecido. El principio de Alexander sostiene que, si logramos un uso correcto, tendremos la posibilidad de una nueva evolución corporal.

No debería llamar la atención el hecho de que las personas, al referirse a su propio cuerpo, digan: "mi cabeza", por un lado, y "mi cuerpo", por otro. Ese quiebre se produce exactamente en el lugar referido por el principio de Alexander. Sin embargo, la cabeza es parte del cuerpo, y siempre que separamos el cuerpo en dos significa que en nuestra mente ambas partes funcionan también por separado. Éste es un factor vinculado con la educación, ya que en nuestra cultura se pone todo el énfasis en el desarrollo del intelecto mientras que los permisos para el sentimiento son escasos. En muchas sociedades no está bien visto expresar las emociones, y esas emociones no exteriorizadas se colocarán justamente en el lugar que encuentren disponible de la cabeza para abajo y allí podrán quedar de por vida.

El cuerpo También Tiene un lenguaje

La belleza en cada uno de nosotros es nuestra forma natural cuando no es atormentada, retorcida o pinzada por las retracciones de los músculos.

THERESE BERTHERAT

Nuestro lenguaje corporal está plagado de expresiones que reflejan la conexión existente entre nuestro interior y nuestro exterior, entre nuestras emociones y nuestra actitud física. Cuando decimos, por ejemplo, "qué bien me siento" o "siento un peso en la nuca", estamos expresando emociones y pensamientos que se hacen visibles en el cuerpo.

Cuando trabajaba en la escuela con los grupos de mujeres, las hacía pasar al frente en forma individual para compartir nuestras respectivas visiones sobre cada una. No lo hacía con ánimo crítico sino con el objetivo de ayudarlas a descubrir aquellos lugares de tensión y conflicto manifiestos en el cuerpo, cuya observación fue una de las primeras herramientas destinadas a interpretar el rico lenguaje corporal.

A nadie le gusta ser mirado por tantos ojos y en forma tan minuciosa. En general, produce una sensación de desprotección que lleva al cuerpo a adoptar una postura defensiva. Es entonces cuando saltan a la vista los lugares contraídos, aquellos que desde siempre han estado cerrados con siete candados.

Tú puedes hacerlo en tu casa frente al espejo. Sólo se trata de limpiar tu cuerpo de tensiones, organizar tus sensaciones con respecto a tus movimientos dentro del espacio y el tiempo, y de esa forma lograr mayor conciencia de tu mundo interior.

El abanico: ejercicio para ganar centímetros de altura

La primera pregunta dirigida al grupo era si la cabeza de nuestra compañera que estaba en el frente se encontraba centrada, es decir, colocada exactamente en línea con la columna vertebral. Son pocas las veces que la cabeza está en el centro porque todos solemos moverla hacia atrás acortando la nuca y esto interfiere en la postura correcta. Cuando la cabeza está balanceada sobre la columna, la respiración se produce sin ningún tipo de esfuerzo.

1. Lo primero que tenemos que hacer es mover la cabeza hacia adelante y arriba permitiendo elongar y ensanchar la espalda. Esto no debería ser difícil, ya que la mayor parte del cráneo está expuesta delante de la columna vertebral y la cabeza se mueve sin esfuerzo en forma natural hacia esa dirección.

Es importante lograr un entendimiento armonioso entre la cabeza, la nuca y la espalda ya que, cuando esto sucede, la voz surge con toda su plenitud y la salud se ve beneficiada al incrementarse la capacidad respiratoria. La buena postura alivia tensiones permitiendo el óptimo funcionamiento de los órganos. Los movimientos deben ser realizados con energía, pero sin rigidez.

La cabeza es la parte más pesada del cuerpo y el lugar donde descansa nuestro intelecto. En la región frontal se encuentra el rostro, el único lugar donde se manifiestan visiblemente los cinco sentidos, verdadero escenario de nuestra percepción sensorial. Al ser un lugar por demás atractivo, con infinitas posibilidades de expresión y movimiento, las personas, y en particular las mujeres, se ven tentadas de otorgar una atención excesiva a esa parte del cuerpo y olvidarse del resto. El auge de los productos cosméticos y la era de la imagen han incrementado la obsesión femenina por mantener un rostro joven frente al mundo. Tan ocupadas estamos a veces con él que ni siquiera vemos lo que pasa un poco más abajo, a la altura del cuello y los hombros. No somos capaces de detectar el quiebre y acortamiento, las tensiones en los hombros, ni siquiera sabemos darnos cuenta de si nuestra cabeza está colocada en el centro elongada sobre la columna vertebral. Nos quejamos por no ser lo suficientemente altas, pero desconocemos que es posible sumar los centímetros perdidos por la mala postura en esa zona del cuerpo. Además, cuando logramos colocar la cabeza correctamente, la mirada adquiere otra fuerza. Al estar alineada, ayuda a organizar la postura del resto del cuerpo. Una mala postura hace que, al caminar, los ojos miren hacia arriba o hacia abajo tornando la mirada dispersa.

Al estirar la zona del cuello estamos creciendo de verdad ya que se crea un espacio "nuevo" entre las orejas y los hombros. Cuanto mayor espacio pueda abrirse, más elegante parecerá la persona y más liviana se sentirá. Y más de un dolor de cabeza desaparecerá.

2. Puede suceder que, al abrir ese espacio, sintamos dolor en la zona del pecho, porque al estirar y colocar la cabeza en su lugar se les está pidiendo a los hombros que se ubiquen en el sitio correcto, y ellos, que por lo general han estado mal colocados durante años, pero muy cómodos también, seguramente van a protestar. En este tiempo la mente tiene que ser especialmente firme y darles órdenes muy claras para que finalmente cedan y se abran. La apertura de nudos cerrados provoca cierto dolor, pero muy lentamente los músculos van recuperando el espacio olvidado durante años.

Therese Bertherat dice que tenemos un tigre viviendo en la espalda y que el objetivo es permitir que se desperece y expanda. Abrir los hombros significa abrirse al mundo y comunicarse con él. Al empujar la columna vertebral hacia el pecho, la apertura se produce desde el centro de éste. El segundo paso es expandir la superficie del pecho y de la espalda hacia cada costado como desplegando alas imaginarias, como si nos presionaran cariñosamente desde el centro del pecho y, al mismo tiempo, desde el centro de los omóplatos invitándonos a reunir ambas partes. Esta suave presión despliega toda esa zona como un abanico, y al generarse un espacio considerable produce un ajuste en la colocación de la cabeza y el cuello permitiendo una apertura aún mayor.

El cinturón de fuerzas opuestas: ejercicio para elongar la columna

En mis clases con mujeres, fui descubriendo otros lugares conflictivos que eran detectados rápidamente cuando se tenía el ojo entrenado. Un segundo espacio de conflicto es el comprendido entre la última costilla y la cadera alta, es decir, la zona de la cintura. Hay personas que hablan un lenguaje corporal con la parte superior del torso y otras, con la inferior. Al igual que en la zona del cuello, aquí también se presenta un fuerte acortamiento o quiebre. Es éste un hábito femenino por excelencia y uno de los más difíciles de erradicar. Las mujeres, en su gran mayoría, suelen dejar caer el torso superior como una bolsa de papas sobre el inferior abandonándolo concretamente sobre la cadera. Lo negativo de esta actitud corporal aparte del daño sobre el organismo es que agrega por lo menos diez años de edad al expresar cansancio, desgano y resignación.

Lo que ustedes no saben todavía es que la lectura corporal se efectúa desde atrás. Es la mejor forma de evitar tendernos una trampa a nosotras mismas con el maquillaje, el vestuario o nuestra simpatía, siempre listas como estamos a seducir e hipnotizar. Lo cierto es que el "backstage" ha caído en el olvido para la mayoría de nosotras. Igual que en el teatro, estamos acostumbradas a ver el desarrollo de la obra sobre el escenario y de frente, pero el espectáculo comienza en esa especie de cara oscura de la luna que el espejo generalmente no nos muestra. Es allí donde sucede todo, y es justamente por ese lugar por donde vamos a continuar trabajando intensamente.

Les propongo olvidarse por un tiempo del espejo a fin de desarrollar la percepción interior. Para eso, lo fundamental es poner los ojos externos a descansar y despertar la mirada de la mente. ¿Qué tiene de interesante lo que sucede en la parte posterior de nuestro cuerpo? ¿Por qué decidir a la ligera que aquello que nuestros ojos no perciben poco importa?

1. El primer paso para el cambio es evitar llevar el peso del mundo sobre los hombros. Deja caer lo innecesario, todo aquello que no puedas modificar, y te sentirás mejor. No pelees con tu cuerpo, juega con él libremente como hacen los niños. El niño interno te ayudará a volver a sentir flexibilidad y alegría. Busca una actividad entretenida como bailar flamenco, tango, salir a caminar (sin detenerte en cada vidriera, sino proponiéndote sentir cada músculo). Puedes hacerlo con una amiga, con tu pareja, con tus hijos. El movimiento aporta gracia y una enorme cantidad de endorfinas y energía. Inmediatamente tu manera de presentarte será más ágil, suelta y determinada.

2. Localiza mentalmente la base de la columna vertebral, en el sitio donde nace, alrededor del sacro. En este lugar se produce una lucha de fuerzas opuestas: de la base de la columna hacia abajo eres atraída por la gravedad de la tierra, mientras que creces hacia el cielo al elongar la columna vertebral. Cuando logres esta perfecta ubicación del cuerpo el esfuerzo desaparecerá como por arte de magia, y podrás estar de pie durante horas o caminar trayectos largos sin cansarte. Hace falta relajar la cadera para que el torso superior se manifieste libremente hacia arriba y se abra un espacio entre la última costilla y la cadera alta como si estuvieras usando un cinturón de salud.

Es en la cadera y en la base de la columna vertebral donde gran parte de nuestra afectividad no resuelta prefiere instalarse. Si logras estirar la columna vértebra por vértebra hacia arriba creando espacio entre una y otra, tu columna, como en su estado original dentro de la panza materna, volverá a ser poderosa y flexible.

3. También es necesario prestar atención a la forma de estar de pie. Los pies son el soporte de nuestro cuerpo durante la mayor parte del día y de la vida, y sin embargo no saben estar bien plantados. Ubica ambos pies descalzos en forma paralela haciendo que los dedos gordos se toquen. Estira cada dedo abriendo el espacio entre las coyunturas. Piensa que ellos nunca reciben este trato, sino que casi siempre están levemente flexionados y tensos. Con los pies juntos, haz que también las rodillas se toquen y lleva las rótulas hacia arriba creando nuevamente espacio entre las articulaciones. Imagina que las rodillas quieren salir por la parte posterior de las piernas. En algunos casos ni siquiera es posible juntarlas entre sí, pero la buena noticia es que con mucho trabajo podemos regresar nuestro cuerpo a su estado original.

Por la danza clásica y los años de usar zapatos de taco muy alto en los desfiles los dedos de mis pies estaban crispados y contraídos, pero gracias al yoga logré llevarlos de nuevo a su aspecto normal. Esta práctica requiere disciplina, tiempo y paciencia, ya que provoca la apertura de lugares que permanecieron cerrados durante años como ocurría con los hombros. Con estos trabajos de estiramiento estamos previniendo artritis futuras y generando espacio para el buen funcionamiento de los órganos.

Quiere decir que solemos acortar nuestro cuerpo por todos los costados en forma rutinaria e inadvertida, un poco en la zona del cuello, otro poco en la de la cintura y finalmente en la de las rodillas. Esta mala postura es sostenida durante toda la vida y entonces, al envejecer, la artritis ha ganado terreno en nuestro cuerpo haciendo que nos volvamos más pequeños. Y todo por no prestarle la atención suficiente a su debido tiempo, por no liberarlo de tantos nudos que van instalándose año tras año. Pero siempre es posible reaprender lo olvidado y desaprender lo mal aprendido, declara Thomas Hanna en su libro *Somatics*. Y también sostiene que envejecer es un mito malentendido. Es verdad que año tras año nuestro cuerpo va envejeciendo, pero la rigidez y las contracturas, que aportan un aspecto senil a nuestra imagen, responden, según Hanna, a tensiones y movimientos crónicos que durante años fueron repetidos en forma inconsciente. Más aún, según su teoría, una vez consciente de esos malos hábitos es posible trabajarlos para desaprenderlos, soltar nuestro cuerpo cada vez más y llegar a la vejez con un aspecto vital y equilibrado.

4. Una vez lograda esta tensión de fuerzas opuestas (de la cintura hacia el cielo y hacia la madre tierra) todavía nos falta estirar los brazos hacia arriba y, con ellos, las manos. Estira hacia arriba cada dedo de la mano y cada articulación de cada dedo. Al elevar los brazos, seguramente llevarás los hombros también hacia arriba porque es bastante difícil desarticular unos de otros y hacer que los brazos suban y los hombros bajen simultáneamente.

Ésta es la mejor ocasión para hacer un buen estiramiento de los pobres codos, otras de las articulaciones que han quedado en el olvido. Y como esto es algo infrecuente, seguramente te costará gran esfuerzo. Mira hacia arriba un segundo y chequea que las manos estén paralelas y no cuelguen hacia afuera o hacia adentro. Al estirarte, tu centro se modificará porque también cambiará tu punto de equilibrio. Una nueva conciencia corporal y postural está naciendo.

Estos ejercicios de estiramiento constituyen una pequeñísima muestra, pero hay mucho más. Mis alumnas comenzaban a sentirse livianas, más lindas y relajadas cuando se daban cuenta de estar "despertando", y al conectarse con el interior de sus cuerpos se sentían vivas y joviales. De a poco pude transmitirles las pautas para caminar correctamente y, a partir de entonces, enfrentaron la vida de otra manera. Descubrieron su nueva casa, su paraíso perdido, su única morada, y aprendieron a cuidarlo.

Inmediatamente surgió la necesidad de alimentarse en forma más sana, respirar mejor y controlar la energía. Una alimentación adecuada es otro de los factores que colaboran para sentirse mejor y más linda. Significa devolverle la dignidad al cuerpo y liberarlo de la tragedia de los malos hábitos.

Aprender a vivir en nuestra nueva casa

Como siempre decía en los cursos, es mucho más recomendable ser amigas de nuestro cuerpo que estar peleadas con él. Muchas veces, se pierde un caudal de energía al estar disconformes con nuestro aspecto o anhelar un cuerpo muy distinto del que tenemos. Vivir comparándonos es una de las causas frecuentes de infelicidad.

Aprender estas técnicas es entender que no importa ser altas, tener ojos claros ni ser delgadas como la modelo de la revista. En lugar de copiar o imitar a las demás, lo fundamental es ser una misma. Es lo que yo denomino "tener estilo". Volveremos a este tema en capítulos subsiguientes.

¿Cómo trabajar el estilo y la elegancia si nuestro cuerpo ni siquiera existe para nosotras? ¿Cómo hablar de estética sin ser capaces de reconocer ese hábito de dejarnos caer sobre la cadera o contraer el cuello entre los hombros? Sin una conciencia corporal, jamás se logra el estilo propio. No hay dinero que lo compre.

Conozco a muchas chicas que parecen ancianitas por caminar encorvadas y tensas, y señoras mayores que parecen niñas desde que han trabajado a conciencia su actitud corporal. Y si a este concepto le sumamos la conciencia espiritual que nos impulsa a ser buenas personas, a estudiar y a dedicarnos a desarrollar nuestros intereses, el ser podrá identificarse plenamente con el placer. Casi me animaría a decir que, llegado este punto, difícilmente una mujer querrá borrarse las arrugas porque se sentirá orgullosa de ser quien es y del aspecto honesto y verdadero que logró.

Sólo se trata de liberar el cuerpo y devolverle su dignidad. Cuando el cuerpo recupera la libertad, la mente también se libera porque cada nudo que se abre es un conflicto afectivo que se resuelve. Quiere decir que la mente acompaña este maravilloso proceso de liberación corporal, y es eso lo que nos permite ser nosotras mismas.

A cara lavada: ejercicio para cortar la dependencia del espejo

En los cursos, al referirme al cuerpo como la única y verdadera morada, les planteaba a mis alumnas la idea de vestirla y habitarla por dentro. Les pedía entonces que fueran a las clases desprovistas de maquillaje, *bijouterie* y con el pelo atado. El propósito era eliminar los "bastones" y dejar de lado las distracciones para ir directamente a trabajar aquellos aspectos nunca antes percibidos por ellas. A muchas les costaba verse sin arreglo, y hasta se sentían desnudas y no les gustaba mostrarse tal cual eran delante de otras mujeres. Pero como en este punto del trabajo ya existía suficiente confianza entre nosotras, el clima era seguro.

Lo interesante de esta experiencia era descubrir la dependencia respecto de ciertos objetos, y la creencia de que es sólo a través de ellos que se puede sentir seguridad, belleza y atractivo. Lentamente, clase a clase, las chicas y las mujeres comenzaban a verse de otra forma. No significaba que nunca más se maquillarían ni usarían adornos, pero sí que ya no tendrían necesidad de taparse o llamar la atención a través del arreglo externo.

Fue acertada la decisión de jugar sin otro elemento más que el propio cuerpo y pude comprobar que, para la mayoría de ellas, era el primer experimento de esta clase. Estaban descubriendo su verdadera base y realidad, y la sorpresa fue que se gustaban.

Más de una descubrió facetas nuevas, rasgos a los cuales nunca les habían dado importancia o que se habían encargado de ocultar toda la vida. Narices interesantes, movimientos muy personales como un gesto que se hace con las manos o un ritmo propio, cuellos fantásticos siempre tapados por un cabello que insistía en cubrirlos y mucho más. Era muy gratificante para mí verlas florecer.

De a poco se daban cuenta de que la belleza nada tiene que ver con ser lindas, tener piernas largas o un pelo de ensueño, sino que lo que está en juego es la "presencia", otra forma de hablar del estilo. Tener presencia significa ser más visibles a los ojos de todos, estar predispuestas a establecer una comunicación con el mundo en lugar de encerrarse como las ostras, tener brillo en la mirada, el cuerpo alineado y sin quiebres.

Ustedes también, queridas lectoras, pueden descubrir su propia magia, compartirla y disfrutarla. Y mi experiencia me dice que nunca es tarde para hacerlo, ya que he visto a señoras de ochenta u ochenta y cinco años que se anotaban en los cursos dispuestas a hallar ese poder. Estas mujeres audaces y maravillosas, animosas de aprender, han sido y son un gran ejemplo para mí.

Autoestima y confianza

Según sostiene el psicoterapeuta Nathaniel Branden, la autoestima es una necesidad humana profunda y poderosa, esencial para una sana adaptación social y una realización personal completa. Ver frustrada esta necesidad genera sufrimiento y menoscaba el desarrollo.

También dice que deben tenerse presentes dos peligros: el primero es simplificar en exceso aquello que una autoestima sana requiere y alimentar con estas simplificaciones respuestas rápidas y soluciones en las que no medie el esfuerzo. El otro peligro es entregarse a una suerte de fatalismo pensando que las personas tienen autoestima alta o no la tienen como si fuera una cualidad inmodificable.

Sé que el trabajo realizado en mi escuela ha ayudado a muchas mujeres a liberar y descubrir aspectos interesantes de su personalidad, y que uno de los factores determinantes fue hacerlas transitar por caminos de sí mismas desconocidos para ellas. El ingrediente del juego, el recurso lúdico aprendido de la vida, las ayudó a desinhibir y desatar nudos profundos y fue la herramienta fundamental de mi método. Otros recursos como telas, música, expresión corporal, video, pintura, danza, humor, máscaras, trabajo con arquetipos femeninos y actuación ayudaron a la mayoría de ellas a recobrar una identidad existente pero dormida.

Trabajar en forma grupal les dio la posibilidad de verse reflejadas en otras chicas y de descubrir que no eran las únicas que carecían de autoestima. Y esto, a su vez, les dio coraje para animarse a jugar e investigar. También ayudó el hecho de que en las clases no se usaran términos técnicos de la psicología, lo cual les permitió recorrer caminos impensados y nuevos.

Trabajar la autoestima con las candidatas a modelos fue una tarea ardua, porque aquello que deseaban en su fantasía generalmente no coincidía con lo que estaban dispuestas a mostrar cuando debían actuar. Se enfrentaron a complejos, inhibiciones y miedos, y se dieron cuenta de que exponerse no era tan simple como pensaban.

Así fue surgiendo mi necesidad de trabajar con mujeres que no aspiraban a ser modelos profesionales. Para mí cada mujer y cada hombre son un modelo en sí mismos, y fue por esa razón que decidí abrir el espectro a todas aquellas mujeres dispuestas a mejorar su autoestima y la confianza en sí mismas sin límite de edad.

Guiar la mirada: ejercicio para incrementar la autoestima

Uno de los lugares donde resulta más fácil detectar una autoestima baja es el centro del pecho. La mayor parte de las veces está cerrado y hundido en señal de disconformidad, aunque debe quedar claro que esta postura es inconsciente. En la zona cerrada del pecho se encuentra el corazón, símbolo del amor, el afecto y la autoestima. Algunas personas suelen reproducir esta actitud obstructiva por el resto de sus días, mientras que otras deciden hacer algo para mejorarla. Pero lo cierto es que no hay vestido ni maquillaje que la corrija. El peso del mundo se apoya ahí y forma una giba incipiente en la parte alta de la espalda.

Sabido es que los problemas afectivos no resueltos se instalan en diferentes partes del cuerpo, y la espalda es uno de sus preferidos. Muchas personas parecen no tener cuello o ir como colgadas del techo, haciendo trabajar por demás otras zonas para compensar esta mala postura y generando así un mal funcionamiento del cuerpo en su totalidad.

Visto desde la perspectiva de la comunicación, si el objetivo de la mirada durante una interacción entre dos personas es el rostro del interlocutor, les aseguro que mientras el pecho mantenga una actitud cerrada la mirada del otro se dirigirá, indefectiblemente, a aquellos lugares que se pretenden disimular.

Si por ejemplo, ustedes tienen pechos grandes y quieren ocultarlos encorvándose y cerrándose, cruzando también los brazos, el interlocutor mirará justo hacia esa zona del pecho. No lo hará en forma intencional, sino que es la actitud de ustedes lo que conducirá su mirada hacia allí. Una mujer puede ser muy hermosa, tener puesto el vestido más caro y estar muy bien maquillada, pero si su actitud es de encierro y de bloqueo, su imagen perderá más del cincuenta por ciento del impacto.

Muchas veces, determinada actitud corporal sólo consigue el resultado opuesto al esperado, el rechazo en lugar de la atracción. Nuestro cuerpo nunca miente, porque no sabemos manejar conscientemente su lenguaje como lo hacemos con las palabras.

90

Con ellas hemos aprendido a manipular y hasta a mentir, pero muchas veces decimos sí con palabras mientras que con el cuerpo decimos lo contrario.

Fue al observar con detenimiento ese lugar sintomático donde reside imaginariamente la baja autoestima que un día decidí crear un espacio concreto de aprendizaje para adolescentes de entre trece y dieciséis años. Me pareció que era una edad interesante para abordar este tema.

A todas las madres nos desespera ver a nuestros hijos encorvados hacia adelante, porque sin saber leemos que esta postura expresa un sentimiento de menosprecio e inseguridad. Es cuando les decimos: "Caminá derecha o derecho", sin poder explicarles el porqué de nuestra insistencia. En lugar de repetirlo hasta el cansancio, lo mejor sería charlar con nuestros hijos para que nos cuenten sus temores y la razón de su malestar. Dialogar mucho con ellos para averiguar qué cosas les dan mayor inseguridad y ofrecerles la oportunidad de desahogarse.

Durante la pubertad, si bien el cuerpo adopta características de adulto, la mente y la actitud siguen siendo las de un niño. El adolescente no sabe qué hacer con este nuevo envase que va sufriendo infinidad de cambios sin previo aviso: en la mujer crecen los pechos y aparece la menstruación, mientras que en el varón aparece la barba y la voz cambia. Es ahora cuando comienzan a ser advertidas diferencias importantes entre ellos y, por eso, lo más común es que quieran parecerse entre sí para sentirse aceptados y seguros. A pesar de los cambios corporales y hormonales, el pánico que sienten los lleva a mantener la uniformidad con el resto del grupo usando la misma ropa, la misma marca de zapatillas, el mismo vocabulario y escuchando la misma música. Es sólo después de superar esta etapa de crisis que se animan a construir su identidad propia.

Dado que los hijos necesitan un tiempo para asimilar estos cambios, los padres debemos brindárselo y respetar sus códigos en lugar de forzarlos a usar ropa diferente o a hablar el lenguaje de los adultos. De esa forma, estaremos ayudándolos a forjar las bases de una buena autoestima.

*En el gesto de encorvarse, los adolescentes esconden
situaciones emocionales irresueltas que les producen
timidez, inseguridad, celos, bronca, o intentan ocultar
conflictos familiares o escolares que puedan estar viviendo.*

*Los padres podemos hacer mucho por ellos siempre que
estemos atentos a descubrir esas zonas cerradas que
reflejan una gran preocupación. Es el momento de actuar,
porque de lo contrario esta postura corporal se
transformará en un hábito para el resto de sus vidas y su
autoestima se verá debilitada.*

La adolescencia es una etapa conflictiva, donde surgen todo tipo de expectativas y temores; por tal motivo, las madres estaban contentas de haber encontrado al fin un lugar adonde llevar a sus hijas para trabajar su aceptación corporal desde el juego y no desde la terapia tradicional. Y como ellas mismas no estaban muy seguras de querer estar allí ni sabían muy bien para qué se encontraban en ese lugar, yo buscaba ganarme su confianza y crearles una atmósfera en la cual se sintieran cómodas. Charlaba con ellas y les respondía todo lo requerido sobre la profesión de modelo. Hablábamos sobre el colegio, la familia, las amigas, los gustos de cada una, y poco a poco iban relajándose.

El trabajo sobre el suelo les permitía tirarse cómodamente en los enormes almohadones y, al sentir el cuerpo más cómodo, lentamente comenzaba a desplegarse una corriente de confianza. Llegado este punto yo ponía una música que sabía que les gustaría y las hacía caminar de a dos para que no se sintieran solas. ¡Se habrían muerto de vergüenza al tener que mostrarse frente al grupo! Así, a través de juegos teatrales y texturas, y con la ayuda de la música y el dibujo, iban entendiendo la importancia de "enderezar" el cuerpo y fijar la postura lograda. Recién en las clases finales introducía el video y comentábamos juntas los cambios observados, pero siempre dejando que los descubrieran por sí solas.

Con ellas había que trabajar mayor cantidad de tiempo que con las generaciones adultas, ya que les costaba incorporar esta propuesta de exploración de la individualidad. Usé poco de la palabra para explicarles; simplemente fijaba la nueva postura a través del juego, dejaba que ellas comentaran sus sensaciones y casi sin darse cuenta iban irguiendo el cuerpo. Mi trabajo no sólo consistía en enderezarlas jugando, sino en que incorporaran esta postura a sus vidas como algo natural. Invariablemente, terminábamos siendo muy unidas, y hoy tengo amigas treinta años más jóvenes que yo y nos adoramos.

Aprender a habitar nuestro cuerpo es una decisión fantástica, duradera de por vida y develadora de nuestra belleza oculta. Nuestro niño interior vuelve a salir a la superficie y nos otorga una actitud corporal joven.

La belleza poco tiene que ver con el exterior de las personas, sino que es algo mucho más profundo y esencial, un lenguaje subliminal y silencioso.

Cambiar los malos hábitos por otros positivos nos ubica en la dirección acertada. En éste, como en otros aspectos de la vida, todo es cuestión de costumbre.

TINI DE BUCOURT

5. ¿Qué es la belleza?

La naturaleza nos ha hecho a todos virtualmente perfectos en nuestras formas. Quiere que tengamos formas bellas, no según los caprichos del momento, sino según sus propias leyes.

THERESE BERTHERAT

Si hacemos un recorrido rápido por la historia de la humanidad, veremos que no en todas las épocas la belleza femenina ha ocupado el primer puesto. En las sociedades salvajes, los jeroglíficos simbolizaban el reino animal con mayor frecuencia que el femenino, y han llegado hasta nosotros estatuillas de mujeres desnudas con los senos caídos y flácidos, el vientre y la pelvis enormes en contraste con brazos y piernas delgados y cabezas minúsculas o inexistentes para destacar la fecundidad y no tanto la belleza de las facciones.

Ocho milenios antes de Cristo, en el Oriente Medio se produjo un cambio importante de la mano del arte neolítico cuando la forma femenina comenzó a predominar por sobre la del mundo masculino de la caza. Las figuras se tornaron más voluptuosas, con pechos y nalgas fuertes y el sexo muy marcado, aunque el rostro escasamente trabajado. Tuvieron que pasar otros dos milenios para que la cara se humanizara con la adquisición de trazos para los ojos, pero el acento continuó puesto en la fecundidad. Las mujeres solían ser representadas dando a luz sentadas en un trono, con lo cual surgió la idea de la diosa madre. Conviene recordar que, en las sociedades salvajes, la mujer no era considerada tal sino hasta después de haber probado su capacidad de procreación. La joven infecunda era despreciada por constituir un obstáculo para el deber de la descendencia.

En las culturas salvajes jamás se exalta la belleza femenina por sobre la masculina, ni en las canciones, ni en las pinturas, ni en los cuentos e historias de transmisión oral. En el caso excepcional de ser halladas evidencias de adornos cargados y llamativos en las mujeres, éstos siempre tenían una connotación simbólica relacionada con la magia, los rituales o los mitos.

En la mayor parte de las tribus, las ornamentaciones son más espléndidas en los varones que en las mujeres. En las culturas campesinas, esta actitud se prolonga hasta mucho tiempo después de la época en que son creados los Estados y llega incluso hasta comienzos del siglo XX. El culto rural no resalta en absoluto los atributos femeninos puesto que los considera peligrosos y maléficos.

¿En qué momento el género femenino comenzó a ser visto como "el bello sexo"? Para que esto sucediera primero fue necesaria la división de la sociedad en clases ricas y pobres, nobles y trabajadoras. La condición privilegiada de algunas mujeres les permitió pensar más en sus cuidados y su belleza, ya que al no trabajar disponían de tiempo libre para dedicarlo al arreglo personal. Así surgió la necesidad femenina de embellecerse y adornarse para agradar.

Los griegos y los romanos enfatizaron esta afición por el embellecimiento y poco a poco fue surgiendo un criterio de belleza aplicada únicamente a aquellas mujeres desvinculadas del trabajo productivo. La belleza era un atributo poco compatible con él.

Con el surgimiento de las clases sociales y los Estados, la belleza femenina adquirió reconocimiento e importancia social. Esto se manifiesta claramente en la cultura griega, cuyos poetas comenzaron a homenajear la belleza femenina y a subrayar su poder, al mismo tiempo maravilloso y temible. La mujer es vista como un mal, más aún si es bella y seductora, y son muchos los textos en los que las artes de seducción femeninas son consideradas diabólicas. El nuevo ideal de belleza lo constituyen las diosas del Panteón: Hera, Artemisa, Atenea y Afrodita.

Poco a poco los elogios de los poetas a la belleza dejan de ser impersonales y comienzan a remitirse a mujeres existentes. Incluso surgen los primeros concursos de belleza, en Delfos y Elis. El arte escultórico destaca y realza las formas bellas femeninas y es así que la perfección del cuerpo pasa a ser una verdadera ambición.

La belleza femenina es fuente de inspiración para los artistas, pero la admiración por la perfección física masculina continúa vigente. La homosexualidad en el hombre era legítima y estaba muy extendida en la Grecia clásica, por lo que su cuerpo era esculpido con igual o mayor frecuencia que el de la mujer, lo cual queda testimoniado en las innumerables estatuas de atletas griegos existentes. En esta cultura, el hombre representa más fuertemente la belleza que la mujer.

Algunos pocos siglos antes de Cristo, la coquetería femenina es condenada. En el Génesis se dice que los encantos de Eva condujeron a Adán por la vía del pecado. Este recelo continúa vigente durante la Edad Media, época en la cual la belleza es vista como una trampa tendida por el Diablo en razón de las fuerzas tentadoras que los atractivos físicos femeninos simbolizan. Sólo la Virgen María queda exenta puesto que ella representa todas las cualidades menos la de la belleza, que sigue personificando a Satanás. Todo el arte medieval busca inculcar el miedo a la belleza femenina con el argumento de su relación con el Mal.

El concepto de "bello sexo" surge en el Renacimiento, en los siglos XV y XVI, para perpetuarse culturalmente a través del arte. La superioridad estética de la mujer, sus atributos físicos y espirituales, quedan definitivamente establecidos y valorados. En la Europa del Renacimiento, el segundo sexo se convierte en el sexo bello, y su belleza inspira himnos, pinturas, poesías, esculturas y toda la vasta gama de manifestaciones artísticas. La mujer es elevada en su rango tanto por su belleza como por sus virtudes, la apariencia femenina es dignificada y se celebra su superioridad estética. De este enfoque somos herederos directos.

En esta etapa, comienza a ser adorado todo aquello que durante la Edad Media se consideraba peligroso, diabólico y maldito. La belleza empieza a ser vista como una cualidad poderosa y ventajosa, pero carente todavía del atributo espiritual que la convertiría en destello divino. Es a partir de la incorporación de la dimensión metafísica que el sexo femenino se consagra como bello sexo.

Los hombres ya tenían el monopolio del poder y las artes, por lo que se designó a la mujer como la quintaesencia de la belleza y el ser más hermoso de la Creación Divina. Si en el arte griego se homenajeaba con mayor frecuencia el cuerpo masculino que el femenino y el Renacimiento invirtió los términos, fue la Modernidad la que produjo un cambio sustancial al racionalizar el concepto de belleza. Éste se constituyó así en tema de estudio, observación, descripción minuciosa y también de alabanza. Sin embargo, este triunfo femenino contribuyó a reforzar el estereotipo de la mujer frágil y pasiva, intelectualmente inferior y siempre dependiente del hombre.

Hasta finales del siglo XIX, el tema de la belleza femenina no traspasa las clases ricas y cultivadas de la sociedad. Incluso hasta la Primera Guerra Mundial, las sociedades campesinas continúan ajenas a la exaltación de los atributos de la belleza femenina. Quiere decir que durante mucho tiempo ésta permanece dentro de los límites de la aristocracia y las élites más distinguidas.

Es durante el transcurso del siglo XX que la prensa femenina, la publicidad, la fotografía de moda y el cine difunden por primera vez las imágenes del ideal de belleza. Las estrellas de cine y las modelos publicitan los productos cosméticos para todas las mujeres y, de ese modo, el culto al bello sexo entra en la era de las masas. Gracias a la industria y los medios de comunicación, comienza la fase comercial y democrática del bello sexo. Esto se comprueba con el auge del cuidado personal y la práctica de recursos pensados para incrementar la belleza, accesibles a todo el mundo y ya no un privilegio de las clases altas.

El consumo de cosméticos crece muy poco hasta la Primera Guerra Mundial, incremento que se torna más veloz en los años veinte y treinta (a partir de 1918, el lápiz labial hace furor). Este auge se ve multiplicado en la segunda mitad del siglo, cuando los avances científicos, la industrialización y el mejoramiento en el nivel de vida de la gente pone a estos productos al alcance de todos.

Desde la década de 1980, la belleza ha pasado a ser un producto con una clientela fiel. Hoy en día casi todo el mundo anhela tener un cuerpo esbelto, una cara magnífica y joven, el pelo perfecto, la sonrisa esculpida y la piel sedosa, y cualquier recurso es válido para lograr estos objetivos desde gastar mucho dinero en ropa elegante y cosméticos costosos hasta recurrir a cirugías estéticas, horas de gimnasio, pastillas y tantos otros supuestos remedios mágicos. La belleza femenina se ha transformado en un culto universal, una obligación cotidiana y una necesidad obsesiva.

Muchas veces, estando en presencia de jovencitas de una belleza exterior deslumbrante, las escuché decir que se sentían horribles. ¡Yo misma fui una de ellas! No había ninguna palabra que las reconfortara porque la sensación de inseguridad es de orden interno. Hasta no modificar este sentimiento interior, la belleza será un tesoro a descubrir. Ser bella es sentirse bella.

¿Qué es la belleza?

La verdadera belleza es la que irradia un corazón en paz. Y no sólo es belleza lo que irradia, sino también una energía poderosa. Cuando estamos en presencia de una persona con tales características, no deseamos separarnos de ella. Se trata de seres que aceptan su cuerpo y su mente más allá de lo que otros piensen al respecto y, por tal motivo, poseen un atractivo magnético.

En la India, la belleza femenina está caracterizada por la suavidad y la serenidad en todos los aspectos de la vida. Es el libre fluir de la energía vital o *prana*. Si dicha energía se encuentra bloqueada (malos hábitos, posturas rígidas, feos modos), la belleza desaparece por más esfuerzo que se haga.

Estando en ese país, varias veces me encontré con gente que vivía cultivando y desarrollando su espíritu, y pude descubrir que sus ojos, al mirar, llegaban a lo más profundo del alma. La comunicación con esas personas era diferente porque lejos estaban de juzgar a los otros, eran poseedores de una calma verdadera y no impuesta, y transmitían confianza y coraje. Para ellos las jerarquías no existían, y el tener o no tener no los conmovía ni los impresionaba. Su belleza me parecía la de una flor al desprender su mejor fragancia.

Una persona bella vive en su rico mundo interior y no requiere que su belleza sea reconfirmada desde el exterior en forma permanente. En cambio, la persona que es bella sólo en su aspecto exterior, en el "envase", está constantemente buscando la aprobación y la aceptación incondicionales de los otros, y no sólo en lo relativo a su aspecto sino también a sus ideas, porque la inseguridad le impide hacerse una opinión propia y darla a conocer.

La política norteamericana Eleanor Roosevelt decía: "Nadie puede hacerte sentir inferior sin tu consentimiento". Está en cada uno decidir cuál será el sentido del viaje, de afuera hacia adentro o viceversa. Este viaje tiene etapas sucesivas, y la primera de ellas consiste en descubrir qué se interpone en nuestro camino hacia la belleza, generalmente una creencia negativa o desvalorizante sobre nosotras mismas. La segunda etapa apunta a establecer una conexión más directa con quienes realmente somos y la tercera, a aceptarnos en nuestra singularidad.

Cuando el ojo interno mira ve la belleza interior, cuando el ojo externo mira ve la belleza exterior.

Uno de los grandes recursos para conectarnos con nuestro interior es la meditación. Yo comencé hace pocos años y confieso que se ha convertido en una necesidad. Cuando los pensamientos detienen su devenir y su ruido va surgiendo nuestra intuición real y verdadera, pero lograrlo lleva mucho tiempo y es el resultado de la regularidad y la disciplina. Cuando cesa el flujo continuo de pensamientos acerca de lo externo, pueden emerger experiencias de otro tipo que iluminen aspectos propios nunca antes percibidos. Cada persona tiene su propio tiempo, pero los resultados nunca son inmediatos. Dice Osho en su libro *Sat Chit Anand*:

> La belleza exterior viene de otra fuente que la interior. La belleza exterior viene de tu padre y madre, sus cuerpos crearon el tuyo. Pero la belleza interior viene de tu propio crecimiento interior, desde tu más profundo y verdadero ser. En tu individualidad las dos están unidas, la herencia física de tu padre y madre y la herencia espiritual de tu propio ser interior. Esta unión genera conciencia, bendición y placer.

A veces, la belleza interior es tan inmensa y poderosa que comienza a reflejarse sobre el cuerpo exterior. Aunque éste no sea tan bello, la luz que irradia desde su fuente más profunda inevitablemente lo transforma en bello y radiante.

A la inversa esta fórmula jamás funciona. La belleza exterior es delgada como el grosor de la piel y no puede afectar a la interior. Por el contrario, puede ser un impedimento en el camino hacia la búsqueda de la belleza interior porque impulsa a identificarse demasiado con ella. Por lo general, la gente muy bella por fuera no es proporcionalmente tan linda por dentro.

La belleza exterior muchas veces se transforma en un escudo tras el cual esconder nuestro verdadero ser.

"Un encanto que mueve al alma hacia el disfrute"

No maltrates ahora lo que ha de dar fruto mañana.

PROVERBIO SUMERIO

Es imposible dejar de lado el aspecto romántico al hablar de la belleza. El filósofo italiano Agostino Nifo (1463-1546) sostiene que la belleza está compuesta principalmente de dos elementos: uno relativo al alma, y es la discreción, y el otro al cuerpo, y son las imágenes vinculadas con lo físico. También afirma que los sentidos físicos son los responsables de trasladar esas imágenes bellas hasta el alma, y que la belleza, cuando emana de una mujer, no llega a ella por un solo sentido sino que a través de la vista va la buena figura, del oído la armonía de la voz, del olfato la fragancia de los olores propios del cuerpo, del tacto la lisura y consistencia de la piel. Con respecto al gusto, dice que sólo llega al alma a través del beso.

La buena figura que la vista capta tiene un orden, una medida y un aspecto. Para que el oído perciba la belleza también debe existir un orden en el ascenso desde el sonido grave hasta su octava, y su descenso, más los tonos y semitonos que equivalen al timbre de la voz. Con respecto al buen aroma, afirma que todo el cuerpo y el aliento de la boca deben satisfacer el requisito de su peculiar belleza. A través del olfato, el hombre percibe en la mujer su encanto particular. La belleza del tacto es la lisura de la piel.

Mucho tiempo antes de Nifo, el filósofo griego Sócrates (470-399 a. c.) definió la belleza como una suerte de encanto que mueve al alma hacia el disfrute de la cosa bella. Para Platón, alumno del anterior, hay tres clases de belleza: la intelectual, la vital y la corpórea. La primera es la que mueve al alma hacia un disfrute de naturaleza intelectual mientras que la segunda se aplica a un discurso, un poema, un cielo, etc. Una tercera clase de belleza, la corpórea, mueve al alma hacia el disfrute de lo corporal. Quiere decir que la percepción de lo bello se asocia al placer de los cinco sentidos y la llegada de éste hacia el alma. La belleza del alma sería un encanto personal llamado "discreción", entendiendo por éste el sano juicio, la prudencia, la templanza, la continencia conyugal, el cariño, el pudor, la modestia, la fidelidad y la decencia.

Mi experiencia personal me dice que la belleza entra primero por los ojos, luego es percibida por los otros sentidos y recién después se suman las virtudes del alma. Es el premio a un gran trabajo interdisciplinario entre lo espiritual, lo intelectual, el aspecto exterior y la posibilidad de adueñarse de sí. Esta interrelación ilumina con una energía nueva la belleza verdadera.

Sobre la belleza y el amor

Resulta difícil hablar de belleza si el amor no se halla conectado a ella. ¿Será que la belleza deriva del amor, o es éste el que deriva de ella? Cuando una persona se siente amada y cuidada, se torna más hermosa cada día. Cuando amamos, todo lo hacemos con amor y hasta el trabajo más trivial se vuelve atractivo.

Los seres humanos necesitamos de la belleza a nuestro

alrededor, ya sea de una puesta de sol, los sonidos de un concierto o la pureza del rostro de un niño. De la misma forma, necesitamos convivir con el amor. La belleza, como el amor, son intangibles, pero constituyen la verdadera esencia de la vida.

El bello equilibrio

Miles de mujeres han pasado por mis cursos, y durante mis viajes y en mi vida social también he podido conocer a otras muchas. Rubias y morochas, altas y bajas, delgadas y gorditas, modelos, maquilladoras y mujeres relacionadas diariamente con la estética eran mi pan de cada día. Imaginen que fue inevitable preguntarme por el significado de la belleza.

¿Qué aconsejar a una mamá preocupada porque su hija de trece años adopta una postura retraída? ¿Por qué las adolescentes, al ir uniformadas, sienten más alta su autoestima? ¿Qué razones corporales conspiran para que una mujer muy bien preparada profesionalmente no consiga trabajo? ¿Por qué muchas mujeres que han alcanzado la menopausia no logran disfrutar serenamente de esa etapa? ¿Por qué una mujer con facciones alejadas de los códigos tradicionales de belleza a veces es más fascinante que aquella con un cuerpo espectacular? ¿Por qué una mujer obesa puede llegar a ser sumamente atractiva mientras que la chica alta, delgada y con ojos increíbles a veces logra capturar la atención sólo por un instante y después nadie la mira?

En mi trabajo con mujeres de distintas edades, pude darme cuenta de que aquello que veía por fuera no siempre coincidía con lo que ellas, a través de gestos, movimientos o palabras, expresaban de su interior. Algunas, sin ser bonitas, emanaban fascinación, estilo y seguridad, mientras que otras, que podían ser consideradas verdaderas "diosas", reflejaban muchas veces lo opuesto.

Descubrí entonces que la belleza es la resultante de la armonía entre varios aspectos, sobre todo aquellos relacionados con lo no perceptible a través de la vista, como dice el escritor francés Antoine de Saint-Exupéry en su famoso libro El principito. Me preocupaba que la casi totalidad de las mujeres estuvieran descontentas consigo mismas y quisieran ser otras. No era frecuente encontrar mujeres felices con lo que eran.

Bailarinas: la disciplina de un cisne

En este punto, quiero hacer un breve paréntesis para hablarles de una excepción a la regla: las mujeres (y también hombres) dedicadas a la danza, una profesión capaz de suscitar en las bailarinas un sentimiento de enorme seguridad respecto de sus propios cuerpos. Las bailarinas y bailarines son dueños de una coherencia corporal admirable, que es el premio a su constancia. Llevan su danza a la vida cotidiana (sobre todo las bailarinas clásicas, o aquellas con formación en esta disciplina) haciendo que el movimiento del cuello, la cabeza, las manos y las piernas sea afinado y coordinado. Tanta práctica les otorga una confianza corporal que la mayor parte de las mujeres no ha tenido oportunidad de vivenciar.

La ropa que visten se desliza sobre sus cuerpos con gracia y despreocupación transformándose sólo en un accesorio ocasional. Es como si le dijeran al mundo que lo principal es el cuerpo y no la ropa. Son conscientes de su físico, lo trabajan en su totalidad y lo habitan. Cada vez que apoyan un pie en el suelo para dar un paso no lo hacen en forma automática, y al sentarse no se desploman, sino que lo hacen con la gracia de un cisne. Si la mayoría de la gente lleva la cabeza sobre el cuello como una pelota pesada, los movimientos que ellos realizan son sutiles y exactos, y sobre todo saben manejar un factor que el resto ni siquiera toma en cuenta y es el tiempo necesario para cada movimiento. Como los bailarines trabajan con música, ésta se encuentra impresa en su andar y ni siquiera necesitan escucharla porque la llevan dentro, y al caminar por la calle se mueven en forma diferente del resto de los paseantes. Si la gente los mira no es por su belleza exterior, sino por la armonía de sus movimientos.

La belleza exterior puede llegar a transformarse en una pesadilla cuando no sabemos manejarla. Es un regalo del cielo y de nuestros padres, pero a veces puede ser una cualidad muy difícil de sobrellevar y hasta un obstáculo para el desarrollo personal. Cuando se es linda, los demás no pueden ver otros atributos o valores al estar fascinados por la belleza exterior, lo cual produce una sensación de impotencia además de un gran vacío interior. Y en aquellas personas con problemas afectivos no resueltos este vacío puede terminar inscripto en el cuerpo y resultar visible en los movimientos.

Cuando los sentimientos no pueden manifestarse libremente, se desarrollan inconscientemente actitudes corporales cerradas y reclamantes que son claras a primera vista.

También existe el mito en torno a la belleza según el cual las personas bellas logran fácilmente todo lo deseado. Desde que tengo uso de razón la gente ha ponderado mi exterior, y como ustedes han podido saber, al morir mi padre se desencadenó en mí una cantidad enorme de conflictos afectivos que me hicieron focalizarme todavía más en mi exterior. Mi trampa era pensar que cuando la gente reconocía mi belleza estaba expresándome su afecto.

La fascinación de la gente con mi exterior me impidió desarrollar mi autoestima, que estaba allí a la espera de ser trabajada. Al no tener una guía para motivar esa búsqueda interior quedé paralizada con mi exterior por mucho tiempo, pero también huérfana del sentir profundo de mi ser. Largos años tuvieron que transcurrir para

*poder traspasar las barreras del dolor y conectarme con mi
alma.*

*Por eso digo que, a veces, ser linda puede convertirse en un
obstáculo para el desarrollo del mundo interior.*

Imágenes de chicas bellísimas aparecen en mi memoria, pero
con ello también la conciencia de que después de observarlas con
atención ese exterior débil y efímero se esfumaba. Vale la pena
buscar en nuestro interior los talentos, habilidades y virtudes que
están allí para ser descubiertos y sacados a la luz.

Objetos sobre la cabeza

Siempre me fascinó la naturaleza porque en ella se
encuentran las claves de todos los interrogantes. Por tal motivo,
intuí poder hallar una respuesta a la pregunta por la belleza si me
relacionaba con pueblos primitivos que aún subsisten en ciertas
partes del mundo. Con ese propósito en mente viajé a México y
Guatemala a tomar contacto con tribus indígenas e
interiorizarme de sus creencias y costumbres.

Viví dos semanas con sus mujeres observando su rutina
diaria. El tema de la belleza era completamente desconocido por
ellas, cuyo arreglo personal se reducía a la higiene y la comodidad
(los peinados, por ejemplo, apuntaban a tener el rostro libre para
realizar las tareas cotidianas). Su fuerte contacto con la madre
tierra se evidenciaba en que caminaban descalzas, se sentaban
directamente sobre el suelo y se permitían sentir cada
movimiento. Lo más característico de estas tribus es su relación
natural con el entorno.

Más tarde, viviendo en la India, pude comprobar que la
mayor parte de los habitantes que residen fuera de las grandes
ciudades, e incluso muchos de los que las habitan, mantienen ese

nexo especial con el suelo que pisan. Por ese motivo es que sus cuerpos son flexibles, no están "acortados" por tensiones ni torturados por la mirada de una sociedad que impone una perfección, como tal, inalcanzable al menos para el común de los mortales. No es extraño encontrarlos descansando sobre veredas o cualquier superficie dura ya que sus cuerpos se acomodan con simpleza y comodidad sin requerir la suavidad de nuestros súper colchones para alivianar dolores musculares. Resulta fascinante observar a los hombres suspendidos cual aves sobre cualquier borde lo suficientemente fuerte para sostenerlos. Calzan sandalias en verano y en invierno, y sólo usan zapatos cerrados las personas de áreas urbanas y con trabajos empresariales.

No hay danza natural más armoniosa que la que producen esas bellas campesinas al caminar portando toda clase de objetos sobre la cabeza —desde jarros con agua hasta fardos de pasto— y los velos rodeando sus figuras gráciles. Su elegancia es indescriptible, si bien la mujer de la ciudad ha ido perdiendo este ritmo de su par más humilde al abandonar el contacto consciente con la naturaleza. Estas características son propias de todos los grupos tribales y rurales de cualquier país, ya que la gran ciudad ofrece muchas distracciones y lentamente va apartando a sus habitantes del contacto con la madre tierra.

Observo con pesar que los medios de comunicación masiva y la globalización han llegado también a esta cultura milenaria. La anorexia y la bulimia y, con ellas, la preocupación desmesurada por el cuerpo, han comenzado a infiltrarse en la juventud urbana. Las jóvenes luchan por un cuerpo perfecto sin poder escapar de las que en Occidente, desde hace algunas décadas, son consideradas enfermedades sociales. Sólo la conciencia de la belleza interior podrá ayudar a recuperar el territorio olvidado de nuestro ser.

Hemos perdido el entrenamiento de la mirada interna silenciosa, aquella capaz de recuperar nuestro ser más profundo. Poner a descansar los ojos físicos de su trabajo

*diario de procesamiento de imágenes y rescatar el tercer ojo,
el que mira hacia adentro, es el único camino de regreso a
la naturaleza.*

Compartiendo mi experiencia con las mujeres aborígenes y viéndolas caminar día a día con sus objetos sobre la cabeza pude comprender que uno de los secretos de la belleza es recuperar el propio cuerpo y habitarlo.

Obsesión

A su manera, en todas las etapas de la historia la gente ha estado pendiente de su aspecto físico. En los siglos XII y XIII, a las jovencitas chinas les vendaban fuertemente los pies para dar forma al que estaba de moda, costumbre que les impidió caminar correctamente a millones de ellas. En el siglo IX las mujeres tenían que usar corsé para estar a la moda, lo cual les generaba serios problemas respiratorios y digestivos. Quiere decir que cada época ha tenido y tiene sus propias obsesiones.

Si durante largo tiempo la preocupación por la belleza estuvo focalizada en el arreglo del rostro, el maquillaje, los adornos para el cabello y los accesorios de moda, hoy el énfasis está puesto en el logro de un cuerpo joven y longilíneo. Lo más importante es rejuvenecer, tonificar y reafirmar. Las dietas invaden el mercado y, con ellas, hacen su aparición los productos adelgazantes de todo tipo y los productos light. Rápidamente se suman las cremas anticelulíticas y liporeductoras. Pero lo más significativo es el aumento en el mundo femenino de las actividades físicas, el entrenamiento, la gimnasia y el trabajo con aparatos especializados. A partir de ahora no existe belleza sin delgadez, dietas personalizadas y horas de gimnasio.

¿Qué es la belleza?

*En la actualidad, las mujeres han desarrollado un
sentimiento de pánico hacia las grasas y la flacidez. Ser
gorda es inadmisible, pero además se debe tener un cuerpo
firme y musculoso. Las dos metas son estar delgada y verse
joven. Lo que no termina de gustar puede ser reconstruido
a través de las cirugías desafiando el paso del tiempo.
Hoy, en los Estados Unidos, los productos para el
cuidado del cuerpo superan en ventas a los maquillajes.*

La mujer ha ido liberándose de las antiguas prisiones de su cuerpo (sexuales, procreativas) para sumar otras nuevas, esta vez relacionadas con un concepto de belleza por demás exigente. El continuo bombardeo a su psicología y su físico le hace perder a la mujer confianza en sí misma obligándola a ocuparse exclusivamente de su estética. Aunque hay que admitir que también el hombre ha caído en la misma obsesión por su físico.

La difusión de actividades al aire libre, el deporte, la vida en la playa —donde los cuerpos están casi al desnudo, apenas cubiertos con el pequeño biquini y el más pequeño *top-less*—, la moda de la minifalda y el pantalón cortos, todos estos cambios requirieron en forma paralela un cuerpo en buen estado.

El arte moderno también aportó su cuota a través del concepto de línea y su rechazo de la ornamentación y el adorno sobrecargado, lo cual se correspondía con el rechazo del cuerpo con redondeces. Cuando el arquitecto Mies van der Rohe impuso la máxima que estipulaba: "*Less is more*, menos es más", nació el arte minimalista del siglo XX, presente también en la moda con la estética de la línea en la mujer.

El énfasis en la delgadez responde también a los progresos femeninos en temas como la anticoncepción y las motivaciones profesionales, y es expresión de su anhelo de ser activa, libre e independiente. Ya no interesa asociar belleza femenina con fecundidad, valor máximo en la tradición del pasado, puesto que hoy la maternidad no es prioritaria para una parte de las mujeres.

Tener un cuerpo sin celulitis, bien trabajado y muy firme es una clara demostración de autocontrol en la mujer, quien se apropia así de cualidades como la voluntad, la eficiencia y la disciplina atribuidas históricamente al género masculino. Hacemos esfuerzos inimaginables para disciplinar nuestros cuerpos no sólo en lo referido a la gimnasia sino también a la alimentación, pero a la vez somos bombardeadas con regímenes novedosos cuya promesa de resultados mágicos nos llena de ansiedad por probarlos generándose así las típicas conductas compulsivas. Tratamos de domesticar nuestro cuerpo con disciplinas rigurosísimas, pero el crecimiento progresivo de la obesidad, en especial en los países centrales, demuestra el fracaso al que conduce esta ambición. La autoexigencia cada vez es mayor, así como la autovigilancia, pero, paradójicamente, también se han multiplicado las compulsiones alimentarias, la "comida basura" y los trastornos de conducta. El consumismo se encarga de inyectarnos altas dosis de ansiedad y, con esto, su correspondiente cuota de insatisfacción.

La columnista V. Roberts escribe en su revisión de la década de 1980:

En los años ochenta el cuerpo fue el protagonista de la moda, el elemento esencial del estilo, mientras que la ropa era un mero accesorio. Nosotras diseñábamos ropa de moda que pudiera estirarse, agrandarse o ser usada después de la dieta. Cher nos prometía que así sería si nosotras "seguíamos una dieta". La década en cuestión no aceptaba excusas para los muslos flácidos ni los abdómenes caídos.

Pero no bastaba con tener un buen estado físico: habríamos de tener un buen aspecto. En el inicio de los ejercicios, las que se sentían más en forma se olvidaron del *jogging* y se inició la moda sexy para las gimnastas. Éstas se pavoneaban y coqueteaban frente a los espejos de los gimnasios como aves iridiscentes con el plumaje de la época del apareamiento. La ropa era ceñida, los colores, cálidos, y los cuerpos brillaban envueltos en *lycra* y algodón. Aparecieron diseños estilo leopardo, pantaloncitos para ciclistas y *panties* para correr. Las ropas para los ejercicios dejaban parte de las caderas al descubierto, desaparecían a la altura del estómago, descendían en el busto y ascendían en el trasero. Sentaban tan bien, que esa ropa ajustada salió a la calle.

Uno de los tantos ejemplos que evidencian la preocupación actual por el cuerpo.

Imágenes y sensaciones

Un día concurrí a una comida y entre los invitados había un grupo de mujeres de edad avanzada. Todas excepto una se habían hecho un lifting; estaban fantásticamente conservadas y muy coquetas, eran conscientes y dependientes del aspecto logrado, pero carecían de soltura, mientras que la única que no tenía señales de estiramiento se reía con espontaneidad y actitud jovial, lo cual hacía que las arruguitas alrededor de sus ojos bailaran de manera fresca y simpática. Eran justamente esas arruguitas las que le otorgaban un aspecto alegre y juvenil. Su actitud era flexible y libre, y sus movimientos, sueltos y distendidos como quien sabe muy bien cómo manejarse. Las otras, en cambio, tenían una actitud mucho más controlada, todo el tiempo estaban atentas a sus gestos y hasta la ropa que usaban parecía más tensa, ajustada y tiesa. Era excesiva la atención puesta en lo que los demás opinaran de ellas. Me sentí feliz al descubrir el triunfo de lo natural por sobre el artificio.

En otra oportunidad, estando en la peluquería, vi entrar a una de las mujeres más fascinantes que conocí en mi vida. Sus facciones eran las menos ortodoxas del libro de la belleza; su nariz era pronunciada, pero cualquier otra mujer no habría sabido llevarla con aquel porte majestuoso; el pelo, negro y brillante, largo pero atado para mostrar al mundo su increíble personalidad; el rostro inteligente, atento, despierto. Ella llevaba la cabeza con el orgullo de quien se siente satisfecho por las metas logradas. Su temperamento emanaba desde cada poro de su piel, sus movimientos eran suaves pero fuertes y ella misma, intensa, felina, casi salvaje. Cuando escuché su voz y sus silencios, comprendí que tenía adelante a una persona centrada. Sus ojos, de un oscuro muy profundo, al mirar lo hacían con respeto, amor y humildad. No hacía falta que hablase, ya que todos percibían su fuerte presencia simplemente por ser ella una mujer serena y muy segura.

Artificio y belleza

Muchas veces, cuando camino por la calle, observo a hombres jóvenes que incluso estando desaliñados son apuestos, una clase de belleza desvinculada de cualquier artificio. También he podido comprobar que no existe el equivalente femenino.

Si tomamos a una chica de dieciocho años y a un varón de la misma edad, veremos que ella va a recurrir a elementos externos para conformar su imagen de belleza ideal impuesta por la sociedad. No es que los necesite realmente, sino que su imaginario de lo que es la belleza no se ve realizado en su naturalidad.

Recuerdo una experiencia que me hizo pensar mucho sobre la belleza y el artificio. Un día como tantos otros fui al estudio de un gran fotógrafo de moda amigo, que estaba por hacer una sesión fotográfica para una producción de modas de una revista. Me encontré con la maquilladora más famosa de mi país, una profesional capaz de transformar en linda a la menos favorecida por la naturaleza, y en ese momento entró desde la calle la modelo, una joven sin maquillaje y de asombrosa belleza.

¿Será posible mejorarla aún más?, le pregunté a la maquilladora. Sin decir palabra ambas se internaron en el camarín para comenzar la transformación y, al salir, me pareció que la modelo había mejorado mucho su aspecto. ¡Era fantástico! En ese momento entendí que estamos

¿Qué es la belleza?

entrenados para reconocer únicamente la belleza
relacionada con el artificio.

Poca gente consentiría compararse con Steven Hawking y, sin embargo, cada chica adolescente se compara con Ámbar Valetta o Giselle Bündchen (actuales *supermodels*) sin pensar en que estas modelos fueron seleccionadas de entre miles de bellezas y luego pasaron a manos de los maquilladores más reconocidos del mundo, los mejores peinadores y así siguiendo. Nadie se parece a Ámbar Valetta o Giselle Bündchen... ni siquiera ellas mismas.

Las mujeres tenemos miles de recursos para nuestro arreglo personal: tintura para el pelo, manicura, pedicura, depilación, maquillaje, cremas, perfumes, dietas, aparatos para hacer gimnasia, cirugía estética, en fin, toda una industria a nuestro pies para ser lindas y poder cumplir así con el mandato esperado de nosotras. Pero hay que saber usar estas herramientas de un modo positivo, porque un empleo incorrecto o exagerado podría afear a la más hermosa.

Voy a contarles un caso que sé que va a interesarles. Durante un verano, conocí en una fiesta a una de las chicas más lindas que vi en mi vida. Su imagen a través de los años persiste fresca en mi memoria. No sólo eran increíbles sus facciones sino también su presencia, elegancia y estilo. Sus modales, sus gestos, su caminar, todo en ella estaba afinado como los instrumentos de una orquesta. No usaba una sola gota de maquillaje porque cualquier artificio habría sido una ofensa para su rostro. Con el tiempo, llegó a ser una modelo reconocida.

Los años pasaron, aquella jovencita se transformó en una treintañera y, al reencontrarla, me entristeció comprobar que no quedaba casi nada de su belleza natural. Mi ícono de otros tiempos se había enamorado de los artificios disponibles y se había lanzado a experimentar con ellos sin privarse de nada: había agrandado su boca en forma desproporcionada, incrementado sus pómulos como los de una muñeca y aumentado su busto como los de una *vedette*. Como consecuencia, su elegancia natural había desaparecido como de un plumazo y lo que antes era gracioso ahora resultaba grotesco. Otra vez había triunfado el artificio por sobre lo natural. Mi modelo de belleza se había roto en mil pedazos.

Diane Keaton dijo alguna vez: "Cuidado con las cirugías estéticas. Te agregas una máscara de la cual nunca más podrás salir".

No hay belleza sin emoción

La contemplación de la belleza presente en la naturaleza (como por ejemplo, un cielo o un paisaje admirables) deja al ser humano profundamente emocionado porque lo conecta con su espíritu. Lo mismo ocurre al estar en presencia de alguien bello: nos faltan las palabras, nos sentimos confundidos y perturbados. Este fenómeno, que ha sido descrito en miles de poemas y en la literatura universal, significa que no hay belleza sin emoción.

Más de una vez, estando sola en lo alto de una montaña sintiendo profundamente la belleza del paisaje, lloré de emoción por la paz que me habitaba. Sentía la presencia de ese poder universal que algunos llaman Dios y otros de maneras diferentes aludiendo a lo mismo.

La belleza natural es la única verdadera, y eso se comprueba en que es la única también perdurable en el tiempo. Lograrla implica desprenderse de capas y capas de artificios, mandatos y falsas creencias, todo aquello que la cultura nos "vendió" —como se dice comúnmente— con respecto a la belleza. Recuperar la confianza, desarrollar los talentos, reconquistar el cuerpo y el alma en su estado original, ser como un árbol majestuoso en un bosque silente, tomar conciencia del esplendor presente en cada uno. Lograr la conexión con ese mundo de plenitud, conocerlo, sentirlo, apropiarse de él. Después sí se

116

puede jugar con los recursos para ajustar la belleza exterior, pero sin confundir ni depender de ellos para vivir ya que se trata de un camino sin retorno en tanto siempre habrá algo nuevo con lo cual tentarse.

El espacio de silencio sereno que es nuestro interior debe ser sagrado más allá de las actividades diarias. No hay tiempo más valioso que el que surge al cortar momentáneamente los lazos con el exterior y conectarnos con el verdadero ser interno.

El teólogo y filósofo danés Soren Kierkegaard (1813-1855) escribió:

> La más profunda forma de desesperanza es elegir ser otro que uno mismo (...) Querer ser lo que verdaderamente se es, es lo opuesto a la desesperanza.

La verdadera belleza surge cuando florecemos desde lo más auténtico y profundo de nuestro ser, cuando logramos realizar lo que hemos venido a hacer en este mundo.

Hemos sido provistos de las capacidades y habilidades necesarias para actualizar nuestra esencia. Depende de nosotros hacer crecer y desarrollar esa semilla.

6. De máscaras, disfraces y verdades

El vestido es, para una mujer, la manifestación de sus pensamientos
más íntimos, un lenguaje, un símbolo.

HONORÉ DE BALZAC

Mi trabajo como modelo y mi inseguridad personal me llevaron a ocuparme de las máscaras. Muchas veces me sorprendí recurriendo a ellas y otras tantas pude descubrirlas en la gente a mi alrededor.

Una máscara es un segundo rostro con el cual nos fusionamos al usarla. Nos permite comunicarnos de una manera diferente con los otros y con nosotros mismos porque tiene un poder propio que nos impulsa a liberarnos. Paradójicamente, a veces logra desenmascararnos, de ahí que muchos juegos terapéuticos la utilicen como recurso de autoconocimiento.

Las mujeres tenemos decenas de máscaras. Somos adictas a ellas ya se trate de maquillaje, sombreros, *bijouterie* y muchas otras, y se encuentran fácilmente a nuestra disposición gracias a la publicidad y los medios de comunicación orientados al público femenino. Pero también solemos recurrir a otras con las cuales disfrutamos o sufrimos, como la femineidad, la maternidad, la obesidad o la fidelidad, muchas de las cuales nos impiden habitar plena y gozosamente nuestro cuerpo.

El segundo rostro

Las máscaras existen desde los orígenes de la humanidad y su significado ha ido variando a lo largo del tiempo. La palabra "máscara" proviene del árabe *másjara* y significa "objeto de risa". En latín, la máscara del actor se denomina "persona". Se define también como máscara la intención consciente o inconsciente de ocultar algo, y es el traje con el cual nos disfrazamos. Hoy en día no usamos máscaras para invocar fuerzas superiores o personificar deidades, pero hay vestimentas, uniformes, condecoraciones, coronas y capas que constituyen verdaderas máscaras históricas.

Pueden ser de cartón, papel, tela o cualquier otro material, lo importante es que la persona no sea reconocida. Se clasifican en máscaras rituales, teatrales o dramáticas y sociales. Quiere decir que este tema puede ser considerado desde enfoques muy distintos, como el psicológico, antropológico, histórico, filosófico o artístico, pero lo más interesante es aplicarlas al campo de las relaciones humanas. No se puede concebir al hombre sin máscaras ya que toda acción humana las implica. Empleamos máscaras para ocultar a los demás, y también a nosotros mismos, aquellos aspectos de nuestra personalidad con los que no estamos conformes. Son las máscaras cotidianas. A continuación, quiero referirme a aquellas máscaras que todos usamos en la vida diaria sin necesidad de cubrir el rostro.

El rostro

Dice Roland Barthes sobre Greta Garbo:

La Garbo aún pertenece a ese momento del cine en que el encanto del rostro humano perturbaba enormemente a las multitudes, cuando uno se perdía literalmente en una imagen humana como dentro de un filtro, cuando el rostro constituía una suerte de estado absoluto de la carne que no podía alcanzarse ni abandonarse. Se trata, sin ninguna duda, de un rostro-objeto. No es un rostro pintado sino un rostro enyesado, esculpido en su tersura, y lo frágil, perfecto y efímero a la vez.

De máscaras, disfraces y verdades

El rostro constituye la parte más expuesta del cuerpo al mundo exterior. En él se traslucen sentimientos y actitudes aun cuando se haga un gran esfuerzo por esconderlos. Para un ojo entrenado, no existe la expresión fingida.

Muchas veces, las personas que suelen reír todo el tiempo aparentan su alegría por diferentes motivos. Yo era una de ellas, y mucho me dolió aceptar que mi sonrisa no respondía necesariamente a sentimientos positivos de placer y felicidad, sino que en ocasiones era sólo un recurso para agradar a los demás que en el fondo escondía una enorme tristeza. La sonrisa es una máscara perfecta para ocultar el dolor. Las personas poseedoras de una profunda paz y armonía no tienen la sonrisa pintada permanente en la cara.

La sonrisa estereotipada es la máscara más común porque nos permite esconder sentimientos de tristeza, miedo, ira, y ser calificados por los otros de personas agradables. Pero es sólo una fachada tras la cual se esconde una personalidad diferente. El peligro consiste en identificarse con esta expresión sonriente mientras el cuerpo responde a sentimientos verdaderos, ya que cuando esto ocurre se pierde la armonía y la salud puede verse amenazada. Mantener ocultos los sentimientos dolorosos suma un esfuerzo extra al trabajo de nuestros órganos.

Otra máscara conocida por todos es la del bufón o payaso. Hay personas con las cuales no se puede hablar en serio sin que expresen una sonrisita o un comentario sarcástico al mismo tiempo. Es probable que hayan sido heridas o en la infancia y aprendieran a ocultar estas penas exhibiendo una máscara de payaso.

La cultura oriental enseña a armonizar el cuerpo en lugar de exaltarlo, aquietarlo para lograr una vida de placidez y contemplación conectada a las fuerzas del universo. Los rostros tranquilos de los orientales, que hasta parecen carentes de emoción, en realidad reflejan la armonía de su gran espiritualidad.

Los ojos

Constituyen sin duda la parte más importante del rostro en cuanto revelan la verdad o falsedad de los gestos y expresan tristeza, dolor o cualquier otro sentimiento. Cuando la sonrisa es auténtica, es la resultante de una onda de excitación que fluye en forma ascendente iluminando los ojos y el rostro entero. Los ojos inexpresivos no tienen vida.

Es cierto que son el espejo del alma, verdaderas ventanas para mirar al mundo, pero a través de ellos también somos contemplados por las demás personas. Hemos sido adiestrados desde pequeños a esconder nuestros sentimientos para evitar quedar en desventaja delante de los otros, pero también los escondemos de nosotros mismos.

Nos sentimos amables cuando no traspasamos las máscaras de los demás y es así que evitamos tomar contacto verdadero con ellos.

La mirada establece una conexión energética tan fuerte, que es una forma de tocarse con los ojos. Tengo un amigo en Buenos Aires con quien cada vez que nos encontramos nos quedamos largo rato mirándonos profundamente a los ojos porque nos da mucho placer. Cuando los ojos están cargados de energía, la proyectan; y si esa energía tiene el signo de la ternura y el afecto, puede nacer un sentimiento en sus corazones. De allí surge la expresión "amor a primera vista".

Quiere decir que nuestro verdadero ser se expresa a través de los ojos. Ojos abiertos, llenos de dulzura y plenos de amor manifiestan un alto grado de espiritualidad y miran al mundo con reverencia y admiración.

Los ojos pueden irradiar amor, pero también odio. El llamado "mal de ojo" no es otra cosa que el resultado de una mirada cargada de energía negativa que puede dejar petrificada a la persona que la reciba. Con una sola mirada podemos dar mensajes bien claros tanto a seres humanos como hasta a una mascota.

Muchas personas, en la infancia, han presenciado conflictos y situaciones traumáticas, y es probable que hayan adquirido el hábito de esquivar la mirada perturbando con ello el normal funcionamiento de la vista. El ojo miope es un ojo asustado y temeroso, que ha reducido su campo visual para no sentirse amenazado. Pero la buena noticia es que podemos trabajar la mirada a partir de la meditación y el yoga a fin de desarticular dolores y broncas del pasado.

La mandíbula

Otra máscara recurrente es la que resulta de una mandíbula tensa, la cual reflejaría un carácter decidido. Se trata de personas que necesitan vencer una situación que les produce dolor o temor, y es tensando la mandíbula como evitan hacer conscientes sentimientos de tristeza. Llevar la mandíbula hacia adelante es, también, expresión de desafío.

La boca

Muchas personas tienen dificultad para llevar el labio superior hacia afuera, y esto significa que han sido "entrenados" para mantenerlo rígido con el propósito de ocultar sentimientos de ternura. Probablemente, cuando eran niños, al entregarse a buscar afecto hayan sido rechazados y les prohibieron llorar.

En nuestra cultura, el llanto es visto como signo de debilidad, y mucha gente piensa que el hecho de no llorar otorga cierta fortaleza. Son personas que sienten orgullo por saber controlar sus sentimientos aun cuando tampoco puedan llorar la pérdida de un ser querido.

El llanto es como la lluvia, a veces suave, otras violenta,
pero siempre esencial para la vida. Así como la tierra seca
se resquebraja, una vida sin lágrimas se convierte en un

*desierto. Con ellas, en cambio, el resplandor de la cara y
de los ojos es como el cielo después de una tormenta:
limpio, fresco, luminoso y brillante.*

La ropa

Cuando era consultora de imagen y veía a las mujeres vestirse de una forma que nada tenía que ver con ellas, les proponía descubrir el porqué de tal elección y era allí donde comenzaba el verdadero trabajo para ambas. Generalmente, la causa era un sentimiento de inseguridad que las llevaba a copiar. La ropa elegida en algunas situaciones es una manera de enmascaramiento. El riesgo de imitar a alguien en su manera de vestir consiste en ver desdibujarse la propia imagen y, con ella, el ser más auténtico.

La ropa es un lenguaje en sí mismo. Elegimos determinada ropa por algunas de las mismas razones por las que hablamos: para vivir y trabajar más cómodamente, así como también para disfrazar o enmascarar nuestra identidad y atraer la atención erótica.

Todos podemos descubrir nuestras máscaras cotidianas. En mi caso, pude darme cuenta de que siempre tensaba la mandíbula, por lo que comencé un trabajo consciente de aflojamiento y relax y hoy pongo especial atención en que mi rostro esté tranquilo. Poco a poco, estoy logrando soltar esa expresión.

Muchas mujeres no se atreven a salir a la calle si no están perfectamente maquilladas y arregladas de punta en blanco. A ellas les sería maravillosamente útil jugar con diferentes vestuarios para experimentar con otras alternativas en lugar de encasillarse. De esta forma estarían trabajando para evitar ser víctimas de sus propios disfraces. Lo más importante en esos casos es darse cuenta.

El trabajo experimental con máscaras realizado con las mujeres en mi escuela las ayudó enormemente a soltar tensiones y reencontrarse consigo mismas. También ustedes pueden descubrir sus propias máscaras. ¡Manos a la obra!

7. La energía del tigre, o sobre la actitud corporal

Mucho sabemos sobre las decenas de técnicas disponibles para lograr una apariencia atractiva, pero es poco y nada lo que se nos enseña sobre algo tan fundamental como caminar correctamente, condición indispensable de la elegancia.

La mayor parte de la gente ni siquiera piensa en cómo camina, sino que se traslada de un lugar a otro en forma mecánica sin poner atención ni en sus piernas ni en sus pies y arrastrando el cuerpo como un lastre. Inclina la cabeza hacia adelante empujada por la nuca y mueve las piernas sin firmeza, en especial las rodillas y los pies. Esclava de su cuerpo y de su mente, vive apremiada por sus ambiciones cuando en realidad tanto la belleza como el estilo y la elegancia están basados en la serenidad. Caminar correctamente es el arte del movimiento llevado a lo cotidiano.

Sólo aquella persona capaz de percibir las sensaciones internas ligadas a la acción de caminar lleva su cuerpo con gracia y soltura. Al caminar, nos mostramos al mundo tal cual somos.

Las cuatro claves de la elegancia

El rectángulo imaginario: ejercicio para caminar correctamente

1. De pie en posición erguida y derecha, estírate lentamente desde el ombligo hacia el cielo y hacia el centro de la tierra. Traza imaginariamente un rectángulo a tu alrededor como si estuvieras en el interior de un marco y procura que el perímetro de éste te incluya en forma completa, desde la cabeza, pasando por los hombros hacia el suelo. El espacio así delimitado es el que ocupa tu cuerpo, tu única casa. Ni los brazos ni las piernas deben traspasar los límites del rectángulo.

La primera clave para caminar correctamente consiste en evitar que cualquier parte del cuerpo quede fuera del rectángulo imaginario.

Hay personas que al caminar tienden a dar saltitos haciendo movimientos descoordinados y caóticos que provocan el desplazamiento de la cabeza fuera de los límites del rectángulo. La mirada de los otros siente gran placer al descubrir armonía en el movimiento, aunque en general ellos no sabrían explicar por qué una forma distrae y la otra no ya que se trata de informaciones sutiles que se producen en el nivel de la percepción. Lo mismo le ocurre a la audiencia de un concierto: cuando todos los instrumentos están afinados y el ritmo es perfecto, ésta se siente transportada a un nivel de placer indescriptible, casi espiritual. Cuando nuestros movimientos son tranquilos, coordinados y rítmicos, caminar se transforma en una danza.

2. Sin salir de tu rectángulo imaginario, estira lentamente una pierna hacia adelante apoyando en primer lugar el talón, dato fundamental para lograr un movimiento elegante. La formación

128

de los arcos de los pies también es de gran importancia y puede lograrse llevando el peso del cuerpo hacia el lado externo del talón mientras se extiende la planta hacia los dedos de los pies.

Estira totalmente la pierna en forma lenta y completa. El peso de tu cuerpo irá distribuyéndose de tal modo, que la pierna trasera se pondrá en movimiento para evitar una caída. Flexiónala lo menos posible al llevarla hacia delante. Luego, repite la secuencia siguiendo el mismo orden: apoyar el talón, estirar la pierna, apoyar el pie sintiendo cada parte, trasladar de a poco el peso hacia adelante y llevar hacia el mismo lugar la pierna que quedó detrás.

La segunda clave para caminar correctamente consiste en ubicar un pie exactamente delante del otro como si se avanzara sobre una línea recta imaginaria, de tal manera que las rodillas rocen suavemente entre sí. Esto produce un balanceo de la cadera sensual, elegante y femenino.

Al ir apoyando primero el talón y poco a poco todo el pie, intenta que tus plantas reciban un masaje completo hasta la punta de los dedos. Si logras conectarte con tus sensaciones internas, descubrirás que es ése el punto clave para sentir el movimiento de la cadera. Apoyar el pie entero de forma plana no contribuye en nada a caminar sensualmente. Podrás vestirte como una reina, pero algo faltará para completar tu belleza.

3. En el tercer paso de esta danza intervienen también los brazos. No tienes que hacer ningún movimiento en particular con ellos ya que se mueven en forma espontánea en sentido contrario al movimiento de los pies. Por naturaleza nuestro cuerpo tiende a caminar correctamente, pero nuestra inseguridad, complejos y temores le han hecho olvidar esa capacidad.

La mayoría de las mujeres suele apretar los brazos contra las costillas en un ademán de autoprotección, o para ocultar pechos demasiados grandes o pequeños. No mueven los brazos al caminar, o sólo el antebrazo, lo cual da un aspecto rígido y cerrado. De esta forma lo único que logran es llamar la atención de todo el mundo, justamente lo contrario a lo deseado. En el otro extremo se encuentran aquellas mujeres que al caminar mueven los brazos de tal manera que traspasan todo el tiempo los límites del rectángulo.

La tercera clave para caminar adecuadamente y con gracia consiste en eliminar rigideces y tensiones. Los brazos deben moverse en forma paralela al cuerpo sin salirse de los límites fijados por el rectángulo imaginario.

4. Imagina que abres el pecho desde el centro hacia afuera como una flor al desplegar toda su belleza. Tu cabeza se coloca orgullosamente en su centro en señal de autoaceptación y tu cuello se alarga para que el rostro quede expuesto y muestre todo aquello que antes te acomplejaba, ahora transformado en tu característica más propia. Estarás irradiando así tu sol interno, tu elevada autoestima.

Los ojos son el espejo del alma, lo más transparente y puro que puedes mostrar. La cuarta clave consiste en no bajar la mirada al caminar. Mira siempre hacia el frente, nunca hacia arriba o hacia abajo. De esa forma estarás diciéndole al mundo que enfrentas la vida con placer, energía y sin temores.

Puedes estar segura de que, a partir de este momento, la percepción de los demás frente a ti comenzará a cambiar.

La energía del tigre, o sobre la actitud corporal

La energía del tigre

La actitud de este felino siempre me ayudó a explicar los requisitos fundamentales de la elegancia y la presencia. Imagina un tigre a punto de lanzarse sobre su presa favorita. Quieto y expectante, emana su majestuosa energía desde cada rincón de su cuerpo, y al caminar lo hace en forma lenta, monitoreando su entorno, con los cinco sentidos en estado de alerta y sin dejar nada fuera de su campo de atención.

Lleva una pata delante de la otra formando una línea y produciendo un movimiento sinuoso con la cadera. Ahora imagina que el tigre eres tú e incorpora esta actitud a tu vida.

¿De qué te sirve ser linda si vives escondiéndote de los demás, achicándote y mirando siempre para abajo? Cuando logres abrirte y liberar tu majestuosidad dormida experimentarás una sensación de plenitud y auténtica belleza, el premio a un gran trabajo personal. Para hacerlo sólo necesitarás armarte de coraje y de ganas, pero el resultado valdrá la pena.

Deslizarse como una princesa

En uno de mis primeros años en la India fui a visitar a la ex maharaní de Jaipur, la princesa Gayatri Devi. Yo había leído su autobiografía y conversado con gente que la conocía, así que había logrado reunir bastante información sobre ella. Su historia parecía sacada de un cuento de hadas, pero lo más interesante era que a sus ochenta años conservaba intactos su belleza y su maravilloso porte. En sus tiempos fue considerada una de las mujeres más hermosas de la India.

Cuando llegamos a su mansión en la ciudad de Jaipur, capital del estado de Rajastán, fuimos conducidos al living para esperarla. Largo rato pasaría hasta poder ver a esta majestuosa princesa. Vestida con un espléndido sari descendió la escalera tan lentamente, que el tiempo que se tomó para deslizarse por cada escalón me pareció electrizante. La dignidad parecía salirle por los poros y tenía un dominio completo de su persona. Nadie podía dejar de mirarla.

Al acercarse a nosotros lo hizo en forma suave, dejando que el silencio actuara por sí mismo. Nadie habló para no perturbar el disfrute de su presencia. Sus movimientos fueron sutiles también cuando se sentó junto a nosotros, y al hablar, su voz, lejos de romper el encanto, se mostró totalmente armonizada con su imagen y movimientos. Me pareció haber conocido más sobre ella durante esta fantástica introducción silenciosa que cuando nos habló. Con este simple ejemplo quiero destacar que siempre es posible causar un impacto positivo más allá de la edad que se tenga.

Tan importante es la actitud corporal, que cuando una persona se presenta a una entrevista laboral muchas veces lo que define su contratación es justamente tal actitud. Se sabe que el contenido de lo que se dice se lleva un siete por ciento, el tono de voz y la forma de decirlo el 38 por ciento, y el 55 por ciento restante está basado en la actitud corporal. Cuando entramos en un lugar cualquiera y permanecemos simplemente de pie, en este solo acto silencioso establecemos una comunicación con el mundo tan clara como si mediaran las palabras y a través de la cual expresamos, por ejemplo, si estamos tranquilas o nerviosas, cómodas, inseguras, etc. Hacemos gestos con la cara, nos mordemos los labios, nos tocamos el pelo o miramos hacia abajo. Nos rodeamos el torso con los brazos en señal de protección, cruzamos un pie sobre el otro, movemos incesantemente los dedos, entrelazamos las manos por delante o por detrás y otra serie de mensajes que son una clara expresión de nuestra incomodidad. Nos achicamos inclinándonos hacia adelante, cerrando los hombros hacia el frente y tratando de ocultar nuestro corazón y nuestro centro. Sólo si logramos borrar todas estas marcas negativas haremos que nuestro interlocutor pueda percibirnos en forma más profunda.

La energía del tigre, o sobre la actitud corporal

Mi experiencia trabajando con mujeres me indica que a la gran mayoría les cuesta mucho entrar en una fiesta cuando están solas. Ingresar en un salón lleno de gente curiosa puede incomodar hasta a la más valiente, pero para ese momento en el que todos los ojos están puestos en ti tengo un pequeño truco que nunca falla y siempre da buenos resultados.

Fija tu mirada en algún punto de la pared opuesta aunque sea lejana y comienza a caminar hacia allí sin sacar los ojos de ese lugar. Esto produce un efecto atractivo inmediato, como un imán, ya que todos los invitados querrán saber qué estás mirando. Aunque no lo parezca, la actitud corporal tiene un efecto poderoso sobre los demás.

No hace falta ser joven, especialmente linda o estar siempre super arreglada, sino que lo importante es transmitir una clara sensación de autoaceptación, ir más allá de las apariencias externas y conectarse con ese canal profundo y nutritivo. La energía proyectada a partir de allí será deslumbrante.

La danza del silencio

Una de las mayores magias de nuestro cuerpo es el movimiento. Cuando el cuerpo disfruta de la sensación producida por la gravedad, deja fluir libre y grácilmente el torso, los brazos, el tronco, la cabeza, el cuello y las manos, y con ello despierta una conexión real con la naturaleza. Es justamente ésa nuestra verdadera belleza.

La función primordial de nuestro cuerpo es recapturar la energía de la madre tierra. Cuando volvemos a reconectarnos con esas fuerzas de atracción invisibles no sólo nos desplegamos en dirección a la tierra y hacia el cielo, sino también a lo ancho, al igual que las ramas y hojas de un árbol, para poder apropiarnos nuevamente del espacio que nos pertenece.

En sus orígenes el ser humano era naturaleza pura, pero la posibilidad de agregar artificios fue desdibujando lentamente su belleza natural. Moverse con gracia, caminar con soltura y libertad, relajar el cuerpo, soltar tensiones, todo esto nos regresa a un estado anterior. Además de bello, el cuerpo es sano por naturaleza, pero solemos "enfermarlo" con todo tipo de informaciones negativas, conductas equivocadas y mucha culpa. Sólo una actitud positiva podrá reconducirnos por la senda perdida. No importa si tienes veinte años o sesenta, puedes causar el mismo impacto si tu actitud corporal es ágil, libre y jovial, lo cual sólo se logra cuando el cuerpo puede bailar su propia danza. Darse cuenta de esto es el primer escalón de la belleza. Cuando tomamos conciencia de nuestro cuerpo, éste se muestra alerta y feliz. Al estar libre de tensiones produce su propia música, su "canción del silencio"; por eso se dice que caminar es sinónimo de bailar. En la actualidad, sólo aquellas personas que permanecen en contacto diario con el espacio y sus elementos (tierra, agua, aire y fuego) manifiestan esa felicidad pura, intocada, natural e intemporal. En las grandes ciudades, en cambio, donde todo es urgente y veloz, ese contacto se ha perdido. Tomar conciencia de la vida corporal permite liberar las tensiones y dejar salir nuestra verdadera música. En esto reside en gran parte el poder del estilo y la belleza.

Siempre que nos movemos, cambia el modelo postural del cuerpo. Comenzamos desde una postura quieta para después entregarnos al movimiento y llegar otra vez a un estado de quietud. Muchas danzas están relacionadas con el movimiento circular porque éste tiene profunda vinculación con el oído y el equilibrio, lo cual proporciona una mayor libertad al cuerpo. Las tribus antiguas utilizaban drogas que afectaban el centro del equilibrio para alcanzar estados de trance con el movimiento. Al aflojar totalmente el cuerpo, lo liberaban de sus rigideces.

El movimiento influye tanto en la imagen corporal como

La energía del tigre, o sobre la actitud corporal

Existen muchas técnicas para establecer una conexión con nuestro interior y encontrar el espacio necesario para desarrollar ese descubrimiento. Busca una actividad que te permita estar en silencio, como pintar, tejer, esculpir u otra cualquiera, y verás que la concentración te llevará a un estado de suspensión. Diferentes disciplinas corporales pueden devolverte tu seguridad y flexibilidad dejando atrás la rigidez corporal, como por ejemplo la danza, *Thai Chi Chuan*, expresión corporal, meditación y yoga, entre otras. A continuación, quisiera compartir con ustedes mi experiencia con estas dos últimas disciplinas, cuya práctica regular me ha permitido vivenciar esa conexión, mejorar notablemente mi salud y cambiar mi manera de ver la vida.

Tini junto a B.K.S. Iyengar

Cuerpos alados

El yoga enseña que nuestra juventud es proporcional a la flexibilidad de nuestra columna y a la capacidad de observar conscientemente nuestra respiración no sólo durante la práctica sino también durante los quehaceres cotidianos. El objetivo es alcanzar el estado de contemplación mediante el aquietamiento de la mente, es decir, lograr la unión entre la mente y el cuerpo a través de la respiración. A menor tensión, mayor juventud.

Esto significa que para recuperar la juventud no hay que pelear contra el inevitable paso de los años, sino recobrar la elasticidad perdida y lograr que la energía vital fluya sin bloqueos. Envejecer es darse cuenta de la imposibilidad de nuestro cuerpo de responder a los requerimientos de nuestra mente y viceversa, dejar que la mente domine nuestros actos creando tensiones. La buena noticia es que no hay límite de edad para comenzar a reactivarlo, ya sea mediante la práctica del yoga o de cualquier otra técnica orientada a incrementar la conciencia corporal. La edad no constituye impedimento alguno, sino simplemente una excusa para justificar nuestra haraganería, falta de interés y de compromiso.

Cuando hacía un año que estaba en la India, entre todas mis amigas de Buenos Aires me regalaron para mis cincuenta años el profesorado de yoga en el *ashram* de Sivananda en Kerala, en el sur del país. Allí por primera vez tomé contacto con el yoga espiritual y tuve oportunidad de sentir el efecto que causaba cada una de las diferentes ramas, para elegir después cuál de todas ellas intensificar. No hace falta practicar las cuatro ramas, sino que basta con una sola. Por ejemplo, la Madre Teresa de Calcuta era el más claro ejemplo del karma yoga. Las cuatro ramas principales son:

- **Raja yoga:** A partir de ella aprendemos a controlar la mente desde un abordaje científico que incluye las asanas o posturas y las técnicas de respiración, denominadas *pranayana*.

- **Jnana yoga:** Es el abordaje filosófico de los textos sagrados y la meditación. Es el yoga del conocimiento.

- **Karma yoga:** Es el yoga de la acción, el camino del dar sin esperar nada a cambio.

- **Bhakti yoga:** Es el yoga de la devoción y se realiza a través de rezos y cantos sagrados.

Éramos un grupo de ciento diez personas de todas las edades y orígenes, por lo que tuve oportunidad de conocer a mucha gente con quienes seguimos en contacto hasta el día de hoy. Reconozco que a los occidentales nos costaba bastante adaptarnos a los cantos en sánscrito, pero lo cierto es que, después de un tiempo, algo comenzaba a cambiar internamente.

El programa diario era de gran exigencia:

Nos levantábamos a las 5:30 hs

De 6 a 6:30 hs: meditación

De 6:30 a 7:30 hs: cantos (*Satsang*) y charlas sobre textos sagrados de los grandes maestros

7:30 hs: hora del té

De 8 a 10 hs: clase de yoga, asanas y pranayana 10 hs: desayuno

10:45 a 11:45 hs: karma yoga (cada alumno tenía asignada una tarea para el mes, como limpiar el baño, barrer y otras)

12 a 13:00 hs: clase de *Bhagavad-Gita*, texto sagrado de la India

13 a 13:45 hs: almuerzo

14 a 15:45 hs: lección principal sobre la ciencia del yoga

16 a 18 hs: clase de asanas y pranayana

18 hs: cena

20 hs: canto y lectura de textos sagrados y meditación

21:30 a 23 hs: programa cultural y a dormir.

Al hacer todos los días cuatro horas de asanas y pranayana, nuestro cuerpo y estado de ánimo florecían.

Con respecto a la alimentación, nos daban una dieta vegetariana y nos enseñaban a comer concentrados, despacio y sin hablar. Teníamos muy poco tiempo para nuestros quehaceres personales, como lavar la ropa, arreglarnos y hasta descansar, pero cada día los ojos de todos los participantes brillaban más y más y nuestra energía se incrementaba gracias a la alimentación sana.

Esta experiencia indujo en los participantes un profundo replanteo de sus vidas. Si bien ninguno de ellos decidió dejarlo todo para recluirse en un *ashram* y dedicarse a la espiritualidad, les sirvió para hacer cambios positivos y enriquecedores.

El yoga es una forma de entrar en un silencio profundo para experimentar el ser verdadero, es escucharnos internamente a nosotros mismos durante las posturas y también durante el resto del tiempo. El silencio emerge con la relajación y la armonía interior y permite experimentar la energía de la vida en forma pura, libre de conflicto y en paz. Introducirse en el silencio para vivir el ser verdadero es el propósito fundamental del yoga.

Según los maestros de esta disciplina, el tiempo sólo existe porque la mente está activa en el pasado y el futuro. Para el yoga la idea de tiempo es equivalente a la de muerte, puesto que su finalidad última es llevarnos a vivir el presente, en el cual el tiempo no existe.

A partir de esta práctica, el concepto que tienes de ti misma se verá modificado, así como también cambiará todo tu mundo, tus pensamientos, sentimientos y hasta tu carácter, ya que tendrás una nueva conciencia y tu entusiasmo por la vida renacerá. Tu manera de ver el futuro cambiará e irradiarás una energía diferente, pacífica y serena, lo cual hará brillar como nunca tu belleza interior. La técnica más importante para lograrlo es respirar correctamente y observar esa respiración en forma continua.

La práctica del yoga a través de las asanas o posturas no debe ser un entrenamiento para controlar el cuerpo, sino para liberarlo de tensiones. Yoga es la ciencia que nos ayuda a purificarlo y a regresar nuestra mente a su estado de receptividad original.

La energía del tigre, o sobre la actitud corporal

*Libertad no significa darle al cuerpo permiso para el
consumo de drogas, alcohol o tabaco, ni dejarlo debilitar
por los deseos. Yoga es la unión de los dos aspectos más
importantes de nuestro ser: la mente y el cuerpo; es poner a
prueba nuestra voluntad y capacidad de vencer los
obstáculos que la mente nos impone.*

Miles de veces tuve que obligarme a hacer mi práctica sin tener ganas, y confieso que cada vez que terminaba me sentía llena de energía y buena onda. Yoga significa vencer continuamente la pesadez de la mente cuando nos dice por dentro: "Hoy no practico. Lo dejo para mañana". Por eso es tan importante crear un sentimiento de amistad entre nuestro cuerpo y nuestra mente, porque de esta manera el cuerpo se torna más dócil y comienza a sentirse libre, mientras que la mente va aquietándose poco a poco.

El objetivo final del yoga es aquietar la mente.

Libertad es un estado del amor, no hay uno sin el otro ("libertad" en sánscrito significa "amor"). Cuando el amor se expresa de una manera libre y sana, no sólo con el cuerpo sino también con la mente, entonces hay belleza.

Si las asanas están correctamente hechas, sin esfuerzo, simplemente respirando y en estado de observación de nosotros mismos, los niveles de estrés y de tensión descienden notablemente, el sistema inmunológico se ve beneficiado y mejora la calidad de vida.

Luego de un mes entero de vivir en el *ashram* aprendí que mi cuerpo "interno" es un mundo desconocido, un territorio nuevo y fascinante. Miles de movimientos, espacios y formas de ese mundo comenzaron a hacerse visibles para mí. Y al regresar a Delhi se inició la parte más difícil de la práctica, su adaptación a la vida cotidiana y su cruce con las obligaciones familiares, laborales y los compromisos sociales. Una dura prueba. El verdadero yoga es la práctica aplicada a la vida diaria.

Belleza y meditación

Quienes practican esta verdadera sabiduría dicen que nada hay tan real en el mundo como la respiración, y que poder observar las funciones internas naturales del cuerpo es la única forma de conectarse con el presente y hacer a un lado los pensamientos, que se mueven como los monos. La respiración pasa a ser la única realidad y poco a poco se transforma en meditación.

Cuanto más nos enfocamos en la observación del trayecto que despliega nuestra respiración, más nos conectamos con nuestro ser verdadero y nuestra intuición. Mientras tanto, la respiración, en su lento viaje, va disolviendo las tensiones y relajando el cuerpo hasta lograr la serenidad interior, la cual finalmente se contagia a nuestro aspecto exterior. Cuando mente y cuerpo están armonizados, la persona logra una conexión con su esencia primigenia y nada puede alterarla.

¿Cuántas horas diarias te dedicas a observar tu respiración? Casi seguro que ni siquiera lo pensaste. ¿No has tenido alguna vez la experiencia de estar leyendo, pintando, cosiendo, y no haberte dado cuenta del paso de las horas? Cuando nuestra respiración es larga y profunda, fluye y nos lanza automáticamente a un estado de suspensión donde todo se desvanece, incluso el tiempo.

Siempre que medito siento que no poseo un cuerpo, que soy sólo un acto: el acto de respirar. Por eso, en cada actividad que realizo trato de estar consciente de mi respiración y coloco mi postura de tal manera que el aire fluya libremente. Chequeo mentalmente mi nuca, mis hombros, mi boca, mis partes tensas, y las relajo a través de la respiración. Es inhalando y, sobre todo, exhalando lenta y conscientemente como nuestras tensiones se aflojan.

Juegos de la mente: ejercicio para controlar la ansiedad

Para la mayor parte de los seres humanos, es muy difícil detener el continuo parloteo de la mente. Los pensamientos se adueñan de su cabeza y allí se dedican a monopolizar todo el espacio y el tiempo sin aportar resultados positivos. Cuando queremos dormir, aparecen con su molesto ruido y no nos dejan descansar plácidamente. Meditar significa domar estos pensamientos y utilizarlos para crear proyectos o solucionar problemas específicos.

Se dice que veinte minutos diarios de meditación dos veces al día equivalen a dieciséis horas de descanso. Se descansa más y mejor meditando que durmiendo ya que dormir no significa necesariamente descansar. Cuántas veces, al levantarnos por la mañana, nos sentimos más cansados que al irnos a dormir la noche anterior. Es que pasan muchas cosas durante el sueño, y el cuerpo y la mente están tan tensionados que luego nos sentimos fatigados.

Controlar la mente no significa suspender su flujo constante, sino reorientar positivamente los pensamientos. Llevarlos nuevamente a su lugar de origen, esto es, el subconsciente.

1. Encuentra una postura física cómoda en la cual el cuerpo no te moleste durante veinte minutos, aproximadamente. Te aconsejo no hacerlo acostada por la tentación de quedarte dormida. Puedes sentarte en una silla, en el suelo sobre un pequeño almohadón o recostarte contra la pared. El cuerpo debe permanecer inmóvil como una montaña para que la mente pueda aquietarse y la respiración fluya sin impedimentos. La postura clásica que todos conocemos, con las piernas en posición de loto y la espalda derecha, sólo es aconsejable para aquellas personas con experiencia en esta práctica. Cuanto más derecha esté la espalda, más alineados quedarán los centros energéticos o *chakras*, lo cual posibilitará que el *prana* o energía vital fluya libremente haciendo que el cuerpo no sienta cansancio.

2. Una vez instalada cómodamente, cierra los ojos y respira en forma profunda. Meditar es un proceso de monitoreo completo del propio cuerpo. Al exhalar, afloja todas las tensiones que encuentres al revisar mentalmente cada parte, sobre todo la cara. Verás que tu respiración irá calmándose por sí sola hasta hacerse muy sutil y lentamente irás desarrollando la capacidad de percibir su toque delicado en las fosas nasales.

3. Desde un punto imaginario en el centro de tus cejas, observa tu respiración. El aire entra por la nariz y sale de ella. Cada vez que sientas que un pensamiento invade tu observación, vuelve a focalizar en tu respiración. Al principio, decenas de ideas invadirán tu cabeza y te parecerá imposible controlarlas, pero también hay un truco para esto. Imagina que te corres un poco hacia atrás y las observas como si fueran nubes pasajeras en el cielo. Otra imagen muy útil es la del espectador de una obra de teatro que ve los pensamientos actuar sobre el escenario, ya que, al meditar, te conviertes en testigo de los juegos de tu mente. Cuanto mejor puedas desempeñar este papel de observador, mayor quietud y serenidad obtendrás. Al principio tu ego llevará siempre las de ganar, pero con el tiempo este juego te será familiar y ya no caerás en sus trampas. A través de la práctica regular, la mente se clarifica. Evita quedar enganchada con ningún pensamiento en particular, ya sea penoso o agradable. Déjalos pasar.

Lo más recomendable es meditar dos veces por día durante alrededor de veinte minutos, una vez por la mañana y otra por la noche antes de comer.

No esperes que pase algo en especial, como ver luces o tener una experiencia extrasensorial. La expectativa de que algo ocurra cuando meditamos nos pone en un estado de ansiedad que nos impide concentrarnos. Pasarán cosas, pero mucho más tarde. Sólo se trata de estar presentes en paz, en silencio y totalmente inmóviles. Cuando el cuerpo está calmo, la mente también lo está.

Evita juzgar tus pensamientos, y verás que día a día lograrás ir despegándote de ellos y observarlos como algo ajeno a ti. De tal forma, al restarles valor, el poder que normalmente tenían sobre ti irá debilitándose. Cada vez estarás más conectada con tu respiración hasta que la sensación de tener un cuerpo lentamente desaparecerá y, con ella, la ansiedad. Comenzarás a disfrutar del silencio y poco a poco lo incorporarás a tu vida como una necesidad. Al estar "en blanco", la mente descansa y deja fluir aquellos conocimientos y sensaciones hasta ese entonces desconocidos por nosotros. Lo maravilloso de este proceso es que la intuición se hace presente y el ego se ve dominado. El conocimiento universal es liberado para emprender un camino de sabiduría y paz.

Haber comenzado a meditar fue muy importante para mí. Siempre fui muy ansiosa, pero ahora, gracias al yoga y la meditación, he podido controlar de a poco mi carácter demasiado activo. Sé, también, que tengo un largo camino por delante y mucho por aprender.

TINI DE BUCOURT

8. No hay mujeres feas sino haraganas

La mayor vulgaridad es imitar la juventud y la belleza.
DIANA VREELAND

Presencia, elegancia y estilo son los tres ingredientes mágicos deseados por la mayoría de las mujeres. Con sólo uno de ellos muchas verían logrado el objetivo de sus vidas. Estos tres secretos son el resultado de un trabajo intenso con las habilidades y talentos propios, por lo que no pueden comprarse ni copiarse.

La belleza externa es de fácil adquisición al ser reflejo de la seguridad y el bienestar internos. Cuando hacemos cosas que nos gratifican y nos dan satisfacción todo el mundo nos ve más lindas, con ese brillo único que proviene de nuestra armonía interior. Por esa razón, muchas mujeres que no responden del todo a los códigos de moda de la belleza tienen sin embargo un encanto particular, y muchas veces hasta son envidiadas, simplemente por haber tenido la audacia de decidir que lo que para todo el mundo es importante para ellas no lo es.

Mientras que muchas anhelan ser superflacas, tener el pelo cortado y teñido según el último grito de la moda y estar estrictamente vestidas con lo que se usa en ese momento, poniendo en estos detalles todas sus expectativas de éxito, estas otras mujeres logran evadir todas las trampas porque tienen claro que el secreto de su atractivo y de su éxito reside en algo que va mucho más allá de la simple apariencia. Se prueban a sí mismas, se imponen disciplina, y tratan de interesarse en temas variados. Son esas ganas y esa pasión los que les dan a algunas mujeres no tan bonitas ese brillo y encanto tan particulares.

Nuestro mundo interior es un vasto territorio a ser descubierto.

¿Por qué no intentarlo?

Presencia, elegancia y estilo, los tres secretos del encanto Personal

Son muchas las mujeres que hacen un gran esfuerzo por estar lindas exteriormente sin lograr su objetivo de ser admiradas o producir el impacto esperado; es que su inseguridad se refleja por fuera con claridad pasmosa. No puede haber estilo, presencia ni elegancia si la persona no siente orgullo por una actividad que le dé placer y la haga saberse exitosa. Tener la mente ocupada en tareas y proyectos conformes a nuestros talentos y habilidades, lograr metas a través de ellos, constituye la condición indispensable para brillar con luz propia. Si tu exterior está muy producido y elaborado pero no se encuentra sostenido por tu riqueza interior, lejos estarás de alcanzar la magia tan buscada y admirada en otras mujeres.

Lograr uno de estos secretos es un gran trabajo. Lograr los tres es casi tan difícil como encontrar una aguja en un pajar. Pero es posible.

¡Anímate!

Presencia

Cuando alguien entra en un lugar y todos dirigen la mirada hacia él, sin duda se trata de una persona con una energía especial. No necesitará decir una sola palabra ni hacer un solo movimiento para que los otros se hagan eco de su carisma. ¿Cómo se logra este prodigio?

Desde el punto de vista físico, la persona con presencia ha eliminado movimientos innecesarios, así como también todas aquellas actitudes que reflejen tensión o necesidad de protección, como cruzarse de brazos, poner las manos en los bolsillos, jugar constantemente con los dedos, tocarse el pelo y muchos otros. Ha adquirido un ritmo pausado y seguro al andar, no corre todo el tiempo como si quisiera huir de cada situación y tampoco le interesa ocultar sus inhibiciones o posibles defectos. Quiere decir que la presencia está relacionada con la serenidad interior.

Desde el punto de vista interno, la presencia es una clara señal de seguridad frente al mundo acerca de qué se desea en la vida. La persona no está todo el tiempo preocupada por caerle bien al otro, sino que simplemente se siente feliz de ser quien es y con eso le basta. Es poseedora de una mirada enfocada y atenta a su interlocutor, no se siente menos que los demás ni intimidada por personalidades muy fuertes. Sabe que todos somos humanos y que nadie es más ni menos que otro.

Desde el punto de vista de la apariencia exterior es una persona que se viste de manera armoniosa, coherente con su personalidad y según su propio criterio. Sabe que no necesita de la ropa ni de los adornos para llamar la atención porque está centrada en su eje interno. Presencia es, sin duda, una sensación de plenitud y satisfacción personal. Desde el punto de vista de la espiritualidad es una persona con mucha paz y vida interior, con lo cual ejerce gran magnetismo sobre su entorno porque logra una comunicación directa de corazón a corazón, sin artificios ni conflictos. Está atenta al aquí y ahora, por eso esta actitud se denomina "presencia".

Elegancia

Ser elegante significa saber elegir las palabras con las cuales expresarnos, el trato dado al semejante, los amigos para compartir la vida, la ropa para vestirnos, los muebles para el hogar. Es elegir estar atenta o desconcentrada, tranquila o alterada, las actitudes para enfrentar los problemas cotidianos, el alimento con el que nos nutrimos, el tono de voz con el cual nos comunicamos, la calidad del tiempo que nos regalamos, la forma de cuidar nuestro aspecto.

Crecí rodeada de elegancia, y al principio había asociado esta cualidad a determinados círculos caracterizados por un elevado poder adquisitivo, pero alrededor de mis ocho años descubrí algo que me impresionaría para el resto de mi vida. En casa trabajaba una señora en los quehaceres domésticos, quien a pesar de ser muy humilde y sencilla tenía un porte, una manera de hacer las cosas y un modo de hablar típicos de una reina. Con su elegancia milenaria y natural, Luisa parecía contradecir todo lo que yo había aprendido sobre el tema. Me agradó mucho darme cuenta de que la elegancia es una cualidad a la que todo el mundo puede acceder. Quiere decir que a pesar de ser innata en algunas personas, aquel que realmente tenga deseos de darse "un baño de elegancia" podrá mejorar notablemente tanto sus modales como sus gustos. Si alguien tiene la oportunidad de trabajar en un ambiente muy refinado seguramente adquirirá, luego de un tiempo, cierto matiz de distinción.

La persona elegante por excelencia es controlada por frenos invisibles, a consecuencia de lo cual puede ser vista como alguien distante, sin creatividad y sin vida. Respeta todas las reglas, está pendiente de las formalidades, atenta a lo que se espera de ella, y no excede los límites en ningún aspecto. En lo que a vestimenta se refiere no se anima a innovar, y lo que lleva puesto está siempre en perfecto estado y es de muy buena calidad. La diferencia entre estilo y elegancia es que esta última es estática, en cambio —tal como veremos enseguida— el estilo es movimiento puro. La elegancia es contenida, nunca es audaz y lejos está de cualquier transgresión. Además, tiene sus propios códigos.

Hay personas muy ricas que suelen comprar ropa costosa, pero de gusto dudoso. Aunque hayan pagado mucho dinero por ella no la lucen en absoluto porque desconocen la forma de combinar los colores o las texturas, y el lenguaje corporal no acompaña armoniosamente el conjunto. Por el contrario, una persona elegante no se interesa por exhibir las marcas más conocidas porque su presencia y buen gusto constituyen su marca propia.

Muchos hombres y mujeres suelen comprar lo más caro que encuentren sin tener idea si les sienta bien. En la época en que trabajé de asesora de imagen a domicilio ayudaba a mis clientas a ordenar y combinar la ropa que tenían en sus roperos, y era muy común encontrarme con prendas carísimas que nada tenían que ver con el estilo de ellas. El arte consiste en combinar y adaptar la ropa a las características físicas y personales de cada uno.

Estilo

Es un sello propio, algo absolutamente individual y único, el brillo más auténtico que puede proyectar una persona y, por lo tanto, imposible de imitar. Si la elegancia es contenida, el estilo es transgresor y carente de códigos generales. Para encontrar el propio estilo, es necesario animarse a salir de la rutina.

Las personas que se sienten seguras con su cuerpo se dan el permiso de experimentar con el estilo en la manera de moverse, de hablar y de vestirse. El premio es el logro de la máxima eficiencia con el menor esfuerzo. Como saben de memoria qué ropa les queda bien y cuál deben evitar, no pierden horas dudando delante del espejo, sino que resuelven su presencia rápida y eficazmente. Lejos de ser adictas al espejo, casi no lo necesitan.

*Para la persona con estilo, copiar está prohibido porque
sabe que somos únicos en el mundo.*

Tiene la cabeza ocupada en temas que le dan placer y esa química especial se le nota en que está frecuentemente vibrante, contenta y de buen humor, acepta sus posibles defectos y los muestra sin miedo. En pocas palabras, tener estilo es tener la autoestima bien colocada. Una persona que interpreta bien su estilo no es víctima de la moda, sino que toma inteligentemente de ella lo que la favorezca y lo transforma de manera original. No está vestida de acuerdo con lo que se usa porque esto le parece de gusto dudoso.

*El estilo aparece cuando nos animamos a soltarnos, a
prescindir de todo aquello que alguna vez nos dijeron
respecto de lo que se debe usar. La moda pasa, el estilo es
eterno e intemporal. Quien tiene estilo logra una
aspiración artística, la de ser su propia obra.*

Pero cuidado: tener estilo no significa necesariamente ser elegante. Por ejemplo, nadie puede poner en duda que Madonna tiene estilo propio; basta con ver sus movimientos, su forma de vestirse y su vida completa para confirmar su espasmódica seguridad. Su actitud y su vestimenta muestran su gran estilo, que puede gustarnos o no, pero nadie diría que es elegante.

Un ejemplo conocido de alguien con estilo, presencia y belleza es Carolina de Mónaco. Mágica, elegante, simple, suelta, con un estilo muy marcado y, sobre todo, gran presencia (¡un cóctel de lujo!). Sabe cumplir con las normas formales que le impone el protocolo real, pero a su vez se permite ser ella misma y mostrar un estilo muy libre y personal cuando está distendida. Sus movimientos son seguros y no le importa que la vean a cara lavada y vestida con *jeans*. La princesa Diana, en cambio, si bien era muy elegante se mostraba demasiado controlada. Era consciente de la mirada externa, algo que a Carolina parece no importarle en gran medida. Es la diferencia entre estilo y elegancia. Otra mujer que es ejemplo de estas tres cualidades es Isabella Rosellini, y no por ser demasiado bonita lo cual no es más importante que una fuerte personalidad. Mujer de rasgos atípicos, fue sin embargo por años la cara de una de las marcas de cosméticos más conocida del mundo. Su estilo personal, su forma de moverse, de vestirse, sus gestos, todo en ella era de gran refinamiento.

Inés de la Fressange, modelo top en mi época sobre todo de la casa Chanel, con su pelo corto y sus rasgos alejados de ser considerados bellos tenía un gran encanto y un estilo que a veces era casi varonil y otras, extremadamente femenino. Recuerdo una de sus fotos en un *Vogue* donde aparecía de espaldas. Su conciencia actitudinal era tan marcada, que la espalda parecía hablar.

Quiere decir que por más linda y bien vestida que esté una persona, si no se encuentra satisfecha consigo misma nunca logrará tener estilo y elegancia. Un cuerpo perfecto, un maquillaje determinado, estar a la moda, nada de eso tiene que ver con el estilo. El estilo es algo más profundo, audaz y dinámico.

Charme o distinción

Es algo intangible, silencioso, sutil y mágico. Tiene que ver con los sentidos, la inteligencia, el humor y el misterio. Hay mujeres y hombres que sin ser hermosos son poseedores de un charme muy seductor. Esta cualidad tiene que ver con la alquimia de los sentidos, de los cuales la mirada es el más importante. La persona con charme sabe darse tiempo para sentir sus movimientos y desplegar esta cualidad para el propio placer, lo cual genera un halo de misterio.

Distinción es la mezcla de elegancia, charme, estilo y presencia. De lo que traemos genéticamente a este mundo, lo heredado, y lo aprendido, elegido y pulido, la educación, la cultura y la inteligencia. El *mix* de todas estas particularidades en perfecta proporción.

Dice Coco Chanel sobre la mujer elegante y con estilo:

En una mujer prefiero la fascinación de los modales, del hablar, del bailar, del porte, antes que la mera belleza clásica. La belleza clásica puede ser muy estúpida fuera de un museo. Una cara linda puede estar en total desacuerdo con el estado interior. Me gustan las caras que dicen algo, que expresan de manera simple y precisa la personalidad de una mujer. Claro, si eres todas estas cosas y también eres linda, la gracia divina ha recaído sobre ti.

Usted observe cómo entra en un cuarto la mujer que atrae sobre sí la mirada de todos. Cómo camina, se sienta y gesticula cuando habla. Puede ser decididamente fea respecto de los patrones clásicos y, sin embargo, hay algo de elegante y de bello en su figura, en su actitud, en sus gestos, porque no son ornamentos, sino cosas esenciales.

Una mujer no debe ser un maniquí, mientras que si sigue la moda demasiado servilmente, y sin preferencias selectivas, se transforma en eso.

La moda pasa, pero el estilo queda. La moda está hecha de una idea divertida para quemar enseguida. El estilo permanece incluso si se renueva y desarrolla. Como un árbol, que es el mismo cada primavera, pero diferente.

Durante los muchos años que me dediqué al entrenamiento de modelos, puse todo mi entusiasmo y conocimiento a su disposición para que egresaran de mi escuela poseedoras de un estilo propio, y todas estas jovencitas de entre quince y veinte años competían entre sí por quién sería la más exitosa en el futuro, la que mejor caminaba, etc. Uno de los temas recurrentes era la gran inseguridad que manifestaban, por lo que trataban de llamar mi atención y la de las compañeras todo el tiempo. Pero la ansiedad no es buena compañera de la presencia y el estilo.

Un día, llegó al instituto, una vez más, una madre con su hija, y al ver a esta última quedé con la boca abierta. Parecía salida de otro mundo, pero no por su altura inusual o su singular belleza con tan sólo quince años, sino por estar vestida a la antigua y, a pesar de eso, ostentar una majestuosidad y estilo que nunca antes había visto en una adolescente. Su halo como de reina la tornaba poderosamente atractiva. Su serenidad natural y el hecho de no transmitir necesidad alguna de estar vestida con el último dictado de la moda —como pasaba con el resto de las chicas de su edad— le daban ese no-sé-qué que la enraizaba en su ser y la centraban en él como en un eje. En consecuencia, era imposible dejar de mirarla y nada distraía la atención. Este magnetismo, que nada tiene que ver con la ropa, la altura o el cabello, es lo que yo denomino "presencia".

Demás está decir que hizo una carrera excepcional en las pasarelas, fue contratada por agencias de modelos de Milán, París y Nueva York, y en poco tiempo llegó a trabajar para las revistas Vogue, Bazaar y muchas otras. Lo que para la mayoría era un sueño inalcanzable, para ella parecía ser lo más normal del mundo.Más tarde, a pesar del éxito obtenido en el exterior dejó la profesión porque se dio cuenta de que no le gustaba y comenzó a estudiar Arquitectura, su verdadera vocación. Esta rectificación de su camino también era parte de su personalidad.

Voy a contarles otro caso que sé que les gustará. En otra ocasión, llegó una chica cuyo rostro era extraño, con facciones fuera de los códigos estéticos habituales, como una quijada muy fuerte que le daba un toque demasiado severo a su expresión. Sin embargo, yo percibía en ella algo diferente, un charme o atractivo fuera de lo común, un manejo corporal muy personal. Todo el mundo en la escuela me cuestionaba mi elección, pero yo hice oídos sordos a los comentarios y seguí adelante con mi idea. Hoy es una de las modelos más prestigiosas de la Argentina, y yo, con el tiempo, me gané la reputación de saber elegir modelos. A partir de ese momento, cada vez que ponía el ojo en alguien, todos confiaban en mí con la certeza de que no me equivocaría.

Estas bellezas diferentes aportaron excelencia a la profesión, y finalmente el mercado comprendió que no era indispensable que las modelos tuvieran una cara espectacular para ser reconocidas.

El know how de las bellas damas

Sería imposible referirme aquí a las miles de mujeres con estilo de este mundo, por eso elegí para este capítulo a tres bellas damas que han sido, y serán eternamente, verdaderos íconos.

Diana Vreeland

Trabajó para las dos revistas femeninas más famosas del mundo, *Vogue y Harper's Bazaar*, y su carrera continuó como directora para el Museo de la Moda del Museo Metropolitano de Arte de Nueva York. No en vano se la comparaba con Mao: ambos eran revolucionarios devenidos en dictadores, comandaron multitudes de seguidores, el rojo era el color preferido de los dos y, después de sus muertes, a ambos se los recuerda por sus excesos.

Mujer de lengua punzante, sus dichos eran famosos por lo tajantes y deliberadamente escandalosos: "El biquini es el invento más importante después de la bomba atómica", "No tengas miedo de ser vulgar, sólo de ser aburrida", "Sin emoción no hay belleza", "Lo que vende es la esperanza" y otros por el estilo llenaron sus columnas sobre chismes sociales. Aparecía en casi todas las fotografías de la famosa discoteca Studio 54 de Nueva York y era amiga inseparable de Mike Jagger, Jack Nicholson, Andy Warhol y el genial diseñador Halston.

Fue una personalidad muy controvertida que dio forma a la moda durante años. Cuando se desempeñó como editora de *Vogue* trabajaba hasta dieciocho horas diarias porque era obsesiva en todo lo que hacía. Tenía más estilo que dinero e hizo de él su forma de vida. Sus detractores la trataban como la reina de lo efímero.

Diana nació en París a comienzos del siglo XX y tuvo una educación errática ya que viajaba constantemente junto a su familia. Fue criada para aparecer en las revistas para las cuales luego trabajaría, y a pesar de haber crecido con el mandato de ser bella y seductora Diana no era ni una cosa ni la otra: sufría de astigmatismo lo cual le producía una leve ceguera en un ojo, sus facciones eran comunes y era muy tímida. Tantas características negativas al parecer resultaban demasiado para la madre, quien se refería a ella como "el pequeño monstruo".

Los padres eran de mente abierta a consecuencia de lo cual Diana vio pasar por el living de su casa un desfile de personalidades, desde Nijinsky hasta Sarah Bernhardt, y pudo presenciar la coronación del rey Jorge V en Londres. La Primera Guerra Mundial llevó a la familia a Nueva York, y a Diana, a una escuela de señoritas a la que nunca se adaptó, razón por la cual desarrolló una tartamudez que era consecuencia de haber sido obligada a hablar en perfecto inglés sin sus habituales mezclas con el francés. También en este tiempo inició sus clases de ballet, base para el desarrollo de la disciplina, el ritmo y el movimiento. "Cuando descubrí el baile empecé a soñar", dijo.

Alrededor de 1920, con la era del *jazz*, su timidez e inseguridad desaparecieron como por arte de magia. Una revelación que rompía las reglas de la belleza cambiaría su vida para siempre: "No hace falta haber nacido bella para ser salvajemente atractiva". A partir de ese momento, aquella chica otrora tartamuda sería bien juzgada por el club de mujeres más esnob de Nueva York.

En 1923 conoció a quien sería su marido, Reed Vreeland, un hombre alto y siempre espléndidamente vestido como su padre. Aun después de muchos éxitos logrados se refería al de su matrimonio como el mayor de todos. Se sentía un poco tímida en presencia de su compañero incluso pasados cuarenta años de matrimonio. Esta unión le daría el confort y la seguridad que necesitaba dada su apariencia tan atípica. Él le aportó algo poderoso y duradero, la confianza que su fuerte pero

156

dependiente esposa requería para llegar a ser la mujer que el mundo entero iba a envidiar.

La pareja viajó durante años entre Europa y los Estados Unidos siempre codeándose con lo más lujoso en cada ciudad. Su ambiente parisino era el de los artistas y la vida social de altísimo nivel, y se hizo amiga de Coco Chanel, Jean Cocteau y muchas otras celebridades. Fue definida como "la fea linda", y era cierto: lejos estaba de ser hermosa, pero su estilo era absolutamente irresistible. El *look* no importaba ya que los diseñadores sabían que tenían un original poco frecuente ante ellos. Estaban convencidos de que ella era una modelo de mundo y le ofrecían ropa a cambio de que se exhibiera luciéndola en sus reuniones sociales.

Luego de un tiempo los Vreeland tuvieron que regresar a Nueva York, ya que el salario de él no alcanzaba para mantener el ritmo de vida acostumbrado. Pero la suerte estaba cerca de Diana ya que se encontraba en el lugar justo a la hora indicada, o vestida de la manera correcta en el momento preciso. Mientras bailaba luciendo un vestido Chanel se le aproximó la productora de moda de *Harper's Bazaar* y le ofreció un trabajo en la revista. Trabajo era una palabra nueva en el vocabulario de Diana, quien nunca en su vida había pisado una oficina ni se levantaba antes del mediodía. Pero la productora olía talentos vírgenes y no se inmutó: "Parece que sabes mucho sobre moda", le dijo, a lo que ella respondió: "Definitivamente. Dediqué horas de mi vida a la ropa". La productora le dijo entonces que le pagaría por hacer algo que ella sabía hacer muy bien, lo cual a Diana le pareció sensato. Comenzó a trabajar a los treinta años de edad.

Diana le dio a *Harper's Bazaar* un toque internacional ya que su entorno y estilo de vida fueron determinantes para la revista. El esplendor de su romántica niñez, la gente que conocía, la vida que llevaba eran factores desconocidos para la mayoría de las mujeres norteamericanas. Con Diana, *Bazaar* podía cubrir moda y eventos sociales otorgándoles un tónico de fantasía. Entre otras cosas Diana tenía a su cargo una columna llamada: "¿Por qué usted no...?", en la cual alegraba y motivaba a sus lectoras con sugerencias absurdas y esnobs. Era ocurrente, fantasiosa y graciosa. Fue leída en todo el país y parodiada en la revista *The New Yorker*, pero siempre con mucho respeto. Resultaba novedoso que alguien usara su fantasía en vez de hablar solamente sobre moda. En poco tiempo fue jefa de producción de *Harper's Bazaar* y durante los siguientes veinticuatro años revolucionó la profesión. Su intuición era tan sólida y su gusto tan especial, que fue ella quien le sugirió a Jacqueline Kennedy usar el sombrerito pastillero durante el acto de asunción presidencial de JFK. También fue ella quien descubrió a Lauren Bacall.

Diana solía usar únicamente modelos franceses, pero rechazó de plano la desesperación de las revistas por publicar sólo moda parisina. Estaba comprometida con los diseñadores norteamericanos, de quienes opinaba que tenían estilo propio y aportaban juventud y energía a la mujer de su tiempo. Fue ella quien descubrió la fuerza de la Séptima Avenida de Nueva York y quien demostró que París no era la única ciudad que podía dictar la moda al mundo.

Se transformó en la personalidad más conocida en los Estados Unidos en lo que a moda se refería y en todos lados se hablaba de ella. Era extravagante en el uso de accesorios, que siempre combinaba con ropa de gran simpleza. El mensaje era claro: más allá de todo tienes que prestar atención a tu prolijidad, perfección y cuidado. Se pintaba el pelo de azul por lo cual dormía sobre almohadas de satín negro, y en vez de disimular sus grandes orejas las maquillaba, destacaba sus pómulos, se pintaba uñas y boca de rojos fuertes y usaba boquillas exóticas.

Todo el mundo sabía que su departamento era un museo privado de su vida, lleno de libros, fotografías y pinturas. El espacio era pequeño, sólo de dos dormitorios, pero era allí donde Diana brillaba con mayor fuerza en las noches. Sus reuniones eran famosas por la atmósfera de lujo informal que solía crear, rodeada de un halo de intimidad y misterio en el cual todas las conversaciones sonaban importantes. Diana era dos mujeres en una: por un lado, recibía y entretenía a sus invitados con originalidad y, por otro, era una mujer disciplinada y exitosa en su trabajo. El estilo y la perfección alimentaban su espíritu.

En 1962 fue contratada por Vogue en el cargo de jefa de producción, el más alto en periodismo de moda. Con esto llegó por fin lo que siempre había anhelado: dinero y libertad para hacer de la revista lo que quisiese. Reinventó el estilo de esta publicación para siempre, supo darle juventud y *glamour* haciéndola accesible a todas las lectoras e incorporó los códigos de la calle y de todos los estratos sociales. Fue ella quien impuso a bellezas tan atípicas como Twiggy, Lauren Hutton y Verushka para que toda mujer pudiese identificarse con ellas.

Fue una pionera del ejercicio físico, el cuidado de la piel con tratamientos varios y la cirugía plástica. Sostenía que cuando la gente se ve bien se gusta más y se siente mejor, con lo cual logró imponer un estilo de vida y una cultura. Además, innovó la fotografía haciendo que todos los lectores pudieran acceder a la intimidad de los personajes más famosos. Reflejó su propio estilo de vida en todo lo que emprendió.

Jacqueline Bouvier Kennedy

La filosofía de moda de Jacqueline Kennedy expresaba lo siguiente:

Cuando Jacqueline Kennedy entre en la Casa Blanca, ella usará solamente modelos de diseñadores norteamericanos. Estos diseños tendrán la extrema simplicidad de los diseños de Givenchy y Balenciaga. Ella no encargará enorme cantidad de ropa. La Sra. Kennedy seguirá usando su estilo y estará apropiadamente vestida para su vida oficial. Como mujer joven y activa que es, no tiene demasiado tiempo para salir de compras; además, estas extravagancias siempre fueron consideradas horrendas por ella. Ella espera que se tome interés en su *Kennedy fashion look*, pero está decidida a no interferir en la administración de su marido con historias sensacionalistas acerca de la moda.

Este texto apareció en la publicación femenina *Women´s Wear*

Daily en noviembre de 1960 y revela una decisión inteligente de parte de la futura primera dama.

Durante la campaña presidencial de su marido, su gusto por la ropa francesa generó controversias y pronto la moda fue parte de la política. Los opositores usaron el gusto de Jackie por los diseñadores parisinos como tema de campaña y la señora Kennedy no tardó en verse asediada por los periodistas para responder preguntas sobre moda tal como su marido lo hacía sobre temas políticos. Pronto JK fue aclamada como una líder del estilo. La prensa pronosticaba: "Si el senador Kennedy llega a ganar las elecciones, su mujer será la más fotogénica, elegante y moderna primera dama que tuvo la Casa Blanca desde Frances Cleveland, setenta y cinco años antes".

Durante las semanas posteriores a las elecciones fue atormentada con preguntas sobre el diseño que usaría el día de la asunción presidencial, en respuesta a lo cual Jackie formuló la declaración oficial que se ofrece más arriba.

Cuando Jackie eligió al norteamericano Oleg Cassini como su diseñador personal recibió muchas críticas, ya que se esperaba que eligiera a Norman Norell, por entonces el más famoso del país. Finalmente, el vestido que usó aquella noche tan especial fue realizado por Bergdorf Goodman a partir de bocetos dibujados por ella misma. Las especulaciones sobre el acontecimiento llenaron las páginas del *Women´s Wear Daily* con bosquejos de diferentes diseñadores, chismes y sugerencias. La vida de Jackie era material fresco día a día para la prensa norteamericana e internacional. Se decía que se hacía traer a escondidas vestidos desde Francia o que los hacía copiar, pero esta chismografía se vio interrumpida cuando los Kennedy hicieron su entrada en París y medio millón de personas aclamaron a Jackie. Su ingreso en el Palacio de Versalles luciendo un vestido de pesada seda blanca y tapado haciendo juego, diseñado por Givenchy, la mostró como la más bella de las reinas. Era la primera vez en la historia que un *look* creado en los Estados Unidos trascendía al resto del mundo y Jackie pudo convencer a París de que las norteamericanas eran elegantes. La

160

nación entera estaba orgullosa de la gracia, refinamiento, inteligencia y buen gusto de su primera dama.

Jacqueline Kennedy entró en la Casa Blanca a los treinta y un años de edad, lugar ocupado durante más de sesenta años por mujeres que podrían haber sido fácilmente su madre. *Vogue* decía: "El tiempo era perfecto, queríamos crecer y apareció ella. Rápidamente nos olvidamos de la típica chica norteamericana y nos enamoramos de la mujer norteamericana".

Jacqueline Kennedy les dio lo que estaban necesitando: *glamour*. Ella no sólo aportaba juventud, belleza y buen gusto, sino que además irradiaba cualidades como seguridad, independencia e inteligencia. De buena cuna y excelente educación, era el más claro exponente de lo que se entendía por "clase" y el vivo ejemplo de cómo debía ser la mujer de su tiempo.

Ella era todo lo que las jóvenes norteamericanas no estaban dispuestas a ser o a revelar: enérgica, voluntariosa, centrada e impredecible. Su imagen salvaje, su sentido de la belleza y sus *looks* diferentes eran la antítesis de la imagen femenina promedio. Su cabello oscuro, sus ojos profundos y separados, su rostro ancho, sus pómulos altos, su boca grande, su altura, todo eso le otorgaba una belleza especial.

Pero la apariencia era sólo una parte del atractivo de Jackie, quien también fascinaba al público con su multifacética y cultivada mente. Hablaba tres idiomas a la perfección, podía discutir sobre historia romana y griega, conversar sobre literatura y bailar el *twist*. Su voz era suave y segura, llevaba con dignidad los modelos de la alta costura parisina y al mismo tiempo podía estar completamente al natural, pero siempre proyectaba *glamour* y elegancia. Ella tenía muy en claro que lo más importante era su deber para con su marido e hijos.

El sueño de la típica chica rubia norteamericana de clase media fue reemplazado por el de una mujer morena, culta y elegante. Se decía sobre ella: "Convenció a las mujeres del mundo de que era importante verse y sentirse bien". Pronto el *look Jackie* estaba en todos lados. La lección más importante fue su gusto por la extrema simplicidad realzada por buenos materiales y mejor confección. Sus vestidos simples, sus tapados y prendas sin adornos, sus sombreros, sus zapatos chatos, todo se transformó en manía. Durante el período de la Casa Blanca, su estilo se basó en la escuela de Balenciaga.

La publicación femenina *Women's Wear Daily* fácilmente podría haber cambiado su nombre por el de "¿Qué está usando Jackie?", ya que no pasaba un solo día sin que fuera mencionada en sus páginas describiéndola de pies a cabeza.

Apenas transcurridos tres meses de la asunción presidencial de su marido, los eslóganes "el *look* primera dama", "el *look* Jackie" y "el *look* Casa Blanca" se escuchaban en todas las casas de moda. La Séptima Avenida de Nueva York esperaba ansiosa las apariciones de Jackie en público para copiar rápidamente los modelos en versiones más económicas y accesibles.

Cuando Jackie regresó de la India llevando saris para transformarlos en vestidos, inmediatamente se reprodujo esta moda. De la misma manera impuso los pantalones *pucci* y los *capris* de regreso de un viaje de Italia, como también sus famosos vestidos de noche *strapless*. Incluso embarazada le copiaron sus modelos. Este fenómeno mundial llegó hasta los países tras la Cortina de Hierro, quienes la homenajeaban y copiaban.

Por primera vez en la historia de los Estados Unidos, una primera dama tenía su propia secretaria de prensa. Jackie era noticia las veinticuatro horas del día. Si bien estaba dedicada a su vida privada y a los proyectos culturales que había iniciado, era perseguida continuamente por la prensa internacional. Su contribución a las artes y la cultura fue el ingrediente por excelencia que definió su estilo. El objetivo de Jackie era transformar la Casa Blanca en la más perfecta casa norteamericana, el muestrario de la herencia y de la aspiración de un pueblo y la orgullosa tradición de la nación.

Poco después de asumir su marido como presidente fundó la Comisión de Bellas Artes y la Sociedad Histórica de la Casa

Blanca. Pero sus planes no descansaron allí, sino que cambió al chef, dio un toque original al jardín, impuso las mesas redondas para conversar con mayor comodidad y hasta los arreglos florales tenían su sello. Nada quedaba fuera de su control y estos detalles eran copiados por las revistas del mundo entero. Los invitados recuerdan las recepciones de aquellos tiempos como las más cálidas y divertidas de las fiestas oficiales. Ellos no entraban en la mansión presidencial, sino en el impresionante y cálido hogar de los Kennedy. La casa era el más profundo reflejo de la personalidad de sus habitantes.

Jackie decidió promover a los artistas norteamericanos en la Casa Blanca y logró que el gobierno les diera apoyo financiero. El presidente avalaba a su mujer, pero fue ella quien estableció esta piedra inaugural promoviendo las artes.

En el año 1961 las estadísticas marcaban que Jackie era la mujer más admirada de los Estados Unidos y seguiría siéndolo durante los siguientes cinco años. La CBS filmó "Una visita guiada por la Casa Blanca con Jackie Kennedy" y el show fue visto por ochenta millones de norteamericanos y distribuido a más de cien países. El carisma de Jackie era el de una estrella de cine, y ya no tenía admiradores sino *fans*. La NBC News la filmó durante su viaje por la India y su imagen en las portadas de las revistas reemplazó a la de las estrellas de la pantalla grande. Su popularidad llegó a un punto máximo al ser representado su estilo por modelos que publicitaban desde cigarrillos hasta esquíes acuáticos. Fue imitada en programas de televisión y hasta fueron hechas caricaturas con su imagen. Fue la primera reina cultural pop de los Estados Unidos.

En la India se la nombró Durga, diosa del poder, y adonde iba causaba furor. André Malraux, el ministro de las artes de Francia, quedó tan fascinado con la brillantez de Jackie que prometió mandarle el retrato de *Mona Lisa*, de Leonardo da Vinci, más conocido como *La Gioconda*. Cuando al año siguiente la famosa pintura llegó a la Galería Nacional de Arte, el préstamo no fue hecho al gobierno norteamericano, sino personalmente a la señora Kennedy.

El asesinato de su marido pareció plasmar una doble tragedia sobre la nación porque no sólo significaba el fin de una presidencia vibrante, sino también el de una era mágica creada por Jackie para el país. Su conducta en ese trágico momento fue irreprochable: la más joven de las primeras damas de la historia salió de la Casa Blanca como la mayor heroína, al lado del nuevo presidente y llevando el vestido todavía manchado con la sangre de su amado esposo. Lo usó todo el camino desde Dallas hasta Washington y también cuando regresó de noche a la Casa Blanca. "Yo quería que vieran lo que le hicieron a Jack", declaró.

Incluso después de haberse casado con el millonario griego Aristóteles Onassis, en 1968, ella seguía marcando la vanguardia e imponiendo tendencias. Ayudó a implantar el *jet set look* de Valentino y puso de moda las carteras de Hermes.

Carolina Herrera, diseñadora venezolana y una de las figuras más importantes de la moda de fines del siglo XX, quien la vistió los últimos quince años de su vida, la describe como una mujer con estilo de grandeza, cuya influencia se percibía en el mundo entero. Si bien Jackie fue y será uno ícono del estilo, nunca se dejó fotografiar por los grandes fotógrafos de moda. La imagen que tenemos de ella está referida a su sonrisa que poco dejaba traslucir de su carácter, magnética, fija y estudiada. Nunca se escribió tanto sobre una mujer norteamericana, pero, para hacer honor a la verdad, el mundo sabe poco sobre su verdadera vida privada, cuya intimidad siempre supo resguardar. Fue fiel a su estilo hasta su muerte.

Coco Chanel

Gabrielle Bonheur Chasnel, Coco Chanel (1883-1971), fue a la moda lo que Picasso a la pintura. De todas las mujeres con estilo del siglo XX fue la más importante. No solamente definió su época sino que logró trascenderla, y, aun finalizado el siglo, su nombre sigue sonando. Jacqueline Kennedy usaba un vestido

Chanel cuando su marido fue asesinado. Dos décadas después, la cantante pop y actriz norteamericana Madonna eligió un diseño de Chanel para uno de sus videos.

Chanel fue celebrada como el arquetipo femenino exitoso e independiente, adaptada tanto al mundo masculino de los negocios como al femenino del estilo. Resultaba ser una personalidad llamativa para su época debido a que era muy segura y sólida económicamente a pesar de estar sola. Éste fue un logro extraordinario en un momento en que la mujer carecía de oportunidades, en especial si provenía de orígenes muy humildes como Coco, mucho más humildes de lo que ella jamás se permitió reconocer.

Su madre murió cuando ella tenía doce años y como el padre era un mercader ambulante fue enviada a un orfanato. Por razones de caridad Gabrielle fue aceptada en un colegio para señoritas en la ciudad de Moulins, donde se desempeñó como mucama a cambio de educación. A los veinte años, trabajaba de día como ayudante de un sastre y de noche cantando en locales. Su apodo procede de su interpretación del estribillo *"Qui a vu Coco dans l'Trocadéro?"*

Fue en esta ciudad donde conoció a un rico y aristocrático oficial de la marina, de quien se transformó en su amante, una decisión puramente racional orientada al desarrollo de su carrera. Tener una relación con un hombre de la alta sociedad era para ella una de las pocas oportunidades de salir adelante.

Su próximo amor fue un carismático y rico inglés, Boy Capel, quien la llevó a París, y en 1910, junto a otro amigo, le propuso un negocio que en el futuro sería millonario. Ella decía que gracias a dos hombres enamorados había podido abrir una casa de alta moda. Era común en esa época que los hombres transformaran a sus amantes en dueñas de comercios de sombreros, y, si bien Coco comenzó de esa forma, sus creaciones eran de una simpleza y excentricidad extraordinarias. Era demasiado ambiciosa y talentosa para seguir siendo sólo una fabricante de sombreros.

Tres años después abrió su primer negocio en el elegantísimo balneario de Deauville, donde comenzó a crear vestidos sueltos que resultaban ideales para los deportes y la vida informal y al aire libre. Observando a su amante jugar al polo robó de éste la idea básica del suéter de polo, lo transformó y le agregó un cinto. Como era una mujer de negocios por naturaleza, y su público, muy rico y esnob, cobraba altos precios por sus creaciones, lo cual agregaba el valor de la magia a su ropa.

Alrededor de 1913 ya era considerada una diseñadora revolucionaria. Lo fascinante de sus diseños era que estaban hechos con telas sumamente prácticas, como la franela de los *blazers* de los hombres y el *jersey* de algodón, un material muy noble pero humilde que solía emplearse para la ropa interior masculina. Tan revolucionaria fue su elección de géneros y diseños y tan estrafalario el conjunto de sus líneas, que el público los aceptó como lo más *chic* de lo *chic*.

El entonces famoso modisto Paul Poiret definía el estilo Chanel como "pobreza de lujo". El secreto de su éxito radicaba en que su ropa hacía parecer jóvenes e informales a las mujeres en contraste con la vestimenta pomposa de su época. Su magia consistía en transformar automáticamente en moda todo lo que ella luciera ya que era también su propia modelo. Cuando las mujeres compraban su ropa, en realidad estaban comprando la imagen fantástica de la diseñadora. No fue la primera en lanzar un perfume, pero sí en ponerle su nombre, en este caso, la garantía del éxito.

Sus creaciones estaban basadas en la practicidad, y mucho antes de abrir su primer negocio de sombreros ya tenía en claro que no deseaba parecerse a las damas típicas de aquella *Belle Époque*. Más interesante aún fue su negativa a mimetizarse con la moda femenina de la alta sociedad parisina, que le parecía horrorosa.

El estallido de la Primera Guerra Mundial obligó a las mujeres a salir a trabajar para mantener a sus hijos ya que los hombres peleaban en los frentes. El momento y el instinto de

Chanel estaban en sincronía con la situación, e impuso su estilo depurado y simple incluso para los pocos aristócratas que permanecían en París, a quienes les pareció noble ajustarse a las circunstancias dolorosas que el mundo atravesaba. Chanel declaraba: "Gracias a la Primera Guerra Mundial soy quien soy. En 1919 desperté famosa".

Ese mismo año abrió su *Maison Couture* en París, y desde entonces, incluso teniendo en cuenta el cierre temporario entre 1939 y 1954, el negocio de Chanel fue siempre un inmenso éxito. Tuvo sólo un competidor serio, Patou, cuya clientela era también de gente joven y deportiva, los nuevos ricos y la nueva generación llamada en París *Café Society*.

A Chanel se le atribuye haber inventado el pequeño vestido negro, conjuntos de polleras y suéteres, ruedos simples, aunque lo cierto es que muchas de estas ideas ya figuraban en los bocetos de sus colegas diseñadores. El secreto de su éxito era su mezcla de juventud, personalidad, talento y una inmensa capacidad de trabajo. No sólo parecía moderna, sino que lo era como nadie dado que llevaba una vida diferente de las mujeres de su época. Elegía libremente a sus amantes sin importarle la opinión de los demás, trabajaba como ninguna otra se animaba a hacerlo, era independiente, seguía sus instintos sin perder por ello el sano misterio de su femineidad, todo lo cual generaba un enorme magnetismo para el resto de sus congéneres. Tuvo amantes famosos, como el duque Dimitri, primo del último zar de Rusia, y el duque de Westminster.

Nunca antes una diseñadora había estado vinculada con el mundo de las artes, pero Chanel era amiga de Stravinsky, Diáguilev, Picasso, Cocteau y otros. Era famosa por su genialidad, su originalidad y, por sobre todas las cosas, su espíritu libre.

Irónicamente, esta dama considerada la creadora de la mujer moderna estaba fuertemente influenciada por sus romances. Mientras estuvo con Dimitri su estilo era más lujoso; introdujo las pieles, mucho bordado, y fue durante este período que nació su accesorio más famoso: metros y metros de perlas, verdaderas y falsas, mezcladas con piedras rojas y verdes. El duque de Westminster desarrolló en ella el amor por los *tweeds* ingleses y Coco llegó a obtener por su intermedio una fábrica de hilados para crear sus propias versiones.

Inesperadamente, una sombra surgió en su carrera: Elsa Sciaparelli, quien se transformó en la preferida de la prensa. Por primera vez los vestidos ultrafemeninos de encaje de Chanel parecieron convencionales. Sciaparelli, inspirada en el Surrealismo, atrajo a la mujer segura de sí misma y Chanel tuvo que conformarse con el público que quería comprar sin equivocarse.

El estallido de la Segunda Guerra Mundial la obligó a cerrar las puertas de su *maison*. "No son épocas para la moda", decía a la prensa. Se instaló en el famoso Hotel Ritz de París y tuvo como amante a un oficial alemán nazi. Durante estos largos años de retiro, su estilo se enraizó más profundamente en su persona y se depuró a tal punto que sus atuendos eran increíblemente sencillos en su diseño y confección, eso sí, siempre acompañados de una catarata de fantástica *bijouterie*. Cuando en 1954 reabrió su casa también tuvo una sombra, Christian Dior, pero, fiel a su brillantez, ofreció una nueva alternativa a las mujeres y en 1957 fue calificada una vez más de revolucionaria.

Sus famosos trajes de dos bolsillos y ribetes alrededor del saco tipo cárdigan con botones fueron copiados en el mundo entero. Hasta el día de hoy, cuando nos referimos al *look* Chanel, pensamos en ése, su típico traje.

A la edad de setenta años todos los elementos de su estilo se fusionaron y Coco reveló al mundo, a través de fotografías, que seguía siendo su mejor y más fiel modelo. Karl Lagerfeld dijo de ella: "Era una luchadora y sobreviviente. Para una mujer que en sus comienzos logró revolucionar la moda, hacia el final se transformó en la persona más clásica del mundo".

Era un ejemplo viviente de refinamiento y estilo. En su departamento situado sobre su negocio en la *Rue Cambon*, recibía invitados como Roger Vadim, Romy Schneider y Marlon Brando. Lo que mejor sabía hacer era trabajar, y seguía haciéndolo sin tregua día y noche. El único remedio que la alejaba de la soledad.

Sus trajes, carteras, *bijouterie* y zapatos siguen siendo sinónimo de elegancia, clase y respetabilidad, y aun después de su muerte su mayor talento es continuar inspirando a miles de mujeres. ¿Quién sino ella se animaba a combinar un pantalón blanco muy simple con un suéter negro y una cascada impresionante de perlas? En 1980 Lagerfeld moderniza el *look* Chanel actualizándolo completamente.

Como mujer liberada, siempre guiada por un intenso y poderoso sentido de femineidad que se reflejó tanto en sus vestidos como en su vida, fue también un ícono feminista. Ella sentía que las mujeres debían vestirse para los hombres y las empujaba a llevar a sus compañeros al negocio para ayudarlas a elegir la ropa. Su mayor tragedia fue no haberse casado. Boy Capel, el amor de su vida, era demasiado consciente de su clase para animarse a ello; el duque de Westminster no se casó con ella porque Coco no podía tener hijos, y Dimitri era un jugador a quien ella debía mantener. A pesar de estas tragedias, creía poderosamente en el amor y sostenía que nada hacía ver más linda a una mujer.

A estas mujeres, la chispa de la curiosidad y el interés por todos los temas las volvían irresistibles. La esencia de las tres cualidades (presencia, elegancia y estilo) no se consigue trabajando el afuera, el aspecto. Sólo cuando alguien es interesante para sí mismo puede serlo también para los demás.

TINI DE BUCOURT

9. El arte más efímero

La ropa es inevitable.
Es, nada menos, que el mobiliario de la mente hecho visible.
JAMES LAVER

Como la mayoría de las chicas jóvenes, al iniciarme descubrí que ser modelo era sumamente atractivo por miles de razones: es una profesión muy femenina, todo el tiempo se está en contacto con ropa linda, ofrece la posibilidad de aprender técnicas de mejoramiento estético, de conocer mucha gente y de viajar por el mundo. Otros dos elementos a favor son el dinero y la fama. Son los aspectos luminosos de esta actividad.

Las modelos son verdaderas profesionales en crear fantasía, casi como Walt Disney. La ropa, el peinado, los maquillajes, todo adquiere vida nueva por la metamorfosis de la modelo, la particularidad de su rostro, sus movimientos y su actitud. Vestirse y producirse también constituye un ejercicio emocional. Si la modelo es experta, sabrá adecuar sus sensaciones al personaje que se espera de ella. Cualquiera sea el producto promocionado por una modelo conocida éste se tornará automáticamente irresistible, y es allí donde muchos han sabido ver el gran negocio de la moda.

Siempre me pregunté por qué, cuando una modelo camina por la calle, todo el mundo se da cuenta de que es modelo. ¿Hay características especiales observables a simple vista? Aunque luzca un *jean* sencillo y una remera algo la delata, y es su forma de caminar. No es que lo haga de manera artificial, sino que el estiramiento del cuerpo y la conciencia de la postura no son hábitos comunes. Si bien no todas conocen sobre técnicas corporales, tienen claro que no solamente son observadas y reconocidas por la calle por sus admiradores sino también por posibles clientes y todo el tiempo hacen *marketing* personal. Más de una vez conocí a un nuevo cliente en una reunión social, caminando por la calle o pasando delante de su *boutique*. ¿Acaso no fue eso lo que me pasó cuando todavía ni siquiera pensaba en ser modelo?

Vida de una modelo

La vida de una modelo se parece a la de los gitanos, siempre yendo de un lado para otro, adaptándose a los cambios de lugar y a situaciones diversas. Hay que acomodarse a horarios muy distintos, acostumbrarse a las corridas, los vuelos, estar siempre presentable y, sobre todo, mantener el buen humor. En mi caso me costó bastante aprender los códigos del mercado y las reglas de la profesión. Sabía que la meta no sería tan directa ni su logro tan sencillo, pero estaba dispuesta a aprender de cada error.

¿Las modelos están siempre vestidas a la moda?

En cuanto a la forma de vestir de las modelos fuera de la pasarela, descubrí facetas interesantes. En contra de lo que podría pensarse, en general visten de forma simple. Todo el mundo cree que las modelos están siempre vestidas de acuerdo con el último grito de la moda por estar en contacto con lo más novedoso, pero en realidad ellas crean su propia moda al destacar su estilo personal.

Una regla de oro que han incorporado y que las diferencia de las otras mujeres es la simpleza, el no sobrecargar su aspecto. Saben que su figura y su altura son de por sí llamativas y entonces prefieren evitar el exceso de maquillaje, los adornos cargados o los peinados estrafalarios. Saben mejor que nadie que los *jeans* les quedan muy bien y realzan su figura, y conocen a la perfección el cinturón que mejor combina y la remera ideal para acompañar el conjunto. No usan cualquier zapato o sandalia, pero se animan a ponerse aquel modelo que todavía no ha llegado al público masivo. Así surgen esas combinaciones llamativas que nadie se atreve a usar hasta que ellas las imponen. Las modelos marcan el paso para que las mujeres, ávidas de estar a la moda, puedan cumplir su sueño de ser llamadas *fashionadicts*, adictas a la moda, y ser grandes consumidoras.

La moda es un negocio millonario en el mundo entero, entre otras cosas, gracias a la publicidad que las propias modelos hacen al lucir determinada marca. Basta con que la modelo, la artista o la cantante aparezcan exhibiendo una en especial para que las ventas se eleven hasta las nubes. En otros rubros, como por ejemplo el golf, Tiger Woods al promocionar la pelota Nike logra que ésta quede fuera de stock al día siguiente de salir la publicidad a la calle.

El maquillaje, un mundo lleno de secretos

Jamás se las verá muy maquilladas porque saben perfectamente qué cantidad usar y en qué zonas de la cara. Tan bien lo saben, que no parecen maquilladas. Aprender esta técnica es el sueño de muchas mujeres.

Las modelos tienen práctica en este terreno porque son maquilladas por maquilladoras/res profesionales. La mayor parte de la gente cree que un maquillador de un *stand* de una marca de cosméticos en un *department store* o la maquilladora de una peluquería conocen todo sobre este arte aplicado a los desfiles. ¡Error! El maquillaje que se realiza para una foto, un programa de televisión o un desfile de modas es una profesión especializada, con la cual las modelos están en contacto las veinticuatro horas del día. Sería ilógico que desconocieran todos sus secretos.

El peinado, otro arreglo cargado de sutileza

Las modelos se pasan la vida en manos de peinadores entrenados en los códigos de la profesión de modelos a pesar de lo cual, o justamente por eso, nunca están peinadas "de peluquería", otra de sus prohibiciones. Parecen estar arregladas en forma muy simple, pero siempre hay un mechón, una pequeña trenza, un toque sutil que hace a sus peinados únicos sin ser llamativos. Todos estos detalles se imprimen en las modelos sin que ellas puedan darse cuenta. ¿Qué mujer no desea verse linda y vestir con estilo y elegancia? Muchas pagarían altos precios por aprender los secretos de las modelos.

Has recorrido tres caminos, muchacha: desfiles, producciones de moda y publicidad

Hay tres capítulos importantes en esta profesión: los desfiles, las fotografías para revistas de moda y la publicidad. Veamos juntas cada una de ellas.

Desfiles. Entre el show y la magia

Nada se parece más a un *Broadway show* que un desfile.

Desfilar requiere gracia y elegancia, además de un talento especial para transmitir desde la pasarela, a las clientas potenciales, la necesidad de tener la prenda que se luce. Uno de los objetivos más importantes de estos eventos es vender la ropa presentada por el diseñador, y es por tal motivo que éste contrata a modelos profesionales. Una modelo puede conocer todo sobre la técnica, pero si no posee esa magia para comunicar le será imposible motivar a las espectadoras a aceptar tal o cual propuesta.

Ese talento no se aprende ni se enseña, sino que es un don y, como tal, es innato.

El arte más efímero

Desfilar es establecer una comunicación a través del lenguaje corporal y en ese lenguaje participan desde la cabeza hasta los pies, incluyendo la mirada y todo tipo de expresiones gestuales. El público capta todo, de ahí que cualquier movimiento que distraiga de la magia del caminar o cualquier gesto poco amable produzca en él un rechazo inconsciente.

Una modelo exitosa sabe captar el interés del público más allá de la ropa que luzca. Un día, en un desfile de Nina Ricci, me asignaron un vestido que no me gustaba del todo. Yo veía en los percheros de mis colegas ropa más linda que la mía, pero ni se me pasó por la cabeza pedir que me lo cambiaran por uno más espectacular o vistoso. En cierto momento la situación se prestó para preguntar con mucho cuidado por qué a veces me asignaban ropa tan poco vendible, a lo que la dueña y el estilista francés respondieron: "Sabemos que son diseños muy difíciles, pero tiene que pasarlos alguien que pueda sostener con su personalidad esas prendas y lograr venderlas. Y una de ellas sos vos". Entonces comprendí que era un gran halago.

La ropa linda se vende sola, pero el verdadero arte es vender aquello que pocas personas usarían. Enseñar a trabajar y desarrollar esta virtud iba a diferenciar a mi escuela del resto de las escuelas de modelos en un futuro no tan lejano. No sólo traté de transmitir esa magia a las aspirantes a modelos, sino también a todas aquellas mujeres que deseaban descubrir y potenciar su estilo personal.

La pasarela siempre fue mi lugar preferido porque en ella me sentía como pez en el agua. Lograba establecer contacto visual con la gente en forma inmediata, el público notaba el placer que yo sentía al jugar con ellos y mis ojos les transmitían alegría en lugar de distancia, pero yo sabía muy bien cuándo emplear cada uno de mis trucos.

Uno de mis momentos preferidos era el instante previo a salir a la pasarela, ya totalmente vestida y producida con mi próximo atuendo. Esos minutos a la espera del regreso de la o las modelos que estaban desfilando eran mágicos. Siempre había un gran espejo para chequear que todo estuviera perfecto y era justamente a partir de esa imagen que yo creaba mi personaje. Miraba el *look* general, trataba de imaginar una situación en la cual yo usaría esa prenda y entonces inventaba el lugar físico y la atmósfera adecuada. Si el vestido era espectacular, me imaginaba como una reina en el salón de su palacio y con esa actitud enfrentaba al público. Si el *look* era más bien *sport*, me imaginaba paseando por la calle. Éstas y tantas actuaciones más requerían gran sutileza para evitar la sobreactuación.

La magia de otorgarle carácter a la prenda tenía que producirse en el corto ir y venir por la pasarela. El público percibía esos cambios delicados y los agradecía, ya que nada hay más aburrido que una modelo haciendo sus pasadas siempre de la misma forma y con la misma cara. Años y años de pasarela con hasta cinco desfiles diarios pueden convertir este trabajo en algo mecánico. El profesionalismo exige gran creatividad.

Por supuesto que todas teníamos nuestros día negros, en que la creatividad parecía haber huido para siempre. Y aunque tal vez no brillábamos del todo, nuestra *performance* seguía siendo alta porque podíamos apelar a nuestra experiencia. Sostener la misma energía durante todo el desfile es lo más difícil, ya que muchas veces se empieza animosamente y después de cuatro pasadas el cansancio se nota en el cuerpo y el aburrimiento en la cara, lo cual suele ser percibido por todos.

Hacerse fuerte frente a las críticas también es un requisito para poder sobrevivir ya que nunca falta la colega envidiosa que, justo antes de salir a la pasarela, hace un comentario doloroso o cínico para hacernos sentir vulnerables. Lo mejor en estos casos es pensar que nadie puede gustarle a todo el mundo.

A través de los años, cada modelo va generando en el público su propio grupo de admiradoras. Quiero compartir con ustedes uno de mis momentos de gloria sobre la pasarela. Sucedió en el Hotel Plaza de Buenos Aires con la colección de Nina Ricci. El último diseño que yo debía pasar era un vestido soñado: de noche, largo, en gasa de color rojo y de un corte fantástico. Era la pasada que cerraba el desfile.

Al salir a la pasarela me quedé quieta como una tigresa, y estaba tan llena de energía que logré transmitírsela a cada espectador mientras admiraban el vestido. En cierto momento comencé a avanzar muy lentamente al compás de la música, marcando cada paso con una seguridad extraordinaria, y empecé a girar y girar sin detenerme hasta el final de la pasada. Logré hacerlo en forma tan coordinada y con tanta gracia, que el público en su totalidad se puso de pie para aplaudirme. Por eso siempre digo que no existe mejor escuela para ajustar el porte femenino que la danza en cualquiera de sus formas. Es la que permite que aparezca esa gracia (o estilo) que todas, absolutamente todas las mujeres, llevamos dentro.

Viajar para desfilar

Años atrás, casi todas las provincias argentinas contaban con sus propias casas de moda y realizaban sus desfiles copiando a los de Buenos Aires, para lo cual invitaban a sus modelos. A nosotras esta posibilidad nos generaba mucho dinero ya que el tiempo que demandaba el traslado nos era compensado con sumas mayores a las habituales.

Tomábamos el primer avión del día para aprovechar el tiempo al máximo y al llegar a la provincia nos esperaba una comitiva de bienvenida, más la gente de prensa y de la radio. Todo el mundo quería vernos, lo cual era muy gratificante pero también muy cansador. Ser amables con todo el mundo, atender entrevistas para la televisión e ir a los estudios de radio para participar en algún programa, todo eso suponía una gran exigencia. Nuestras admiradoras y admiradores nos conocían de las revistas y de la TV, pero ahora podían vernos en carne y hueso. Había que probar la ropa en la *boutique*, ir a la peluquería, cambiarse en el hotel y marchar luego al lugar del desfile, donde nos esperaba una multitud de gente para que les firmáramos autógrafos. Imaginen que, a esta altura, ya estábamos muertas de cansancio, pero había que seguir porque el show recién comenzaba.

Una vez terminado el desfile, el paso siguiente era el encuentro con el público. Todos querían compartir un momento con nosotras y preguntarnos sobre nuestras "mágicas" vidas. A veces lográbamos tomar el último avión del día para estar de nuevo en la gran ciudad, dispuestas a enfrentar una nueva jornada de actividades. También viajábamos mucho al extranjero, sobre todo a los países vecinos. Cuando miro hacia atrás, me sorprende el caudal de energía que teníamos para hacer todo lo que hacíamos, pero lo cierto es que jamás nos aburríamos.

Durante los viajes se generaba un espacio para conocernos mejor con las demás modelos y para compartir experiencias, algo que no siempre podíamos hacer por falta de tiempo. En esos momentos podíamos ser nosotras mismas y los cuartos de los hoteles se transformaban en verdaderos refugios para la confidencia. Si bien los viajes eran muy exigentes, brindaban la posibilidad de un contacto personal entre nosotras. Ver a las colegas a cara lavada, relajadas, poder reírnos y llorar juntas, nos hacía sentir bien y era un paréntesis saludable en la vorágine. Así fue que tuve la oportunidad de conocer a mujeres maravillosas que son mis amigas hasta el día de hoy.

También se creaban situaciones de gran competencia y envidia. Esta profesión se presta más que cualquier otra para el clásico "chusmerío" femenino, y nunca faltaban los comentarios tergiversados dirigidos con malicia hacia una u otra. Era una jungla cuyas reglas había que conocer, y una de esas reglas decía que cuanto más cerrada se tuviera la boca mejor. Nadie deseaba perder el lugar obtenido y se luchaba a brazo partido con tal de mantenerlo.

Lo más fascinante de los viajes era que siempre estábamos

178

alojadas en los mejores lugares, los más pintorescos, con miles de facilidades para que las fotografías salieran perfectas. Pudimos conocer sitios que los turistas rara vez llegan a visitar.

La fama también tenía una cara menos luminosa. Llegado el momento de la vida social privada, muchas mujeres se mostraban renuentes a invitarnos a reuniones por miedo de que les sacáramos los novios. Era evidente que nuestra presencia les generaba gran inseguridad, y eso, para nosotras, era doloroso. Si estabas en pareja no había problema, pero si estabas sola era casi seguro que no te invitaban.

La situación era distinta si se encontraban presentes los medios; en ese caso nadie se oponía, para asegurar una promoción importante del evento.

Producciones para revistas de moda

Ser una modelo gráfica profesional requiere tener talento para representar situaciones y personajes y transmitir sensaciones a través de los gestos y la postura corporal. Y estos requisitos, que en la pasarela son de gran importancia, en las producciones para revistas de moda resultan críticos. A diferencia de la pasarela, la fotografía no puede recurrir al ritmo ni al movimiento y cada expresión debe poder ser captada en una fracción de segundo.

Posar para una foto es un verdadero arte. Representar ejemplos vivos cotidianos o personajes sofisticados, a veces irreales, es una mezcla de actuación y juego. Para poder jugar y divertir hay que ser todas las mujeres que anidan en nuestro interior: la simple y la exótica, la intelectual y la sexy. Es una extraordinaria posibilidad para entrenar nuestra femineidad y conocer nuestras limitaciones, y una oportunidad para descubrir con cuál de ellas tenemos mayores dificultades.

En los últimos veinte años, el diseñador ha tenido gran influencia sobre el negocio de la moda al usar modelos de revistas en lugar de modelos de camarines de las casas de alta costura como se hacía tiempo atrás. Marcas como Gres Couture, Chanel, Dior y tantas otras tenían sus modelos "de la casa", quienes desfilaban para los selectos clientes dentro del mismo establecimiento. Muy lejos de los actuales shows de la moda, lo hacían sin música y sólo se escuchaba el seductor roce de las tafetas en las alfombras. Hoy es el diseñador quien consigue que una modelo se transforme en leyenda.

El backstage de una producción de modas

Las producciones de moda pueden comenzar a las seis de la mañana y no hay excusa para una cara de sueño. Por suerte, las modelos en general son muy jóvenes y logran ocultar una trasnochada con maquillaje, pero no siempre esto es posible. Los ojos no mienten, y si no se transmite frescura y energía la foto carecerá de brillo.

El productor o productora de moda (*fashion editor*) es un artista y debe saber ambientar la ropa dándole un contexto adecuado. Tiene que conocer sobre historia del arte, composición, estilos arquitectónicos, historia, geografía y estética, ser muy creativo y permitirse soñar. Alcanza con observar las fotos de una *Vogue* o *Bazaar* italiana, francesa, alemana o norteamericana para darse cuenta de que en este oficio no hay lugar para la improvisación.

Los temas, lugares físicos de las notas, la o las modelos elegidas, la ropa, el fotógrafo, el maquillador, el peinador, todas estas decisiones se toman en la redacción de la revista. Luego, los productores salen en busca del escenario si se trata de una ambientación en exteriores o a hacer la reserva si va a requerirse un estudio. No siempre es fácil conseguir estos espacios, ya que si por ejemplo la idea es hacer la producción dentro de un hangar hay que solicitar los permisos correspondientes; si el marco de las fotos es una playa paradisíaca hay que calcular los costos, trasladar los equipos, encargar el *catering* y lograr que todo salga dentro de los plazos pautados. Conseguir que las modelos elegidas estén disponibles ese día no siempre es posible ya que suelen pasar mucho tiempo viajando. Lo mismo con ese fotógrafo en particular que maneja bien a las modelos e interpreta mejor a los *fashion editors* al hacer realidad lo que ellos soñaron. En cuanto al maquillaje y el peinado a veces hay más opciones, pero la exigencia es tremenda. Hay que pensar que en este campo tampoco hay lugar para el error, ya que los productores no podrían volver a la redacción de la revista y decir que la nota debe repetirse. Todo es muy costoso en una producción de modas, el caché de los involucrados es altísimo y cada minuto que se pierde es dinero que se esfuma. Quiere decir que el trabajo de un *fashion editor* constituye un verdadero operativo de sincronización.

El paso siguiente es salir a buscar la ropa por toda la ciudad y coordinar la selección de accesorios. El *fashion editor* está secundado por un *team* especializado y ambos ajustan los detalles en forma conjunta. Los asistentes están entrenadísimos y conocen todos los lugares de la ciudad donde conseguir cada accesorio (estoy segura de que más de una mujer quisiera ser dueña de semejante información). Quiere decir que una producción de modas es como la de una película, donde todo está minuciosamente estudiado y planificado y donde cada detalle coincide con el clima logrado.

En nuestra profesión, la clave es la preparación y la paciencia. ¡Piensen que entre el maquillaje y el arreglo del cabello pueden irse cómodamente dos horas! Estos verdaderos artistas saben elevar nuestra autoestima haciéndonos sentir diosas. Sutiles actos como el masaje que un peinador da a una modelo en el cuello o la caricia en la cara de la brocha de la maquilladora pueden quitar las tensiones y el estrés como por arte de magia. Peinadores y maquilladores conocen muy bien a cada modelo, sus altibajos, sus presiones, y las hacen lucir espectaculares con sus breves tratamientos de relax y placer.

Ellos hacen mucho más que maquillar y peinar, y con esto logran esa electricidad magnética con las modelos. Están presentes durante todo el desarrollo de la producción porque tienen que retocar el maquillaje o el pelo, modificarlos de foto a foto si fuera necesario, y participar activamente junto al fotógrafo y los estilistas.

Durante la preparación el fotógrafo observa a las modelos, las estudia, y hasta quizá tome algunas fotos para divertirse y regalarles una copia porque sabe que son las preferidas de ellas, donde aparecen mucho más relajadas y naturales. Por lo general, la relación entre las modelos y los fotógrafos es amistosa. Debe existir *rapport* entre ambas partes, sensualidad, humor, curiosidad y buena comunicación sin que medien las palabras. Si no fuese así, la foto carecería de ese imán que la llena de vida.

Yo amaba ese juego tan especial entre la modelo y el fotógrafo, y hoy, cuando tengo que hacer una foto para una *interview* para una revista y me reencuentro con un fotógrafo conocido, ese lenguaje que sólo los dos conocemos revive en forma espontánea. Para una modelo el fotógrafo es como un amante platónico, ese que sabe todo sobre ella y en quien ella confía en base a la cantidad y calidad de experiencias laborales compartidas. La modelo muchas veces se entrega a él en sus gestos y posturas, él se siente muy honrado por eso y jamás lastimaría la intimidad creada entre ellos.

La gente piensa que entre modelos y fotógrafos hay grandes *affaires*, pero nada más alejado de la verdad ya que se trata de una amistad afectuosa y cómplice. Ellos están todo el día junto a las diosas y conocen sus intimidades. ¡Cuántos hombres quisieran estar en su lugar!

Mientras las modelos terminan de producirse, *stylist* y asistentes ordenan la ropa de acuerdo con la historia que será representada. Si en la foto sólo aparece una modelo se espera que esté lista y luego se la viste, se la acompaña hasta el lugar exacto y allí le toman las mediciones de la luz. *Stylist* y fotógrafo conversan con ella, le cuentan cómo sueñan ellos la foto, la informan de qué se trata la nota, todo a fin de que ella logre el clima requerido. Cuando se trabaja con modelos y fotógrafos profesionales todo fluye en forma natural.

Los fotógrafos conocen mejor que nadie la diferencia entre una chica que sólo sabe estar quieta y aquella que realmente sabe moverse o manejar cualquier situación difícil, especialmente cuando la nota es larga, algo que puede demandar horas y cientos de tomas.

Los fotógrafos adoran a las modelos que saben manejar sus cuerpos, que no temen saltar y jugar, integrarse con el público que mira curioso ese espectáculo atípico, lidiar con situaciones difíciles y ayudar a encontrar soluciones a problemas inesperados. Por eso digo que la modelo tiene que ser flexible y estar a cargo de su cuerpo para lograr resultados fotográficos fantásticos. Ésas son las modelos profesionales más requeridas, las que no se quejan y están siempre bien dispuestas, aunque el trabajo demande gran cantidad de horas.

Pero no todo es *glamour* en esta profesión. Es cierto que al mirar las revistas quedamos maravillados, pero todo el *backstage* lleva mucho trabajo y a veces puede ser penoso. Lo más difícil para mí fue hacer fotos luciendo tapado de piel en pleno verano, a pleno día y en exteriores. Recuerdo una vez que con treinta y ocho grados a la sombra tuvimos que sacar fotos de esos abrigos de ensueño. Nunca transpiré tanto en mi vida y, como era de esperar, terminé odiándolos. También muchas veces tuve que trasladarme a una playa en pleno invierno y meterme en el agua para lucir un hermoso biquini. ¡Qué frío!

Entre las revistas de moda, la competencia por quién realiza las mejores y más originales producciones es mucha ya que lo que está en juego es la publicidad. A mayor publicidad, más ventas. Son millones los compradores de estas revistas alrededor del mundo, por lo que puede decirse que ellas marcan definitivamente la vanguardia de la moda.

Para una modelo, es muy importante que su belleza coincida con los códigos del momento. A veces, una cara nueva surge rápidamente por requerimiento del mercado. Los rostros y actitudes generalmente están en sincronía con períodos revolucionarios, ya sea política, social o culturalmente. Una Claudia Schiffer no habría sido posible en la época de Twiggy.

A pesar de que esta profesión lleva el rótulo de superficial, las modelos que llegan a ser tops lejos están de ser tontas. Hay que saber manejar y sostener el liderazgo, las relaciones humanas y las profesionales. Quizá muchas, por haber comenzado tempranamente, no habrán podido completar sus estudios formales, pero son brillantes en lo que hacen y han acumulado una valiosa experiencia.

Me divertí mucho haciendo notas de moda. Viajé a todas partes, tomé contacto con diferentes culturas y conocí gente e idiomas. Me tocó una época generosa de la Argentina, en que se invertía mucho dinero para mostrar la moda en los escenarios internacionales. A veces, se superponían las fechas para viajar y había que elegir entre varios lugares tentadores. Hice amigos en diferentes partes del mundo, aprendí a convivir con los demás, a comunicarme y a pulir mi carácter. Mi profesión de modelo fue, además, la gran plataforma para todo lo que haría más tarde. Hay que ser lo suficientemente inteligente para saber aprovechar las posibilidades que ofrece. Sólo se necesita estar atenta.

Publicidad. ¿Cómo no conocer el nombre de la modelo del comercial?

Nunca me atrajo demasiado este rubro, pero sé también que es sumamente interesante para la mayor parte de la gente. La publicidad puede ser gráfica o filmada. Esta última es tediosa por la gran cantidad de tiempo, repeticiones y participantes que demanda y nunca fue mi fuerte, en cambio la gráfica me resultaba más divertida. Hice varios comerciales para marcas de automóviles, productos de cosmética, licores y otros, y puedo asegurarles que la modelo que sepa manejarse en este mundo fascinante podrá lograr contratos millonarios.

Los rostros son mensajes, y el lenguaje corporal y facial debe reflejar los hábitos del sector social al cual va dirigida la publicidad y remarcar sus necesidades. La selección de la modelo siempre responde a esta premisa.

Mi primer comercial fue para un producto para el cabello. En aquel entonces yo lo tenía muy largo y en excelente estado, era nueva e inocente, y no sabía que era costumbre aclarar el pelo de la modelo para lograr el mejor efecto en la pantalla. El día de trabajo comenzó en una peluquería, donde me lo decoloraron dejándomelo blanco y después le dieron el tono exacto que buscaban. ¿Pueden imaginar mi pelo, tan sano y tan largo, completamente arruinado? Era tarde para discutir, ya estaba hecho. A eso le llamo yo pagar derecho de piso, pero valió la pena porque fue con el dinero de ese comercial que pude comprar mi primer auto.

Tuve la suerte de ser considerada una modelo sofisticada para la publicidad masiva y me contrataban para hacer comerciales de target alto, como por ejemplo, de licores, autos o champúes de buena calidad. Lo cierto es que, gracias a la publicidad, mi imagen llegó rápidamente al público y mi popularidad se vio incrementada. ¿Cómo no conocer el nombre de la modelo que aparecía en un comercial de TV publicitando el último modelo de un auto superelegante?

Magos entre bambalinas: el otro lado de un desfile

El *backstage* de un desfile debería ser parte del mismo espectáculo. Observar la transformación de las modelos en manos de maquilladores y peinadores es un show imperdible. Jóvenes de gran belleza con cuerpos maravillosos se desplazan por el área con total seguridad. Aquello que se observa detrás de la pasarela es el sueño de cualquier mujer, el mundo de la estética en su máximo esplendor. La magia del antes y el después.

El *backstage* se desarrolla en un salón contiguo al del desfile, desde el cual salen las modelos hacia la pasarela como salen los actores al escenario. Las modelos son citadas unas horas antes del comienzo del desfile, y si el diseñador requiere un ensayo larguísimo ellas podrán pasar el día entero en el lugar. Claro que esto es excepcional ya que resultaría demasiado costoso en caso de que se cuente con modelos muy requeridas.

Generalmente llegan vestidas con simpleza pero con gracia, que es el *look* más deseado por ellas. Lucen *jeans* muy cancheros, o una mini combinada en forma genial, como diciendo "estoy así nomás", pero están bellísimas y lo saben. A las mujeres del público les encanta ver cuando entran en ropa de calle y les gustaría saber vestirse así. Una vez que llegaron al lugar se desplazan por él como quien vive allí desde hace añares.

Grandes mesas se ubican a lo largo del vestuario, algunas de ellas destinadas a peinadores y maquilladores, donde hay infinidad de productos mágicos traídos de todas partes del mundo y distintos artefactos para enrular el pelo o enlaciarlo. Otras mesas están llenas de accesorios de *bijouterie*, sombreros, guantes, anteojos y carteras.

Las modelos irán ubicándose por turno delante de los maquilladores y peinadores para comenzar la transformación hacia el *look* deseado por el diseñador. Mientras esperan hablan por teléfono desde sus celulares para reconfirmar trabajos futuros, comunicarse con sus respectivas agencias o con sus seres queridos. El celular es un elemento indispensable para estas chicas que difícilmente estarán quietas en un mismo lugar. El diseñador, casi siempre en un estado de lógica alteración, chequea todo por milésima vez, y es seguro que alguno de los vestidos llegará a último momento.

Un perchero por modelo espera con su respectivo cartel de orden de salida y su vestidora delante. Cada modelo tiene su ayudante vestidora para facilitar cambios que deben ser realizados a la velocidad del rayo. (Nunca voy a olvidar el día en que me cambié 239 veces en seis desfiles.

En aquel entonces, arrancábamos muy temprano en la mañana con los desfiles de venta.) Debajo de cada perchero se ubican, por orden de salida, los respectivos zapatos, todos ellos marcados con una cinta antideslizante en la suela ya que, al ser nuevos, podría resultar peligroso para las modelos caminar con ellos sobre la pasarela entelada, en especial con tacos altos.

Sólo tienen acceso al lugar aquellas personas vinculadas con el evento. Fotógrafos y periodistas de algunos canales de TV autorizados hacen notas a las modelos más famosas y al diseñador, sabiendo que esas notas tendrán buen rating. Mozos llevando bebidas y algún tentempié corretean por allí sin poder dar crédito a lo que sus ojos ven. La atmósfera está cargada de glamour y de una tensión muy estimulante.

Cuando la hora del comienzo está cerca, el diseñador y sus ayudantes chequean el ingreso del público en la sala. Esperan a personalidades importantes del mundo del espectáculo, la política, y sobre todo a las editoras de las revistas de moda más renombradas, las que le pondrán la nota final al evento y llevarán a modelos y diseñadores a la gloria o al infierno. Si la terminación de la ropa no es perfecta, si está mal cosida, si la modelo no está en excelente estado físico, se le ve una venita en las piernas o está desganada, todo esto será registrado por el ojo crítico de la prensa especializada, verdaderos jueces supremos de la moda. Cualquier comentario de ellos inclinará la balanza de la popularidad hacia uno u otro lado.

El arte más efímero

Las modelos están listas, la tensión se respira en el aire, el diseñador chequea a las primeras, revisa minuciosamente cada detalle, la música da comienzo y de pronto ¡se hace la luz! El éxito de un desfile depende de una suma de factores, entre ellos la sincronización y profesionalismo de sus participantes. Son muchos los rubros que tienen que conjugarse para armonizar este momento efímero, que mucho se parece a un espectáculo de magia.

Terminado el desfile, el diseñador, custodiado por sus modelos, sale a la pasarela a saludar a sus clientes e invitados especiales y luego vuelve al vestuario, donde ya se encuentran presentes los más allegados *fashion editors*, fotógrafos y amigos. El ambiente es de gran excitación, y para las modelos es la oportunidad de lograr nuevos contratos, en especial aquella que ese día hizo un papel brillante. Ellas, las diosas, ya están listas para partir con su mágico bolso y su actitud despreocupada hacia el próximo show. Una vez allí, los magos, entre bambalinas, crearán con ellas un nuevo personaje.

Presenciar un buen desfile es una experiencia extraordinaria, pero lo más atractivo es su calidad de efímero. Piensen que, por ejemplo, maquillador y peinador emplean infinidad de horas para lograr un efecto especial sobre cada modelo, y cuando el desfile llega a su fin ellas se desmaquillan y listo, se terminó el arte. Lo único que sobrevive a este ciclón son las fotos, que afortunadamente son recopiladas en maravillosos libros y revistas sobre moda. Las modelos son las reales portadoras de este arte efímero.

Cuando miro las publicaciones aparecidas durante mis años de profesión y me veo a mí misma producida de mil maneras durante los desfiles, pienso en esos looks como en verdaderas obras del arte efímero creadas por esos auténticos magos.

Los desfiles pensados como espectáculo produjeron una revolución a comienzos del siglo XX. Los diseñadores y las modelos se hicieron conocidos internacionalmente gracias a la televisión, y poco a poco ir a un desfile se transformó en un programa muy esperado por su carácter espectacular y su creatividad pasmosa. Un género aparte con todas las de la ley, si bien no siempre los estilos resultan fáciles de comprender dado que se trata de cómo el diseñador percibe a la mujer de su época. Toda una manifestación antropológica sobre las pasarelas.

La función debe continuar

Hay sentimientos como la tristeza, la rabia, el mal humor, la angustia que se inscriben en el cuerpo y se reflejan en los movimientos. Por eso se dice que el cuerpo es el escenario de las emociones. Las modelos, como todo el mundo, tienen días buenos y días malos, viven situaciones que afectan su humor y su estado de ánimo con la diferencia de que en esta profesión, como en la de los actores, llegado el momento de brindar su espectáculo los temas personales quedan estrictamente de lado. Hay que poner la mejor cara y salir adelante, porque lo contrario podría significar la pérdida del trabajo.

Es muy difícil sonreír cuando no se tienen ganas. Cuando una modelo está triste por algún motivo, su cara y sus movimientos lo expresan claramente. Pero, *The show must go on*! Nadie tiene tiempo para los problemas de los otros y cada cual deberá arreglárselas para sobrevivir en aquella selva.

El trabajo de una modelo no es como otros trabajos, donde existe un ámbito en común y donde el contacto diario promueve la amistad y las relaciones duraderas; para ellas, todas las caras y los lugares son nuevos por lo que rara vez nacerá una relación sólida. Los clientes cambian hora a hora, y a veces pueden hacerse hasta seis trabajos diarios para clientes diferentes: desfiles, una o dos producciones de moda para una revista, pruebas de ropa para otros desfiles, y para todo hay que presentarse impecablemente. Cualquier descuido podría significar no ser convocada para la próxima temporada o nota de moda.

Resulta bastante difícil sostener el *marketing* personal a través de los años (en mi caso, fueron diecisiete). El ritmo y la actividad son estresantes y a nadie le importa si tu hijo está enfermo o te peleaste con tu novio. No digo que no interese humanamente, pero el trabajo es el trabajo y cada minuto vale oro. Imaginen los nervios del diseñador, que trabajó duro por varios meses para presentar su colección y lo planeó todo para el gran evento. Lo único que esperará de una modelo es que el día de su desfile ella esté mejor que nunca para que su ropa se venda. No querrá escuchar nada negativo, y mucho menos si se trata de problemas personales, ya que tendrá la cabeza en otro lado. Hay mucho dinero en juego en este acontecimiento y todo tiene que salir perfecto. Y es así en cada trabajo, ya se trate de fotos, desfiles, comerciales o televisión. Por eso creo que, para sobrellevar esta profesión, lo más recomendable es ser positivas y tener un excelente sentido del humor.

Voy a contarles una anécdota. En mi época, el diseñador más famoso y admirado de la Argentina era Gino Bogani. Su ropa es majestuosa, elegante, muy exclusiva y costosa, y desfilar para él significaba haber aprobado el examen de modelo de pasarela. Es muy exigente, pero también un maestro brillante. Sus desfiles eran los más esperados de la temporada.

En ese entonces yo era una de sus modelos preferidas, una de sus musas. Las modelos éramos muy importantes para él pero no cualquiera podía pasar sus vestidos, que exigían gran porte y experiencia. Gino necesitaba personalidades en la pasarela, no clones.

Un año se le ocurrió que yo tenía que ser una especie de Rita Hayworth y hasta me pidió que me tiñera el pelo de colorado oscuro. Toda la ropa que me había diseñado era azul Francia. Los días de prueba eran eternos, y yo, que probaba en último lugar, tenía que esperar que todas terminaran, lo cual podía suceder a las tres de la mañana. No había horarios, pero nadie protestaba porque desfilar para él era un verdadero honor. ¡Pasábamos horas sobre tacos altísimos!

Algunas veces él cortaba la tela a mano sobre nuestro cuerpo, nos probaba sombreros, guantes, accesorios. Cada vestido era una puesta en escena como en una obra de teatro, así que también nos indicaba cómo caminar y para eso nos ponía música. Cada pasada tenía un clima especial.

El día del desfile desperté con treinta y nueve grados de fiebre. Tan mal me sentía, que ni siquiera podía levantarme de la cama. Pero a Gino no podía fallarle, así que sin decirle una palabra a nadie sobre mi estado de salud para evitar que llegara a sus oídos y se sintiera afectado, me presenté al desfile. Yo sabía que detrás de su colección había mucho esfuerzo, y que él mismo llegaría al gran momento sin haber dormido durante días. Finalmente saqué fuerzas no sé bien de dónde y desfilé entre las nubes, y terminado el evento me desplomé de la fiebre. De estas historias se cuentan por miles.

Con Gino aprendí mucho sobre estilo porque cada una de sus pruebas era una clase magistral. Un día, mucho tiempo después de haber dejado la pasarela, le agradecí todo lo que me había transmitido y le confesé que muchas de las cosas que yo les enseñaba a las mujeres las había aprendido a su lado. Él sabía como nadie reconocer los detalles intangibles de la belleza y el estilo, pero era claro que nunca había tomado conciencia del valor de sus enseñanzas.

¡Qué bien se TV!, cuando las modelos llegaron a la televisión

En mi época, comenzó a estar de moda la participación de las modelos en algunos programas de televisión. Aportaban belleza y gracia a la pantalla y concitaban por igual el interés femenino y el masculino. Los hombres estaban encantados de ver mujeres lindas y esto no tardó en ser explotado por los magnates del *showbusiness*. Poco a poco comenzó a ser frecuente que las modelos tuvieran su bloque, accedieran a la conducción o estuvieran al frente de un programa propio, como más tarde me sucedería a mí. Incluso varias modelos de mi generación incursionaron en el periodismo televisivo y hoy siguen siendo exitosas en el medio. El ambiente de la televisión brindaba la oportunidad de conocer gente, hacer contactos, muchos viajes, y sobre todo era una buena fuente de ingresos. Hasta ese momento las modelos éramos comunicadoras silenciosas, pero la TV nos permitió explorar otras vetas.

En esos tiempos, se emitía un programa muy entretenido conducido por mi gran amigo Andrés Percivale que se llamaba "Las noches de Andrés". Invitaba a gente famosa, nosotras mostrábamos colecciones de distintos diseñadores, y terminadas las pasadas él nos recibía en su living para presentarnos y dar a conocer aspectos de cada una. Al público le encantaba saber todo sobre las modelos ya que nadie había oído ni siquiera nuestras voces. Yo no quería ir por miedo a hablar en cámara y tartamudear, pero un día Andrés me llamó por teléfono y me prometió que si él notaba que yo estaba por tartamudear en su programa inmediatamente haría algo para distraer la atención de la gente y que jamás permitiría que pasara un papelón. Me pidió que confiara en él y así lo hice porque me sentí cuidada y valorada.

Cuando llegó el gran día no solamente no tartamudeé, sino que quedé fascinada. Fui superando lentamente mi defecto hasta que finalmente logré vencerlo, y después de algún tiempo no sólo tuve mi propio programa durante nueve años, sino que trabajé también en la radio. Si comunicar era mi pasión, le daba la bienvenida a la palabra. Esta experiencia me brindó seguridad y me permitió más adelante dar charlas en mi país y en países vecinos.

Conducir un programa implica una responsabilidad enorme.

Lo más difícil es ser natural, ya que la situación produce gran tensión y hace perder la espontaneidad. Y ni hablar del estrés de una transmisión en vivo, donde las entrevistas tienen un tiempo pautado. Si el invitado no deja de hablar hay que saber cerrar la conversación con delicadeza para ir al corte publicitario, y tener oficio para solucionar todo tipo de imprevistos. A pesar de estas exigencias fue una experiencia muy edificante.

Como han podido comprobar, he incursionado en todos los medios de comunicación. Nunca busqué estos caminos, sino que fueron ellos los que vinieron hacia mí. Nunca fue mi sueño hacer TV, ser modelo o escribir, simplemente sucedió.

Fabricantes de fama: las agencias de modelos

En mis comienzos en la profesión, no existían las agencias de modelos. Nosotras éramos nuestras dueñas y señoras, fijábamos nuestras propias tarifas entre todas e íbamos a cobrar personalmente. Nos reuníamos para establecer nuestro caché en forma conjunta, lo que a veces nos llevaba largas horas de discusión hasta ponernos de acuerdo.

Uno de los cambios que vivimos en nuestra carrera fue justamente el nacimiento de las agencias de modelos. Ninguna de nuestra generación llegó a pertenecer a alguna de ellas, como sí lo hicieron las modelos de la siguiente. Al frente de estos emprendimientos solían estar exmodelos masculinos y muy pocas veces femeninos. La idea había sido tomada de las agencias norteamericanas Ford y Elite, país que fue el primero en formar agencias de modelos debido a su enorme mercado internacional.

Entre otras obligaciones, la agencia es responsable de conseguir y organizar los trabajos de las modelos, promoverlas y pautar los precios de sus presentaciones a cambio de un porcentaje sobre lo facturado. Desde el punto de vista organizativo resulta muy cómodo para ellas, en especial hoy, con un mercado globalizado. Una buena agencia sabe manejar el camino hacia la fama de cualquier modelo.

Teniendo mi escuela, hice el intento de lanzar una agencia de modelos. Una vez terminada la formación ellas pasaban automáticamente a la sección de la agencia, que era visitada asiduamente por agencieros de Milán, París y Nueva York en busca de nuevas figuras. Pero a mí no terminaba de convencerme esa especie de salto de lo humano a lo comercial dentro del mismo establecimiento y bajo mi tutoría, entre otras cosas por distraerme del objetivo real de mi escuela, así que finalmente decidí hacer convenios con una de las agencias existentes.

Tratar con bellezas tan jóvenes, concretar sus expectativas de alcanzar el estrellato desconociendo ellas todo acerca de los negocios, atender los caprichos lógicos de la edad, todo esto superaba mi energía. Lo mío era la formación de modelos en particular y de mujeres en general, y en eso me concentré.

Tuve una muy buena relación con la agencia Ford de Nueva York, y en dos oportunidades fui a formar modelos para sus famosos concursos en diferentes partes del mundo, lo cual resultó una experiencia enriquecedora. En el momento de finalizar mi carrera de modelo incluso me ofrecieron la representación en Buenos Aires, pero preferí instalar mi escuela, aunque continué formando a sus concursantes. En uno de esos certámenes mi hija Ceci resultó ganadora y fue a la final de los Estados Unidos. A partir de ese momento se le abrieron todas las puertas y comenzó su carrera internacional. Muchas de mis alumnas siguieron el mismo camino. Visité las agencias Ford en Nueva York y París para conocer su organización y funcionamiento, pero nuestro mercado era muy pequeño aún para semejantes infraestructuras. Teníamos que aprender a trabajar y a conectarnos con el mundo.

La siguiente es una lista incompleta de algunas de nuestras alumnas que llegaron a hacer carrera: Rosario Prada, Paula Colombini, Alejandra Crippa, Paola de la Torre, Graciela Gaviglio, María Lina Gianetti, Analía Maiorana, Florencia Raggi, Macarena Azumendi, Fernanda Villaverde, Sofía Sánchez (hoy, conocida fotógrafa de moda), Loly Acuña, Mariana Schurink, Julieta Cardinale (hoy actriz), Dolores Trull, Silvina Quintana, Solange Cubillo, Bárbara Durand, Florencia Florio, Moira Gough, Marina Marre, Florencia Ortíz, Roxana Zarecki, Verónica Lozano, Lorena Giaquinto, Mariela Beguiriztarain, Carolina Barrios, Natalia Graciano, Clara Bachini, Dolores Barreiro, Carolina del Bianco, Daniela Urzi, Julieta Kemble, Andrea Burstein, y tantas otras que hoy se dedican a otras profesiones, como Eugenia Rebolini, una conocida productora de moda, y otras que son maquilladoras o fotógrafas.

Otro cambio importante fue el paso de la pasarela angosta a la ancha, lo cual modificó sustancialmente el lenguaje comunicativo. La modelo ya no era una personalidad en sí misma como en nuestros comienzos, sino que ahora salía a la pasarela en grupos de tres o cuatro chicas. Todo se hizo más dinámico y ágil y menos personalizado.

Con la llegada de los *shoppings* también cambiaron las estructuras de las *boutiques*, que abrieron varias sucursales. Para la organización de todos estos eventos nuevos y sus publicidades la intervención de las agencias de modelos se hizo indispensable. Hoy en día, ninguna modelo podría trabajar sin agencia y ésta organiza sus propios concursos para reclutar caras nuevas.

Las diosas de mi época, mis colegas

Quiero rendir un breve homenaje a quienes fueron mis compañeras durante los años de profesión y, a partir de allí, mis compañeras en la vida. Cada una tenía su personalidad y estilo propio, pero eran verdaderas diosas y siguen siéndolo hoy. De todas ellas aprendí muchas cosas y les estaré eternamente agradecida por eso.

Elsa Rosas. Cuando comencé, tuve la suerte de compartir un tiempo con ella. Fue quien me orientó para caminar correctamente sobre la pasarela y descubrió rápidamente mi base proveniente de la danza. Una mujer capaz de paralizar el tránsito en la calle con su paso. Me brindó su apoyo incondicional y me pronosticó un futuro promisorio.

Mora Furtado. La más exótica de todas y una verdadera actriz. Se movía desde lo más profundo de su ser con un estilo propio y sin comparación. Fue mi primera profesora (en mis comienzos, Teté y Mora tenían una escuela de modelos). Estaba siempre muy bien vestida y con mucha gracia. Con los años nos hicimos muy amigas, compartimos infinidad de trabajos y viajes y, sobre todo, momentos importantes de la vida.

Teté Coustarot. Fue siempre la más clásica e informada del grupo. Había estudiado Periodismo y supo ubicarse en programas televisivos inteligentes. La radio también es su pasión. Una gran profesional en la moda, su estilo era reconocido por todo el mundo y no faltaba en ningún desfile. Siempre supo manejarse con la prensa y cuidar su imagen. La fama lograda es bien merecida. Con Teté compartimos muchos viajes y nos reímos mucho.

Evelyn Scheidl. Un día, caminando por la playa en Villa Gesell, me enfrenté a una aglomeración de gente y, al acercarme a curiosear, vi a una rubia espectacular saltando sobre una cama elástica. Todos la observaban extasiados, pero Evelyn perecía no darse por enterada y saltaba feliz en medio del gentío. Fuimos compañeras de trabajo en varias oportunidades como también de viajes y pude comprobar su simpleza, su honestidad ¡y su mano para la cocina! Una de las mujeres más afectuosas que conocí. Excelente madre y amiga.

Monona Soria. Cómo no estar eternamente agradecida a quien me ayudó en uno de los momentos más difíciles de mi vida. Monona es dulce y tierna, delicada y muy fina, espontánea y de gran corazón. Una belleza misteriosa con unas piernas increíbles, que aportaba su cuota de elegancia a cada prenda. También con ella compartí fotos e historias de penas y de glorias. Hoy continuamos siendo amigas, aunque nuestras vidas nos han llevado por caminos diferentes. Encontrarme con ella es volver inmediatamente a las aventuras vividas y a la amistad que se guarda de la época del colegio.

Ana María Soria. Hermana de Monona, ambas parecidas entre sí, pero a la vez muy distintas. Ana María era poseedora de un estilo único, y siempre que salía a la pasarela se adueñaba de la atención del público. Era especial para la época de la pasarela angosta por cómo sabía lucirse. Finísima y elegantísima. De carácter fuerte y presencia indiscutida. Gran deportista y excelente compañera.

Patricia Miccio. Un ser humano fantástico, muy responsable y comprometida con lo que hace. Con Pato tuvimos nuestra primera escuela para modelos y mujeres. Siempre supo el camino a seguir y fue una verdadera profesional también en la televisión. Supo enfrentar momentos difíciles con una entereza ejemplar y todas aprendimos de Patricia. Hoy, cada una en su actividad, nos gusta encontrarnos y compartir temas profundos de la vida. Mis experiencias en la India y sus vivencias recientes son el alimento de largas horas de charla.

Graciela Massanes. Nadie más divertida, nos hacía reír hasta llorar. ¡Cuántos maquillajes corridos! Nunca encontré a nadie con su sentido del humor. Compartimos los altibajos lógicos de la vida, pero siempre tratando de pasarla bien. Supo armar su estilo con inteligencia y encontrar su lugar en la profesión.

Laura Ocampo. Mujer con clase y buen gusto indiscutido. Su sentido y talento estéticos no pasan inadvertidos para nadie, como tampoco su buen humor y su conversación inteligente. Con Laura compartimos horas y horas de desfiles, fotos y viajes. Una mujer con presencia inolvidable. Incursionó en la decoración, donde encontró espacio para desplegar su buen gusto.

Carmen Yazalde. Quizá la más luchadora de todas, un ejemplo de perseverancia. Gran profesional, viajera incansable, supo llevar adelante situaciones personales muy difíciles y lo hizo con su trabajo, lo cual es un mérito muy respetable.

Delfina Frers. Con Delfina compartimos la locura por los motores. Las dos éramos los choferes de las compañeras cuando había que viajar por los alrededores de Buenos Aires. Algunas locuras en moto también hicimos. Mujer tremendamente divertida y bella, muy graciosa y felina sobre la pasarela. Amiga entrañable.

Ginette Reynal. Más joven que nosotras, apareció un día con sus dieciséis años y la seguridad de quien sabe lo que hace. Otra se habría asustado, pero ella arrasó con su personalidad fuerte, fresca y libre. Poseedora de una nariz aguileña que usó como estandarte, inteligente como el rayo, se interesa por todo y se anima a equivocarse para aprender y seguir adelante con la cabeza bien alta. A pesar de la diferencia de edades, siempre nos entendimos y eso nos unirá de por vida.

Ada Mazo. La más centrada y estudiosa, hizo la carrera de Arquitectura en forma paralela a la profesión de modelo. Fina, seria y muy querida amiga. Compartimos viajes (recuerdo especialmente uno a Viena y Salzburgo, donde lo pasamos genial). Aprendí de su tranquilidad para hacer las cosas. Muy prolija y buena amiga.

Mirta Massa. La sonrisa más espléndida, la cual atraía a todo el mundo como un imán. Fue Miss Universo por su hermoso rostro y su físico incomparable. Hoy se dedica al arte y lo hace muy bien.

Patricia Fraccione. Incursionó en la publicidad, participó en un noticiero televisivo y hoy es una empresaria exitosa sin haber perdido en absoluto su frescura. No nos tocó compartir tantas cosas, pero nos queremos mucho y soy su admiradora.

Teresa Garbesi. Dulce y clásica, querida por todos por su compañerismo y profesionalidad. También incursionó con éxito en los medios masivos.

Teresa Calandra. "La Tere", como le decimos todas cariñosamente. Emprendedora, luchadora, gran profesional y amiga. Perseverante y segura de sí misma, sabe lo que quiere y se relaciona muy bien con la gente. Es buena vendedora y siempre consigue lo que busca. Compartimos viajes con nuestros hijos que jamás olvidaré. ¿Cómo no quererla?

Ethel Brero. Joven, audaz y sugestiva. Transgresora e innovadora. Buen estilo, fuerte y segura. Nos reímos mucho con ella en los viajes compartidos.

Mariana Arias. En cuanto la vi, supe que sería una modelo fuera de lo común. La más felina y enigmática, de estilo y porte majestuosos. Personal y única, dueña de una belleza diferente que supo imponer con inteligencia.

También con Teresa Frías, Karina Rabolini, Marisel Tuchtfeldt, Lucía Miranda, Nora Portela y muchas otras pude compartir pasarelas y fotos. Todas ellas han formado parte de mi vida y hoy están presentes en mis recuerdos más entrañables. Es un honor conocer a tantas mujeres espectaculares.

10. El futuro de la belleza femenina

Mucho tiempo antes de que la moda se hiciera popular a comienzos del siglo XX, los íconos de la belleza eran establecidos por las clases regentes e inmortalizados por escultores y pintores. La única modelo existente en la conciencia del público era la de los artistas, quien a través del tiempo sufrió varias transformaciones llegando a ser desde una madona o una Venus fecunda hasta una heroína, una diosa, una esclava o una mujer común. La modelo del artista pasó a ocupar el centro de la pintura, como en el famoso cuadro del pintor francés precursor del Impresionismo Édouard Manet *Dejeuner Sur L'Herbe* (Almuerzo campestre), de 1863, el cual causó gran impacto en la sociedad parisina de aquel entonces.

Durante el siglo XX, con el triunfo del arte abstracto, la modelo desapareció literalmente de los cuadros pictóricos y se transformó en el objeto más amado por la cámara fotográfica —cuyos efectos de perfección la pintura no había podido igualar—, mientras que los fotógrafos se establecieron en el medio gráfico de las revistas de moda. Así, las modelos se transformaron en el ideal femenino a seguir a lo largo del siglo.

Quiere decir que la modelo de los artistas fue el antecedente natural de la de la moda. Y ambas tuvieron una historia similar, ya que la primera comenzó siendo un cuerpo anónimo y se convirtió en la protagonista de un cuadro famoso, mientras que la modelo de la moda comenzó siendo un maniquí de madera y se transformó en una verdadera celebridad internacional.

Además, unas y otras fueron relacionadas con el escándalo y los prejuicios.

Las modelos también hacen historia

La historia de las modelos es fecunda y generosa, ya que desde sus comienzos ellas han estado en boca del mundo entero. La modelo surgió en la antigua Grecia en el siglo v a. c., cuando escultores y pintores reunían grupos de modelos mujeres, tomaban las partes más bellas de cada una y trabajaban hasta obtener el cuerpo perfecto. Algo similar se hace hoy en día con la fotografía de moda ya que las cámaras digitales, los sofisticados métodos de impresión y la tecnología informática permiten cualquier corrección de color, textura y forma. Quiere decir que de cuerpos perfectos se logran otros más perfectos aún. La influencia del ideal estético griego en la fotografía de moda del siglo XX puede comprobarse, por ejemplo, en la obra de Hoyningen Huene y su alumno Horst, quienes en los años treinta estudiaron las proporciones y formas de las esculturas griegas existentes en el Museo del Louvre.

En la Edad Media el trabajo con cuerpos desnudos era considerado pecaminoso. Fue recién durante el Renacimiento italiano que la forma humana se convirtió en tema de estudio, y los modelos en vivo, en una necesidad de la época.

La sociedad estaba ávida de descifrar los misterios de la vida, por lo que los artistas comenzaron a plasmar dichas inquietudes en sus cuadros. Tamaños, pesos y formas anatómicas fueron recreados una y otra vez valiéndose del análisis de cadáveres para tratar de comprender el funcionamiento del cuerpo y diseñar una teoría sobre la estética humana. Se decía que antes de pintar una figura vestida había que dibujar sus huesos y músculos, continuar por la piel y finalizar con la vestimenta. Se creía que sólo de este modo podía plasmarse el movimiento sugerido debajo del atuendo.

Fue también en esta época que la modelo femenina desarrolló su imagen pública escandalosa. Un trato tan íntimo con el cuerpo desnudo había despertado más de una pasión y los romances entre el artista y su musa salieron a la luz del día. Desde entonces, el público ha mantenido siempre intacto su apetito por la vida de las modelos.

Luego de liberarse de la presión que significaba el patrocinio de las cortes reales, la pintura holandesa introdujo un nuevo cambio al reproducir a la mujer en su ambiente cotidiano. Las modelos eran escogidas de entre el círculo familiar o de amigos y se las pintaba tal como verdaderamente eran.

En el siglo XVIII las cortesanas fueron el tema favorito de los pintores, y modelar se transformó lentamente en una afición social. La apertura de la Real Academia de Arte de Londres fue un hito en el desarrollo de nuevas tendencias. Bocetar cuerpos desnudos en vivo era parte importante en la formación de los artistas de aquel entonces, por lo que la academia se comprometía a disponer de modelos permanentemente haciendo de esta actividad una profesión remunerada. Sólo los alumnos de la alta sociedad tenían espacio en los famosos salones, e incluso las mujeres de la realeza se sentían tentadas por una ocupación atractiva que podía darles la oportunidad de vincularse con los artistas más renombrados.

En el siglo XIX la sociedad se mostraba sumamente intrigada por la profesión de modelo y en torno a ella creció una verdadera leyenda popular. En este momento surgió en Francia la representación glamorosa que la mostraba como una mujer independiente en busca de aventuras, estilo de vida que fue reflejado también en la literatura además de la pintura. Los artistas, que según la perspectiva romántica eran considerados genios, impusieron la imagen de una pionera con una belleza idealizada, y fueron las modelos el *leitmotiv* de las obras de los impresionistas.

> *La invención de la fotografía desplazó del cuadro a la modelo y la situó en las placas, dando nacimiento a la fashion model o modelo de la moda. La modelo de los artistas y la de la moda corrieron suertes similares al ser ambas aprobadas por el público. Claro que, en el caso de la fashion model, este reconocimiento tomaría alrededor de cien años.*

La modelo de la moda nació en el siglo XIX con la Revolución Industrial. Fue el inglés Charles Frederick Worth, considerado el primer *couturier* o modisto, quien "inventó" a la *fashion model* al darle la responsabilidad de mostrar en movimiento sus creaciones a los clientes. Así nació la idea del desfile. Worth le indicaba a su mujer que se ubicara entre el público para exhibir sus modelos, y muy pronto su reputación fue creciendo a tal punto que las damas más sofisticadas se vestían con él. Su mujer fue siempre su mejor publicidad al concurrir a las carreras de caballos y otros eventos sociales exhibiendo las creaciones de Worth. Cada temporada él invitaba a sus clientas a su *maison*, donde un grupo de modelos presentaba su indumentaria luego de haber sido entrenadas por su mujer con mucho esmero. Estos espectáculos eran una novedad en todo París y ocupaban el primer puesto en las agendas de las señoras de la alta sociedad.

Tuvieron que pasar algunas décadas para que la *fashion model* se estableciera firmemente. La Primera Guerra Mundial y la lucha por el sufragio femenino produjeron un cambio en la percepción social y en el trabajo de los modistos, y nada como la moda para señalar el buen gusto de esta mujer libre y moderna y marcar al máximo su femineidad. Chanel, Poiret y otros creadores se instalaron en París transformando a esta ciudad en el centro internacional de la moda. Ellos dictaban el estilo a seguir, el que era transmitido al mundo por las primeras revistas especializadas.

Comenzaron a ser confeccionadas versiones más económicas copiadas en los *department stores*, con lo cual la moda se volvió popular. La inventiva de los diseñadores contribuyó a este surgimiento al llevar a las modelos más destacadas a las famosas carreras de *Longchamps* para exhibir los nuevos looks y desenvoltura social, y entre la alta sociedad.

A pesar del auge de la moda y las modelos, esta profesión sólo se consideraba adecuada para mujeres de clase baja y escasa educación. Los modistos ponían mucho cuidado en la elección de sus modelos, pero no les resultaba fácil hallar los estándares de belleza y la actitud corporal necesarios entre las jóvenes del pueblo —aspectos éstos que mucho tienen que ver con la educación de una persona—, mientras que sí los observaban entre las clases altas, donde no era bien visto que una chica cobrara dinero por mostrar el cuerpo.

El modisto Poiret fue el primero en liberar a la mujer de los corsés y ataduras en la vestimenta. De su propia mujer decía: "Flaca, oscura, joven, sin corsé, natural, no tocada por polvos o maquillaje; ella se viste para resaltar estas características". De las modelos opinaba que debían ser muy femeninas, y que al ser una especie de sacerdotisas estaban destinadas a romper con todo un pensamiento impuesto por la sociedad acerca de cómo manejar el cuerpo y los gestos.

Hasta la aparición de Coco Chanel, las modelos eran insípidas. La suya fue la primera moda minimalista y moderna, y ella misma la primera en contratar *full time models*. Les imponía una actitud fuerte e independiente como la que ella exhibía, las entrenaba rigurosamente, les transmitía la importancia de saber valerse por sí mismas. Al mismo tiempo, surgió otra vertiente laboral para las modelos de la mano de los ilustradores de revistas, quienes necesitaban que ellas posaran durante gran cantidad de horas. ¡Era un trabajo tortuoso! El estilo de las ilustraciones se ajustaba a las tendencias artísticas de esos días (Cubismo, Expresionismo, *Art Nouveau* y *Art Déco* marcaban el paso). Hasta que la fotografía y la tecnología en general no tuvieron un desarrollo importante eran los ilustradores gráficos quienes recreaban la moda para *Vogue* y *Bazaar*.

Con el avance de la fotografía emergió una modelo totalmente nueva, *The mannequin du monde*. Se trataba de mujeres de millonarios, actrices de teatro o de cine, que aparecían vestidas según el último grito de la moda por los más famosos diseñadores y retratadas por los mejores fotógrafos. Los diseñadores parisinos se sentían inspirados cuando conocían a mujeres con gran actitud entonces les enviaban prendas en forma gratuita sabiendo que serían sus mejores publicistas por ser líderes también en la moda. ¡Todas querían copiar a la mejor vestida! A las revistas especializadas no les resultaba nada fácil convencer a estas mujeres de la alta sociedad de posar para sus páginas y, cuando lo lograban, el mundo entero anhelaba ser como ellas. Eran las marcadoras de tendencias, las formadoras de opinión en lo que a moda se refería.

La Gran Depresión en Europa y los Estados Unidos requirió una belleza más realista. El ideal era una mujer sana y vibrante, pero vestida con ropa simple y de bajo costo.

Con el tiempo, Cecil Beaton y Edward Steichen incorporaron en la fotografía los efectos de la luz para dramatizar las imágenes y, con ello, nació el arte de la fotografía de moda. En 1930 surgió Man Ray, el fotógrafo más reconocido de su época, quien satirizó la frivolidad de la moda mediante sus extraordinarios efectos fotográficos. Sus modelos aparecían inexpresivas y vacías según un estilo influenciado por el Surrealismo. Durante toda esta década, una figura sutil y el bronceado de la piel se convirtieron en el *boom* de la belleza. En 1932 apareció en *Vogue* la primera portada en color, donde una modelo lucía un traje de baño. La introducción del color en la fotografía tuvo resultados extraordinarios al brindar a las imágenes una cuota extra de realismo. La representación de mujeres practicando distintos deportes (natación, golf, buceo) otorgó mayor soltura y naturalidad a la belleza, y fue justamente en este período que la modelo pasó a tener nombre y apellido y dejó de ser solamente un rostro hermoso.

Hollywood ejerció una influencia poderosa sobre la moda de los años treinta, en especial en el maquillaje y los peinados. Pero no era sólo la presencia física de las celebridades lo que fascinaba al gran público, sino también los chismes sobre la vida privada de actrices y actores (sus hábitos, viajes, preferencias y otras intrigas de sus estrellas favoritas).

Un grupo de modelos comenzó a viajar con sus diseñadores para hacer fotos en diferentes partes del mundo, y entre 1909 y 1938 *Vogue* aumentó su circulación de 14.000 a 138.000 ejemplares. A partir de ese momento la moda se actualizó día a día.

La Segunda Guerra Mundial frenó por un tiempo la creatividad en este ámbito, pero en 1947 París reabrió al mundo las puertas de la moda con la colección de Dior y comenzaron los años gloriosos del glamour de la alta costura francesa.

En los años cincuenta, la creciente comercialización de la moda y el auge de la industria llevó la belleza a todos los hogares. Se requería tener estilo, gracia y personalidad, y se buscaban bellezas que traspasaran las fronteras y fuesen reconocidas en cualquier cultura.

Givenchy amaba a las mujeres con estructuras delicadas como Audrey Hepburn, mientras que Balenciaga prefería bellezas clásicas para remarcar la pureza de su estilo. La competencia entre los diseñadores de alta costura obligó a que cada uno propusiera un tipo de belleza diferente. Cuando en 1954 Chanel reabrió sus puertas, impuso nuevamente la delgadez extrema que la había caracterizado con anterioridad a la guerra. Un dejo de aire de alta sociedad y familia aristocrática era necesario en el código de belleza de aquel entonces.

En los años sesenta, el pop y el sexo se impusieron como los nuevos ingredientes de la belleza. La cultura británica del rock, con Los Beatles y Los Rolling Stones, disparó este cambio. La pose fija, extremadamente elegante, nacida en los salones de la alta costura fue reemplazada por la pose callejera de la mano del *jazz*. Mary Quant impuso la minifalda y Vidal Sasoon los cortes de pelo en punta. La belleza no pedía un toque aristocrático puesto que ahora provenía de los suburbios, y se establecieron como ingredientes indispensables la espontaneidad, la inocencia y el sexo. Twiggy, cuya familia pertenecía a la clase trabajadora, se transformó en el nuevo ícono. Era muy joven (dieciséis años), con ojos de bambi, alta, casi sin pechos, pero con una gran presencia. La belleza exigía andar descalza, usar ropa corta, estridente, geométrica y maquillaje colorido. Los cuerpos tenían que ser angulosos y longilíneos. La mujer niña era la belleza del momento.

La imagen excéntrica y espectacular de la top model Verushka en la película de Miguel Ángel Antonioni Blow-Up, de 1967, impuso un estilo nuevo que era una mezcla de sangre azul, genialidad artística y bohemia popular. Durante la aristocracia pop, nadie debía parecer demasiado arreglado y producido. La era *hippy* proponía el contacto con el ser verdadero oculto en nuestro interior, y con la reacción creciente a la Guerra de Vietnam la moda y la belleza se tornaron más expresivas y dejaron la inocencia definitivamente de lado.

La década de 1970 fue una era de extremos. El sexo y sus connotaciones continuaban siendo el tema central al ponerse de moda las imágenes referidas al lesbianismo y al sexo grupal.

El famoso fotógrafo berlinés Helmut Newton fue el gran transgresor, y sus fotos sobre sexo, riqueza, violencia y poder influenciaron las tendencias de belleza de la época.

Rubias teutonas impresionantes cubiertas de diamantes y pieles y cuerpos aceitados en trajes de baño insinuantes eran la preferencia del momento. Fantasía y perversidad provocaban rechazo a la vez que curiosidad. Como contrapartida, surgió una tendencia de belleza plena de

TINI DE BUCOURT

Débora Turbeville, editora de modas que trabajó para Vogue norteamericana e inglesa, investigó la relación entre la belleza y la alienación y eligió bellezas inusuales a fin de personificar la complejidad del ser humano. Durante este período se hicieron presentes los primeros clientes comerciales. Los famosos fotógrafos ahora también hacían fotos para publicitar cosmética, ropa interior, peinados y otros productos relacionados con la belleza.

Esta etapa experimental llegó a su fin a mediados de los años setenta cuando se produjo un descenso en las ventas de revistas especializadas, lo cual hizo necesario un cambio. París estaba en decadencia y las fotos de Newton eran consideradas peligrosas, pero los vientos nuevos llegaron desde los Estados Unidos puesto que los norteamericanos estaban obsesionados con la salud, la dieta y el deporte. La belleza del momento, vital y natural, era Lauren Hutton, quien con su nariz un poco chueca y espacio entre los dientes frontales logró ser un ícono para miles de mujeres por su belleza activa y posible. Fue la primera modelo en hacer una campaña de cosmética (Revlon) y en cobrar una suma exorbitante por ella. Se estableció la femineidad fresca y limpia, y caras como Pati Hansen, Cheryll Tiegs, Margaux Hemingway y Christine Brinkley eran los modelos a copiar por millones de mujeres.

París volvió a resurgir con la aparición del *prêt-à-porter* (listo para llevarse). La alta costura ya no tenía gran acogida, y la actividad de la mujer en la oficina y su vida al aire libre obligaron a buscar otra salida. Se requería ropa canchera y práctica para hacer las compras y, al mismo tiempo, poder usarla para ir a trabajar. La aparición del japonés Kenzo hizo furor, y fue también él quien produjo un cambio en las pasarelas al transformarlas en verdaderos escenarios donde las modelos bailan, saltan y corren.

Hacia fines de los años setenta se puso de moda la belleza

"disco y droga" con el Studio 54 de nyc y el artista Andy Warhol. Se produjo una gran demanda de bellezas étnicas, la más impactante de todas la somalí Iman.

Hacia 1977 en Londres irrumpió el *punk* con toda su fuerza como contrapartida a tantos años de *glamour*. La juventud rechazaba la autoridad y la vida material con intención confrontativa y hasta provocativa. Nace el *sex shop* de Vivienne Westwood y Malcolm Mclaren en Kings'Road. Con sus manifestaciones y revueltas callejeras, Londres se transformó en centro de la moda y vanguardia de tendencias, y reescribió los cánones de belleza proponiendo la ausencia completa de reglas tanto para el vestuario como para los accesorios. El acento estaba puesto en la expresión de la individualidad.

La vida en los clubes nocturnos generó estilos propios y la tendencia fue el nuevo romanticismo. Convivían diseñadores, cineastas, músicos y actores en una época de enorme vanidad. La moda y la belleza debían ser provocativas y llamativas, y por primera vez aparecieron mujeres gordas sobre la pasarela. Todos tenían su lugar puesto que no existían reglas. La rebelde Vivienne Westwood mezclaba el *punk*, el sexo, los trajes históricos y tribales. Cambiaron las maneras de caminar, el maquillaje, los conceptos de belleza en general, tomando la posta el estilo anticonvencional. Durante esta época hedonista la influencia de la calle fue llevada a los extremos.

Muy interesante fue la aparición de la visión japonesa de la mujer como una persona intelectual, sobria, seria, solemne y asexuada, la antítesis de la mujer sexuada de Occidente. Comme des Garçons, Yohji Yamamoto y Jean Paul Gaultier deconstruyeron la imagen femenina e impusieron el estilo andrógino, con mujeres luciendo el cabello muy corto y una figura asexuada. Como no podía ser de otra manera surgió la cara opuesta a esta tendencia, con el diseñador tunecino Azzedine Allaia, quien impuso nuevamente la mujer perfecta ya que sus diseños en tela lycra necesitaban cuerpos con esas características. Elle

Mac Pherson fue conocida simplemente como "The Body".

La década de 1980 se caracterizó por destacar en exceso todo lo relativo al sexo, el poder y el estatus. Fue la era de las *supermodels*. La industria necesitaba algo más que un rostro hermoso y comenzó a buscar mujeres poseedoras de ese "factor x". Fue así que la supermodelo de los noventa tenía todos los ingredientes necesarios para dar como resultado una personalidad avasallante. Nunca una modelo ganó las fortunas de estas *supermodels*.

La proximidad del cambio de milenio produjo otra vuelta de tuerca sobre la belleza y la moda, que ahora proponía un retorno a la realidad con modelos más comunes como Kate Moss, la reivindicación del bajo perfil y una tendencia a lo auténtico evidenciada en mostrar las costuras de la ropa. Los diseñadores responsables de esta corriente eran denominados deconstructivistas. La moda ya no requería perfección, sino un toque de naturalidad.

Hoy la moda es un negocio lucrativo en todo el planeta sin haber dejado de ser por eso un arte en sí mismo, en especial gracias a la tecnología digital y sus infinitas posibilidades. Las revistas especializadas reflejan fielmente ambientes y momentos sociales, políticos y económicos de un tiempo que se ha ganado con creces la denominación de "era de la imagen".

Traficantes de ilusiones: Los medios de comunicación masiva

No hay duda de que el siglo XX ha sido el de mayores avances en las comunicaciones masivas. La fotografía, la televisión, el cine, las revistas de moda y ahora también internet nos hacen cada vez más conscientes de nuestro aspecto. La televisión trasladó el cuerpo perfecto de modelos y estrellas de cine a nuestra propia casa convirtiéndolo en parte de la vida familiar. Como si esto fuera poco, los especialistas en gimnasia y acondicionamiento físico ametrallan nuestras pantallas proponiéndonos ser como ellos. De allí a que ese deseo se presente en nosotros hay apenas un paso.

El mundo de la publicidad y los medios de comunicación han educado a las mujeres en una visión consumista de la belleza. Ya no hay excusa para la fealdad porque todo el mundo puede adquirir una imagen seductora. La belleza femenina deja de ser entonces privilegio natural de un pequeño número de mujeres bien nacidas para transformarse en un trabajo de autoapropiación y autocreación, una conquista individual que se ofrece a los méritos y talentos de cada una.

El objetivo de la "mujer fatal" del cine era ejercer un efecto irresistible sobre los hombres, mientras que la modelo actual apunta a seducir a las consumidoras y lectoras de revistas. Son ellas, y ya no los hombres, quienes conforman el público más atento a las figuras simbólicas de la seducción femenina en nuestra sociedad. La modelo no reproduce la imagen de la belleza funesta, sino que crea un simulacro de juego desapasionado de mujer fatal, una belleza a la moda, una femineidad encantada reducida a su exterior. La belleza vampírica de la mujer fatal ha dado paso a un himno estético sólo para sus congéneres, al placer narcisista de ser bella, de saberlo y de dejarse ver.

En la actualidad, no son tan importantes las novedades de la moda como las modelos que las llevan, ni los creadores menos célebres que las *top models*. El éxito de ellas es el espejo donde se refleja el valor cada vez más alto atribuido hoy al aspecto físico, la tonicidad del cuerpo, la juventud de las formas. Estas *top models* vienen a coronar un ideal de belleza física fuera del alcance de la mayoría, un sueño cada vez más insistente de juventud eterna. La técnica permite construir bellezas vivas más sublimes que las creaciones imaginarias. "Ni siquiera yo me parezco a Cindy Crawford cuando me levanto por la mañana", decía la célebre *supermodel* de sí misma.

Hoy en día, muchas mujeres tratan de realizar sus fantasías de un cambio en su aspecto sólo para no quedar fuera de los códigos de belleza de moda. Para ello se someten a *liftings*, viven haciendo dieta y recurren a la liposucción y otras variantes. Uno de los mayores peligros es que hay madres y padres que aconsejan a sus hijas someterse a estas cirugías.

Una creencia inscripta en nuestra mente asegura que para ser bella hay que hacer un gran esfuerzo, y si no lo logramos es porque no estaríamos haciendo el esfuerzo necesario. Como los demás reaccionan a la apariencia física, todos somos vulnerables a las trampas del cuerpo. Por un lado, nos tornamos ansiosos por mejorar nuestro aspecto y, por otro, sentimos culpa al descubrirnos pensando demasiado en él.

Claves para medir la obsesión por el cuerpo

Casi todas las mujeres comparten la preocupación por el cuidado de su cuerpo y también muchos hombres. Si respondes positivamente al menos una de estas preguntas, es probable que hayas caído en alguna de sus múltiples trampas:

- ¿Te comparas con las mujeres presentes en el mismo lugar donde te encuentres?
- ¿Te sientes avergonzada por el tiempo que pasas frente al espejo?
- ¿Sientes que siempre estás a dieta?

El camino hacia el logro del cuerpo deseado no es tan simple a pesar de los avances tecnológicos y sus opciones milagrosas. Cuando los resultados esperados no se obtienen, el sentimiento es de frustración.

El futuro de la belleza femenina

Pero hoy muchas mujeres prefieren diferenciarse de otras en lugar de reproducir eternamente el ideal de belleza pautado por la publicidad, las revistas y la televisión. Se animan a correr riesgos mayores, a experimentar con su apariencia y a desoír las exigencias de la moda. Esta apertura hacia un nuevo concepto de belleza permite incluir a las "feas-lindas".

La mujer del nuevo milenio no tiene tiempo para pasarse horas frente al espejo arreglándose, por lo que no duda en mostrarse tal como es. Tiene un buen tono muscular, es fuerte y vital puesto que está muy consciente de la importancia de su salud (la delgadez extrema ha pasado de moda) y con su cuerpo expresa fortaleza, independencia y confianza. Pero, por sobre todas las cosas, la mujer moderna es inteligente porque se ha apropiado de sí misma. Por primera vez siente que puede mostrar sus defectos como trofeo en lugar de correr a la mesa de operaciones. Meryl Streep con su nariz prominente, Lauren Hutton con sus dientes partidos al medio y tantas otras tienen en común su gran personalidad y carácter más allá de su belleza. Pesa más distinción que la perfección.

Es una gran suerte que muchas mujeres quieran diferenciarse unas de otras. Los rostros irregulares, por llamarlos de alguna manera, han aparecido abundantemente en las revistas, la publicidad y, sobre todo, en las mujeres marcadoras de tendencias en cuanto a belleza y estilo, modelos, actrices y personalidades del mundo social.

Como en ningún otro momento de la historia estamos preocupados y confusos ante el término belleza. No es el valor más importante en la vida de una persona, pero nos afecta a todos. Belleza es poder, placer, estilo, elegancia y contenido, y personifica y refleja los temas sociales y culturales de nuestros días. Hoy las supermodelos han sustituido a las actrices en el escenario del *glamour* y la actitud ha reemplazado a la elegancia. Mientras aún estamos ingresando en el nuevo milenio, una de las preguntas que deberíamos hacernos es hasta cuándo la belleza va a seguir siendo definida y promovida por los medios, con rasgos y cuerpos codificados por ellos sin importar qué hay bajo la superficie. La batalla consiste en integrar apariencia con contenido, ya que la belleza debería depender de quiénes somos y no de nuestra forma corporal, nuestro peso o la firmeza de nuestras carnes.

Hoy estamos intentando celebrar una imagen real y honesta, y por tal motivo el espectro de la belleza puede incluir nuevos perfiles. La moda se ha tornado más sincera y realista. ¡Enhorabuena!

Género y belleza

Gran parte de las culturas ha socializado la diferencia entre mujeres y hombres. Los niños pequeños tienden a evitar el juego con niños del sexo opuesto y cada uno tiene asignados de alguna manera juguetes que discriminan claramente sus respectivos gustos desde las primeras etapas de la vida. Si bien se lucha por la igualdad de los géneros, esto no se opone a la necesidad de codificar y reafirmar las respectivas identidades sexuales.

Hombres y mujeres no tienen las mismas armas para ganar en el juego de la seducción. Desde siempre, llegado el momento de la conquista los hombres apelan a la riqueza, el estatus, la fuerza y, sobre todo, el poder, mientras que el arma femenina por excelencia ha sido siempre el aspecto físico. En los hombres, la notoriedad, la autoridad y el dinero pueden reemplazar a un físico poco privilegiado, pero con las mujeres no pasa lo mismo. Toda la fortuna que ellas puedan tener no alcanza para compensar su fealdad o gordura, y tampoco el prestigio las convierte en seductoras por arte de magia. A pesar de las luchas y reivindicaciones feministas, estas diferencias persisten en nuestros días; basta ver la gran cantidad de hombres mayores que se relacionan con mujeres muy jóvenes, algo que rara vez es a la inversa.

El futuro de la belleza femenina

Los hombres valoran la belleza en sus parejas mucho más que las mujeres. Lo primero que los seduce en ellas es su aspecto físico, y es por eso que las mujeres le otorgan una importancia tan especial. Ellos suelen asociar belleza con juventud, y sobre todo con sexualidad, mientras que a las mujeres no se les ocurriría. La sociedad capitalista ha contribuido a reforzar este valor transformándolo en un bien de mercado, y podría pensarse que es por esa razón que muchas mujeres buscan hombres ricos como compañeros.

Si la mujer ha logrado tantos éxitos en territorios antes reservados con exclusividad al hombre, ¿por qué se obsesiona por la belleza? Quizás para subrayar las condiciones femeninas, ya que intelectualmente ha debido desarrollar su parte masculina para poder sobrevivir en un mundo de hombres. Además, si bien sabe que cuanto más agradable sea su aspecto mayores beneficios logrará, también sabe que demasiadas curvas podrían convertirse en un mensaje equívoco que nada tiene que ver con la inteligencia requerida en determinado trabajo. En una palabra, quiere ser delgada para mimetizarse con el hombre.

La belleza siempre ha sido considerada un poder exclusivo y específico de las mujeres, pero este mito de la belleza no hace más que ratificar la postura débil de la mujer y su dependencia respecto del hombre. Las feministas opinan que esta cultura exagerada por lo bello no sólo enfrenta a las mujeres entre sí, sino que las divide y hiere. Los continuos mensajes a través de los medios masivos aceleran el pánico a la vejez y crean complejos de inferioridad, vergüenza y odio al cuerpo. Cuanto más se insiste en estos temas, menos lindas se ven las mujeres. Dice Naomi Wolf en su libro *El mito de la belleza:*

> La belleza es un sistema monetario semejante al del patrón oro. Como cualquier economía, está determinada por lo político, y en la actualidad, en Occidente, es el último y más eficaz sistema para mantener intacta la dominación masculina. El hecho de asignar valor a la mujer dentro de una jerarquía vertical y según pautas físicas impuestas por la cultura es una expresión de las relaciones de poder, según las cuales las mujeres deben competir de forma

antinatural por los recursos que los hombres se han otorgado a sí mismos.

La belleza no es universal ni inmutable, aunque Occidente pretenda que todos los ideales de belleza femenina parten de un único modelo platónico de mujer ideal.

Toda esta avalancha de información y presión estética que muchas veces produce frustraciones terribles no hace más que demoler psicológicamente a las mujeres. Al sentirnos desvalorizadas, ansiosas y acomplejadas, las mujeres no combatimos por los puestos de trabajo como nos mereceríamos. Aceptamos trabajos de menor salario y no intentamos llegar a la cúspide de la pirámide social. Lo peor de todo es que muchas veces respetamos más a los hombres que a nosotras mismas siendo del mismo sexo. La adicción a la belleza parece ser un arma poco solidaria en el momento que las mujeres podemos comenzar a acceder a las esferas del poder.

Esta situación parece ser inmodificable por más progreso e igualdad logrados por las mujeres en otros aspectos. Probablemente, la valorización de la belleza nunca será similar en el hombre y en la mujer, pero sólo el tiempo lo dirá.

11. Las otras diosas

Todo el mundo tiene nociones de mitología griega, romana o hindú por haberlo estudiado en el colegio o por inquietud personal. En mi caso, el tema me tiene atrapada desde hace mucho tiempo. Las diosas son fuerzas poderosas e invisibles que moldean nuestra conducta y afectan nuestras emociones. Estos patrones o arquetipos influyen también en nuestra vida de relación y están presentes y activos en los momentos más difíciles. Saber algo sobre estas fuerzas podría constituir un recurso muy útil para conocernos un poco más.

Muchas veces, no sabemos quiénes somos realmente ni cuál es nuestra verdadera identidad porque nunca hemos tenido la experiencia de sentirnos directamente. No solemos quedarnos mucho tiempo "en casa" para darnos la oportunidad de descubrirnos, y sin embargo no dudamos en aceptar como un hecho lo que otras personas dicen que somos. Lo cierto es que todas las mujeres poseemos dones y aspectos complejos regalados por las diosas. Les contaré cuáles son las que rigen nuestro comportamiento y cómo actúan.

Permitir actuar sólo a unas pocas fuerzas-diosas, limitar esa acción o negarse a descubrir otras nuevas podría reducir una parte importante de nuestro potencial femenino.

Nuestras guías ocultas

Según el diccionario, mito es una narración cuyos personajes tienen carácter divino o heroico y condensan alguna realidad humana de significación universal. La mitología nos habla a través de imágenes que nos resultan familiares en la vida diaria, pero que en el contexto en el que son presentadas poseen rasgos específicos además de los significados convencionales.

Las diosas son patrones o representaciones del carácter femenino, pero lo cierto es que siempre hay una que influye en mayor medida sobre nuestra personalidad. A partir de allí, es posible indagar y trabajar otras fuerzas (diosas) dormidas en nuestro interior.

Existen muchas diosas dentro de cada mujer, y cuanto más compleja sea ella más variados serán los aspectos activos de cada diosa.

¡Cuántas veces pasamos de una faceta a otra en menos de un minuto! Nos mostramos extrovertidas y atentas en una reunión y, de pronto, sentimos la necesidad de estar solas y "metidas para adentro". Lo que frecuentemente denominamos cambio de humor no es otra cosa que el reemplazo de una diosa por otra. Esto significa que un patrón o diosa es sustituido por otro presente también en nosotras. Las diosas pueden ser un recurso interesante a la hora de entender el carácter multifacético de toda mujer.

Fue el psiquiatra y psicoanalista suizo Carl Gustav Jung (1875-1961) quien introdujo los arquetipos en la psicología aludiendo a ciertas pautas de comportamiento instintivo comprendidas en el inconsciente colectivo, semejantes en todas partes y en todas las personas.

En la mitología griega existen siete diosas principales,

divididas en tres categorías: vírgenes, vulnerables y alquímicas o transformadoras. Veamos juntas cada una de ellas.

Las diosas vírgenes (Artemisa, Atenea y Hestia)

Simbolizan la independencia y la autosuficiencia femeninas. Concentran su conciencia en lo importante, aquello que para ellas posee sentido. Las dos primeras representan el pensamiento lógico y están enfocadas hacia el logro de objetivos, mientras que la tercera dirige su atención hacia el centro espiritual. Las tres persiguen sus metas en forma activa porque están vinculadas con la competitividad y la eficacia.

A las mujeres representadas por ellas les gusta vivir una vida ordenada y contemplativa y resolver problemas. No harán nada para agradar a alguien u obtener poder sobre él, sino que concentrarán su atención en lo que es importante para sí mismas. Estas diosas representan impulsos internos orientados al desarrollo de talentos, la prosecución de intereses y la expresión artística.

Cuando sentimos la necesidad de tener un espacio de soledad o tomar contacto con la naturaleza, quiere decir que algunas de estas diosas vírgenes están presentes en nosotras. El término "virgen" alude aquí a ese aspecto interno inmaculado, incorrupto, no intervenido ni tocado por el hombre, es decir, a una virginidad en sentido psicológico.

Artemisa (Diana), diosa de la caza y de la luna

Es la fuerza que impulsa a una mujer a la búsqueda de sus propias metas e intereses, y le brinda autoconfianza y la sensación de no necesitar de un hombre más allá de su estado civil o del corazón. La mujer cuya diosa regente es Artemisa es segura e inmune al enamoramiento y está asociada a la integridad y al cuidado de sí misma. Cual buena cazadora elige un blanco, una meta, y no se desconcentrará hasta obtener el resultado deseado, gracias a su gran perseverancia. Para ella, el trabajo es más importante que el matrimonio. Al mismo tiempo esta fuerza alude a la necesidad de estar en contacto con la naturaleza, ir a las montañas, caminar solas por una playa desierta, mirar la luna y estar conectadas con nuestra espiritualidad.

La mujer Artemisa tiene una buena relación con otras mujeres, es muy compañera y mejor amiga. En cuanto al aspecto sexual podría mantener una eterna castidad, si bien seguramente ha adquirido la experiencia necesaria para satisfacer su curiosidad.

Atenea (Minerva), diosa de la castidad y el celibato, la sabiduría y la artesanía

Es la fuerza caracterizada por su aspecto práctico, lógico y racional, alejado de lo emocional. La mujer regida por esta diosa logra abrirse camino en el mundo empresarial porque sabe manejarse entre los hombres. Como contrapartida, le gusta al mismo tiempo estar rodeada de cosas agradables y útiles. Al ser la diosa de la artesanía, conjuga las manos y la mente al tejer, porque necesita planear y prever. Es moderada, vive en el justo medio, tiene los pies en la tierra y acepta la realidad tal cual es. Se siente atraída por el hombre exitoso y detecta con facilidad a los ganadores. En ella predomina lo mental por sobre lo corporal, ya que el cuerpo es para ella una simple herramienta. No suele flirtear ni tener aventuras románticas, y no es necesariamente una mujer sensual.

Hestia (Vesta), diosa del hogar y de los templos, la sacerdotisa

Su presencia es fundamental en el hogar dado que proporciona un sentido de integridad y totalidad. A diferencia de las otras dos diosas de su grupo virginal, no se lanza al mundo exterior a investigar la naturaleza o convivir con la gente, sino que su enfoque va dirigido hacia el interior. Es completa en sí misma y sabe usar de su intuición, y mientras está conectada consigo misma no existe nadie a su alrededor. Tiende a aislarse de los demás para encontrar tranquilidad, serenidad y soledad. Hestia enfoca su atención hacia el centro espiritual de toda mujer. A través de esta fuerza, es posible tomar contacto con los valores personales más profundos.

Esta diosa se hace presente en todas aquellas mujeres que consideran que las tareas hogareñas son una ocupación plena de sentido y las realizan en total armonía, por lo cual obtienen paz interior. Trabajan sin apurarse, tienen tiempo para todo lo que emprenden y lo efectúan con gran placer. Son equilibradas y lejos están de alterarse ante el caos del mundo exterior. Son de carácter fácil, cálido y muchas veces introvertido. La sexualidad no es muy importante para ellas y suelen tener pocas, pero muy buenas amigas.

Las Diosas Vulnerables (Hera, Deméter y Perséfone)

Representan los modelos tradicionales de la esposa, la madre y la hija. Están enfocadas en las relaciones y, también, en la necesidad femenina de afiliarse y vincularse entre sí.

Hera (Juno), diosa majestuosa del matrimonio

Esta fuerza está presente en todas aquellas mujeres cuyo objetivo prioritario es casarse a riesgo de sentirse incompletas. La mujer Hera es fiel y leal y puede soportar cualquier dificultad en la pareja ya que entiende que se casó para siempre, tanto en la dicha como en la adversidad. Como esposa traicionada puede ser una enemiga feroz, la clásica arpía. Es la típica "señora", que llega virgen al matrimonio, es esposa durante décadas y quizá se convierta en una viuda que vive de rentas. La sexualidad es parte del matrimonio, de su responsabilidad como esposa, y así también considera su rol de madre. Verá desarrollado su sentido maternal si Deméter está presente en ella.

Cuando una mujer no tiene activa esta fuerza interior, puede incurrir en relaciones cortas y abandonarlas ante la primera dificultad o cuando el primer enamoramiento ha pasado. La mujer que se casa y no tiene el aspecto Hera dentro de sí, sentirá que falta algo en su relación. El trabajo no ocupa un lugar de importancia para una mujer de estas características, ya que prefiere estar junto a su marido y hacer cosas con él. Inconscientemente, deja que sea él quien elija sus amistades y resuelva la vida por ella.

Deméter (Ceres), diosa de las cosechas, madre

Simboliza el instinto maternal, ya sea mediante el embarazo o nutriendo física, psicológica o espiritualmente a los demás. Esta fuerza motiva a las mujeres a ser generosas y a brindarse, por lo que generalmente eligen aquellas profesiones que les permitan expresar su gran solidaridad y vocación de entrega. También se encargarán de atender y mimar a sus compañeros de trabajo.

La mujer Deméter disfruta preparando grandes platos para su familia e invitados, y es en esos momentos cuando siente con mayor intensidad el poder de la diosa madre. Es maternal, generosa, protectora y consejera incluso en sus relaciones amistosas. Es sólida y eficaz, muy leal y de fuertes convicciones.

Resulta difícil hacerla cambiar de opinión cuando algo o alguien es importante para ella. La mujer Deméter no compite con otras mujeres por los varones, pero sus celos pueden despertarse en lo relacionado con los hijos. Atrae a hombres que buscan el sentido maternal ya que es feliz con abrazos cálidos y caricias y no tanto con el sexo. Es una madre excelente, aunque a veces puede ser bastante absorbente.

Perséfone (Proserpina o Cora), reina receptiva del mundo subterráneo

Una mujer con la fuerza de Perséfone se adapta en función de los demás. Es complaciente y pasiva, y su característica principal es parecer eternamente joven. Representa a la doncella que no sabe quién es ni es consciente de sus deseos y virtudes, y no se compromete con una relación, un trabajo o un objetivo de formación.

Suele mimetizarse con la pareja y hacer todo por ella. Le cuesta expresarse, no se analiza a sí misma ni explora sus motivaciones. Es muy receptiva y esto la torna maleable, adaptable a lo que los demás esperan de ella. No es consciente de su belleza o atractivo sexual porque es una combinación de niña y mujer. Por su personalidad algo infantil, cambia de dirección como el viento. Es querida por los hombres por su aspecto candoroso e inocente, y constituye una amenaza para otras mujeres por su permisividad. Cuando descubre su sexualidad, es muy apasionada.

Al mismo tiempo es la reina del mundo subterráneo y, como tal, representa la capacidad de ir y venir entre la realidad y el inconsciente y de mediar entre ambos niveles e integrarlos. La receptividad de Perséfone es una cualidad que todas las mujeres deberíamos cultivar, sobre todo aquellas muy racionales como Artemisa o Atenea, de carácter cerrado y poco flexible. Cuando Perséfone desciende a su interior, explora allí sus restantes fuerzas arquetípicas y puede ser una guía para los demás porque sabe ser mediadora entre el mundo real y el inconsciente.

Las Diosas Alquímicas (Afrodita)

Ella sola conforma esta categoría por derecho propio. Es la diosa alquímica, aquella capaz de realizar cambios mágicos por su poder de transformación. Donde ella se encuentre habrá amor y belleza, atracción erótica, sensualidad y sexualidad.

Afrodita (Venus), diosa del amor y la belleza

La diosa más bella del Olimpo. Es receptiva y centrada, y motiva a las mujeres a seguir intensamente sus relaciones, valorar el proceso creativo y estar abiertas al cambio. Su belleza es irresistible, y en su presencia se produce una química especial capaz de atraer al otro con su poderoso magnetismo. En el mundo de las amantes, Afrodita ejerce una enorme atracción.

Cuando dos personas se enamoran, se ven bajo una luz especial: la luz de esta diosa. Ella asegura la continuación de la especie y es la fuerza que representa la posibilidad de un cambio. Por ella fluye la atracción, la unión y la fertilidad. Afrodita impulsa a la mujer a realizar sus funciones creativas y procreativas, porque la creatividad es un proceso sensual y sensorial. Se dedica a ella con la misma pasión que a un amante, por lo que puede surgir una pintura de increíble belleza, un poema, una nueva teoría o un invento de utilidad. Cuando esta diosa está activa es posible pasar de un proceso creativo a otro con facilidad, y si ambas funciones están presentes en la misma mujer, la romántica y la creativa, sus relaciones serán muy intensas.

Afrodita sigue aquello que la atrae y fascina, y es muy probable que su vida no sea nada convencional. Es la fuerza que más involucrada está con la sexualidad y la sensualidad, por lo que estas mujeres suelen ser muy atractivas en todos los aspectos, no solamente en su apariencia, y tener un carisma muy especial.

Con respecto al trabajo, la mujer Afrodita tiene que sentir pasión por lo que hace y da lo mejor de sí misma solamente si la tarea es muy creativa. Es asidua concurrente a muestras artísticas, conciertos de música, espectáculos de danza y obras de teatro, y es buena comunicadora. Adora a los niños y éstos a ella, le gusta jugar con ellos y es la madre que hace sentir a los hijos talentosos y capaces. Es como un sol que entra en la casa, llena de luz y de vida.

Se rodea fácilmente de hombres que no son los ideales para

ella pero la atraen sexualmente, y suele creer por ello haber encontrado al amor de su vida. Tiende a vivir en el presente como si no existiera nada más, lo cual muchas veces le hace sufrir malas experiencias.

Si ha basado su vida en el atractivo físico, envejecer puede resultar doloroso para ella; de lo contrario, lo hará con gracia y vitalidad. La creatividad y su interés por los demás siguen siendo lo más importante en su vida. Es joven de corazón y suele tener amistades de todas las edades.

Como habrán podido comprobar, cada diosa tiene distintas características y múltiples facetas. Por esa razón, deberíamos evitar encasillarnos en una diosa en forma absoluta. Si bien en cada una de nosotras hay una fuerza predominante que es la que mejor nos define, también tenemos características de muchas otras, a veces sin saberlo. Todo consiste en trabajar estos aspectos para enriquecernos.

La heroína interior

En cada mujer, vive una heroína potencial. Ella es el personaje central de su vida y la acompaña desde el nacimiento. Para transformarnos en las heroínas de nuestro propio viaje heroico y moldear nuestro destino, debemos considerar que cada cosa que nos sucede es importante y significativa.

La heroína se forma y consolida a partir de las decisiones y de la aptitud que tengamos ante el compromiso y el aprendizaje. Cuando nos encontramos en una encrucijada, tomar decisiones puede resultar muy difícil: ¿Me caso o no me caso? ¿Estudio o trabajo? ¿Me separo o no me separo? ¿Voy al médico enseguida o espero unos días? ¿Acepto esa propuesta de trabajo que me lleva lejos de mi país o la rechazo? Es justamente en esa instancia donde nuestra heroína interior actúa con sensatez, evaluando la situación y en consonancia con nuestros principios y sentimientos. Este personaje simbólico surge en esos momentos en que la vida nos enfrenta a decisiones claves.

Muchas mujeres deben atravesar situaciones dolorosas, como la pérdida de un ser querido, una depresión, una pelea o un conflicto laboral, y a pesar de ello una fuerza interior las impulsa a crecer y a seguir adelante, sin culpar a nadie por sus penas ni generar resentimiento. A pesar de las malas experiencias, sienten compasión por los demás y vuelven a confiar. Es que la heroína está presente también en las situaciones negativas.

Más de una de nosotras seguramente ha vivido en la infancia momentos difíciles, e inconscientemente creó en su fantasía un personaje heroico que la ayudó a resistir para seguir adelante. Esa determinación heroica, esa intuición poderosísima, es lo que nos da fortaleza. La heroína interior nos conduce de la mano hasta librarnos de la oscuridad. Es justamente nuestro poder de decisión lo que define a nuestra heroína interior.

Algunas mujeres no escuchan esta voz interior y se acomodan a lo que todos hacen sin decidir nada por sí mismas permitiendo que las circunstancias actúen por ellas. Suelen tomar el papel de víctimas y echarles a los demás la culpa de todo lo que les pasa. Otras mujeres demoran años en tomar una decisión y se dan cuenta demasiado tarde del paso de la vida. Ni unas ni otras han sabido escuchar esa voz. Evaluar todos los aspectos antes de tomar una determinación es importante, pero hay un sendero en nuestro interior, "el camino del corazón", que finalmente nos dirá qué hacer. Es otra forma de hablar de nuestra heroína.

Las mujeres que son frecuentemente dominadas por las diosas vulnerables permiten que los demás decidan por ellas y jamás se animan a imponer su propio pensamiento. Para ellas sería de gran importancia poder convertirse en heroínas activas. También para las mujeres regidas por las diosas vírgenes, que son independientes y se niegan a establecer lazos duraderos. La heroína les enseñará a ser más vulnerables.

El viaje de la heroína nos expone a peligros, trabajos y obstáculos, pero es un tránsito pleno de oportunidades y descubrimientos.

Animémonos a atravesar esas adversidades, porque el premio será la posibilidad de integrar aspectos de nosotras e ir moldeando nuestra personalidad en forma completa.

Tantra, el culto por lo femenino

La Mujer crea el Universo, es el cuerpo mismo de este Universo. La Mujer es el soporte de los tres mundos, la esencia de nuestro cuerpo. No existe otra felicidad que la que procura la Mujer.

No existe otra vía que la que la Mujer puede abrirnos. Jamás ha habido ni habrá jamás, ni ayer, ni ahora, ni otro reino, ni peregrinación, ni yoga, ni mantra, ni otra plenitud, que los prodigados por la Mujer.

SHAKTISANGRAMA TANTRA II. 52

El Tantra es un tesoro de enseñanzas secretas que ocupa un lugar excepcional en la historia del pensamiento. Este movimiento místico, científico y artístico, nacido siete milenios atrás en el valle del Indo, abarca la totalidad de las potencialidades humanas sin excepción y concede un lugar de privilegio a la actuación del adepto que se compromete totalmente en el camino del conocimiento. El Tantrismo probablemente sea la única filosofía antigua que ha llegado intacta a nosotros a través de una transmisión ininterrumpida de maestro a discípulo. La única que ha conservado la imagen de la Gran Diosa sin invertir la relación de poder entre la mujer y el hombre para favorecer a este último.

Toda mujer es Shakti, y la misma denominación se emplea para referirse a la fuerza y energía vital. Es la diosa madre, la que da origen a la vida, fuente de gozo y vía hacia la trascendencia: la mujer y su misterio están en el corazón del Tantra, son la esencia de su mensaje milenario. ¿Se hallan estas virtudes en las mujeres de nuestro tiempo?

¿Dónde se oculta en ellas el misterio de la Mujer? Todo el Tantrismo se ocupa de acceder a esos aspectos ocultos en la mujer real, la mujer de todos los días. El Tantra dice:

> Hay que postrarse ante toda mujer, sea joven en su esplendor juvenil o vieja, sea hermosa, buena o mala; jamás hay que abusar de ella, maldecirla ni hacerle daño; jamás hay que golpearla. Tales actos hacen imposible toda realización.

El culto que el Tantra dedica a la mujer supera cualquier reclamo feminista.

Para este movimiento místico, es esencial que la Mujer emerja de la mujer, que ésta comprenda lo que ella verdaderamente es, que lo transmita en su visión de sí misma y del mundo, que lo integre a su vida. Para el hombre tántrico toda mujer encarna a Shakti, la fuerza energía de la vida, y la tratará de manera muy distinta del común de los hombres. Para él no es ni un objeto sexual al que hay que cortejar para obtener sus favores ni una presa de caza. Para el hombre, el misterio de la mujer es su naturaleza fantástica, irracional, imprevisible, todo lo cual la torna enigmática. Quiere decir que el mensaje del Tantra afecta tanto al hombre como a la mujer.

La Shakti tántrica se atreve a explorar las profundidades

de su ser para descubrir allí sus fundamentos femeninos.
Es la diosa, la encarnación de una energía cósmica
última, viviente y presente, aunque no lo sepa. No sólo el
hombre debe cambiar de actitud, sino también la mujer
ante su propio misterio, que generalmente pasa inadvertido
para sí misma.

Su verdadero misterio es su fuerza creadora de vida. El tántrico percibe que lo que produce el óvulo en el vientre de la mujer es el poder creador último. Captar lo que actúa verdaderamente en el útero es comprender el misterio del universo. Ese maravilloso dinamismo creador de vida está presente y activo en la mujer en todo momento, no sólo durante el embarazo.

En alguna parte duerme oculta toda la experiencia de las generaciones pasadas, incluso de la vida prehumana. La mujer representa la naturaleza creadora porque tal naturaleza está anclada en ella, y si bien el hombre colabora con su semilla, el fundamento biológico de toda la especie es femenino. Con sus poderes de maga y sacerdotisa, la mujer es una intermediaria cósmica.

El misterio de la mujer no se limita a su sexo, sino que impregna todo su ser incluido su psiquismo. Es intuitiva porque sigue los ritmos cósmicos que capta. Comprende las honduras del alma humana porque su inconsciente está en relación directa con las grandes corrientes psíquicas.

Si bien en nuestros días la industrialización, la tecnología y otros cambios relevantes parecen haber adormecido a nuestra verdadera fuerza Shakti, estoy segura de que todas podremos redescubrir a nuestra Mujer interior. Será un gran aporte para hacer de éste un mundo mejor. Mi deseo más profundo es que puedas conocerte un poco más para de esa forma sentirte segura contigo misma y ser tu mejor aliada. Cuando comiences a saber quién eres ya no te sentirás confundida, porque te verás liberada de la enorme presión que te causaba la opinión de los otros.

El desarrollo de nuestros recursos y talentos intelectuales, espirituales y artísticos, el intentar día a día conocernos un poco más, dejan un margen de tiempo muy escaso para ocuparnos en forma exagerada de nuestra imagen exterior. Sólo el logro de nuestras metas y el desarrollo de nuestros proyectos nos aportarán seguridad, estilo, personalidad y belleza interior.

SEGUNDA PARTE – EN EL PAÍS DE LOS CHALES

Escaneado del libro original

12. *Yo vi pasar a Isadora Duncan*

La más larga caminata comienza

con un paso.

PROVERBIO HINDÚ

Mi viaje a la India comenzó con una historia de amor.

Corría el año 1996 cuando mis dos hijos decidieron casarse. En ese momento yo estaba sin pareja, feliz con mi situación económica, viviendo en un lindo departamento de planta baja con jardín en el barrio de la Recoleta. Me sentía enteramente satisfecha, contenta de tener la vida en mis manos, y era dueña y señora de mí misma.

Una vez casados mis dos hijos fue surgiendo una sensación nueva, de cierta libertad, de deber cumplido. Ya está, pensaba yo, los chicos están encaminados y listos para hacer su propia vida solos. Así fue que me invadió la necesidad de un cambio.

En marzo del año siguiente le dije a mi socia y querida amiga Cristina que quería salir del negocio. El negocio era nuestra escuela para las mujeres. Ella no podía creer lo que escuchaba y me preguntó por qué. Mi respuesta fue espontánea: ahora que los chicos estaban casados yo sentía una necesidad tremenda de hacer otras cosas, como por ejemplo estudiar Bellas Artes en Europa, ir a vivir a la Patagonia (mi lugar preferido en el mundo) o marchar rumbo a la India. Dije la India como quien dice la luna. No sabía que estaba anticipándome a los hechos.

Los meses pasaron y llegó noviembre. Yo estaba grabando mis cinco programas para el cable y en ese momento hacía un descanso fuera del set de las luces; ese día tenía una fuerte infección en los ojos, que me lagrimeaban todo el tiempo. En un segundo, miré en dirección a las luces desde el lugar en sombras donde estaba sentada y le dije a mi productora: "Grace, no quiero hacer más televisión. Me cansé de las luces. Quiero sombra. Anonimato". Luego de tantos años de hacer el programa juntas ella me conocía muy bien, y sabía que cuando yo decía ese tipo de cosas las hacía. Ambas nos dimos cuenta de que la cosa iba en serio. Ella me dijo: "Pero Bucourten, ¿cómo vas a dejar el programa después de tantos años?" Le expliqué mi necesidad de cambio pero sobre todo de tranquilidad, de no ser reconocida ni aparecer en los medios. Quería un espacio de silencio para hacer lo que tuviera ganas.

Cuando terminamos de grabar y estábamos solas en mi vestuario, retomamos el tema. En cierto momento ella cruzó los brazos por arriba de la cabeza y mirando hacia la pared dijo, con un tono de voz diferente del habitual: "Vas a ir a un *shopping*, vas a subir la escalera mecánica, vas a encontrarte con el hombre de tu vida. Te va a llevar muy lejos, pero vas a volver, vas a ir y venir...". "Grace, estás loca. ¿Qué pavadas estás diciendo?" —le contesté. Y no volvimos a hablar del tema.

En esa época, yo solía encontrarme los viernes con mis amigas. Desayunaba con una, almorzaba con otra, tomaba el té con otra, y ese viernes tan particular, el día siguiente a la profecía de Grace, me tocaba encontrarme con mi amiga Bibi, que es psicóloga. Fui a su consultorio en la calle Maipú, me propuso ir a tomar el café al *shopping* que queda a pocas cuadras y hacia allí partimos. Cuando subíamos en la escalera mecánica vi venir a Quique, que había sido mi novio doce años antes y nunca más había vuelto a verlo ni a saber de él.

En aquel entonces, Quique era ministro en la Embajada de Uruguay y un buen día le avisaron que sería transferido a Brasilia y me propuso matrimonio. Yo no sabía qué hacer, mis dos hijos cursaban los últimos años del secundario y yo estaba por realizar el sueño de mi escuela para mujeres y modelos. Después de mucho pensar y angustiarme la respuesta fue negativa. La separación fue dolorosa, pero dadas las circunstancias era lo mejor. Simplemente, no era el momento. Cada uno siguió con su vida y nunca más supimos uno del otro hasta ese viernes 24 de noviembre de 1997.

Al verme soltó las bolsas que llevaba en las manos, se me acercó, me abrazó y me dijo: "Hola, mi amor; esta vez vas a acompañarme porque me voy a la India". Y yo le contesté: "Claro, esta vez sí te acompaño". Había sido designado embajador del Uruguay ante ese país. Naturalmente, nos llevó muchos encuentros y larguísimas charlas tomar la decisión final.

Yo había ido soltando mis ataduras laborales sin saber bien por qué y era libre para hacer lo que quisiese con mi vida. Además, la oportunidad de un cambio se me presentaba de la manera más insospechada. Nunca en nuestras vidas habíamos soñado estar juntos otra vez, pero una nueva oportunidad se nos brindaba.

Mi decisión repentina fue inesperada para todo el mundo y pude darme cuenta de que muchos conocidos, amigos y familiares proyectaban en mi decisión sus propios miedos haciendo preguntas como si estaba segura de dejar todo lo que había logrado en mi país o si no tenía miedo de ir a vivir a un lugar como la India, con su pobreza, sus olores y sus enfermedades. Pero, finalmente, todos me apoyaron y me desearon la mejor de las suertes.

A mi hija Ceci le encantó la idea; ella había estado allí un año antes y le parecía que era un lugar ideal para mí. Mi hijo Juan no opinaba lo mismo, sino que creía que yo no iba a resistir y me iba a volver al poco tiempo y lo mismo pensaban otras personas. En cambio, a mí la idea me encantaba, aunque me preguntaba si iba a poder resistir el alejamiento de mi única nieta en ese entonces.

Nos casamos y nos fuimos a vivir a Punta del Este durante los meses previos a la partida, tiempo que aprovechamos para preparar todos los detalles del viaje. Yo deseaba conocer más acerca de la India así que me puse a leer todo lo que encontré sobre ese país, hablé con muchas personas que habían estado allí y así fui reuniendo la información necesaria. Un día, una señora me dijo: "Tienes que ir a la India sin esperar nada. Imagina un lienzo en blanco delante de ti y deja que las sensaciones se inscriban en él". Decidí seguir su consejo. De todas maneras, era difícil imaginarse la vida en la India ya que no se trataba de una ciudad cosmopolita europea. Quique tenía cierta preocupación al respecto a pesar de haber vivido en diferentes partes del mundo, sabía que no era un destino común y temía que yo no lograra adaptarme. Pero, como siempre, confió en mi optimismo.

Él iba a la India a abrir la embajada, lo cual significaba la necesidad de encontrar un lugar adecuado para establecer la cancillería y otro para la residencia. Normalmente, cuando un embajador llega a un país todo está dispuesto, incluso el personal de servicio, pero éste no era nuestro caso.

Las semanas finales fueron ocupadas por fiestas de despedida y trámites, hasta que por fin llegó el día esperado. Mi hijo Juan, su mujer Nati y mi nieta Chiara irían a visitarme en diciembre y Ceci ya había vuelto a Nueva York, donde vive, todo lo cual facilitó mucho la partida. El hijo menor de Quique, Matías, iba a viajar junto a ellos una vez terminado su año escolar. Pasó allí todas sus vacaciones de verano y hoy, a sus quince años, es un experto en temas de la India.

Yo tenía claro que toda decisión en la vida implica perder algunas cosas y ganar otras y estaba preparada, con los brazos y el corazón abiertos para vivir las nuevas experiencias que se me brindaban. No tenía idea de todo lo que nos esperaba en ese país lejano y misterioso.

Después de pasar unos días en Londres llegamos a Nueva Delhi el 5 de octubre de 1998. Era cerca del mediodía cuando finalmente descendimos del avión. Bajé con la mente lista para disfrutar, ver y aprender. Fuimos recibidos por las autoridades indias y conducidos al Hotel Oberoi, donde estaríamos instalados hasta encontrar nuestra residencia.

Lo primero que llamó mi atención fue la vestimenta: las mujeres iban envueltas en sus saris, y algunos hombres lucían magníficos turbantes de colores. Si bien en general los hombres visten al uso occidental, muchos lo hacen con los conocidos atuendos que usaba Gandhi: camisolas blancas largas sobre lunghis o dothis, que son pantalones en forma de chiripá.

Creo que en ese momento tomé conciencia de estar en una cultura totalmente diferente.

Elefantes y bicicletas

Dios creó la India como muestrario de lo existente y lo posible, donde conviven al mismo tiempo hombres, mujeres, niños, enfermos, inválidos, perros, vacas, burros, elefantes, camellos, automóviles, camiones, camionetas, *rickshaws* con motoneta o bicicleta, carros, tractores, y todo moviéndose al mismo tiempo. El transporte de mercaderías se realiza sobre bicicletas y motonetas cargadas de bultos, caños, cajas y las cosas más insólitas, y en un mismo auto pueden viajar más de veinte personas. Sobre las motonetas se trasladan familias enteras, pero sólo el conductor usa casco. Los niños van apretados entre sus padres, y las mujeres, sentadas de costado con las *duppatta* (chales) al viento. Siempre que las veo recuerdo el destino de Isadora Duncan, estrangulada por su chalina cuando ésta quedó trabada en los rayos de las ruedas de su automóvil. La ciudad es muy amplia, por lo que se viaja mucho en auto y el tránsito en general es lento.

Me impresionó en gran medida ver a las mujeres trabajando en la construcción, algunas de ellas incluso cargando a sus pequeños. Mi corazón llegaba destrozado al hotel luego de ver tantas cosas brutalmente extremas. En los países de Occidente las ciudades están organizadas de otra forma, pero en la India todo está a la vista todo el tiempo. Los autos más costosos pasan delante de la miseria más oprobiosa. Tuve cefaleas —algo inusual en mí— probablemente en respuesta al gran impacto causado por el choque cultural. No deseaba vivir en una burbuja, quería conocer la India y a su gente y mezclarme con ellos.

Este país fue invadido en el pasado por diferentes razas y culturas, pero por alguna razón misteriosa sigue prevaleciendo siempre la cultura de la India. Lo demuestra la última ocupación de los ingleses por más de dos siglos y los escasos rastros existentes de aquel imperio. Es un país extraño capaz de desarticular la estructura de pensamiento de cualquier occidental. Las alternativas son aprender humildemente a ver el mundo desde otra perspectiva o abandonarla.

La vida en la India se manifiesta en su auténtica dimensión, variedad y pureza. La gente es como es, se muestra con lo que tiene o lo que le falta, no siente vergüenza y sus ojos milenarios llenos de silencio y misterio lo dicen todo. El dolor humano puede percibirse a simple vista, pero también la alegría sincera de la gente. Por supuesto que hay nuevos ricos como en cualquier parte del mundo y personas de elevado nivel cultural, pero constituyen franjas minoritarias frente a la enorme clase media existente y la pobreza de la sociedad rural. Todo sale a la superficie, nada es ocultado, por lo que visitar la India es una oportunidad de aceptar y valorar la vida en su justa medida.

Octavio Paz, quien fuera embajador de México en ese país, afirma en su libro *Vislumbres de la India* que al llegar allí uno quiere escribir un libro, a los pocos meses sólo quiere escribir un párrafo y al año de permanecer en ese lugar ya no desea escribir nada porque cada vez entiende menos. Tan sutil y tan denso es el tejido de ese tapiz milenario, donde la Modernidad se entremezcla con la Edad Media como quien mezcla el azúcar con el café, donde los códigos de las castas permanecen vigentes a pesar de haber sido abolidas por la Constitución, donde la espiritualidad y religiosidad contrastan con una sociedad hambrienta de dinero, donde el ritmo es extrañamente pausado, donde la pobreza convive con la riqueza más opulenta, donde la belleza surge detrás de las puertas más sucias y deslucidas. Un país que pide ser descubierto sin ser juzgado.

Me tomó tiempo vencer la impresión que me causaba la suciedad. La gente no parece percibirla y convive con ella como nosotros con los artículos de limpieza. Junto a un atractivo negocio puede haber un basural cubierto de bolsas de plástico y papel de diario que sirve de pobre alimento de las vacas. Si tienen suerte, quizás encuentren un mísero resto de comida.

Por otro lado, la zona del palacio presidencial y los ministerios nada tiene que envidiarle a ninguna ciudad desarrollada del mundo. Los edificios, diseñados y construidos por el arquitecto británico Lutjens, lo dejan a uno con la boca abierta. Desde el palacio presidencial pasando en línea recta por la Puerta India, uno cree estar en París viendo el trazo de los Campos Elíseos. La avenida es majestuosa, monumental, ancha, rodeada de jardines muy cuidados, y los ministerios son de un porte como sólo los ingleses podían lograr. La perspectiva es generosa e impactante como ocurre con todas las naciones que se saben poderosas. Mi cabeza empezaba a preguntarse muchas cosas y a comprender muchas otras. Lentamente, iba sintiendo los efectos del contacto con esta cultura tan diferente.

El jardín de mangos

Rápidamente nos introdujimos en el circuito diplomático, donde conocimos gran cantidad de gente y la vida cotidiana fue tomando su curso. Quique estaba muy ocupado en encauzar el proceso de apertura de la embajada; ya teníamos una casa para la cancillería, pero se atendía en una oficina en forma temporaria hasta poder mudarnos. Ocupé mi tiempo en la búsqueda de nuestra residencia y después de ver infinidad de casas encontramos una que se ajustaba a nuestras necesidades.

Al entrar en ella me inundó la sensación que tanto esperaba. Era perfecta, aunque todavía estaba en construcción y ni siquiera el parque estaba hecho. El precio era accesible ya que la zona donde se encuentran las grandes residencias de las embajadas en el centro de la ciudad, el enclave diplomático, estaba fuera del presupuesto. La casa se llamaba *Mango Grove* (jardín de mangos) y era parecida a nuestros cascos de estancia, toda blanca, de estilo similar al colonial pero depurado. El parque estaba lleno de estos árboles, que bordeaban un lado de la pileta. Quería quedarme allí.

La llegada de nuestras pertenencias fue tremendamente pintoresca. Los indios son personas delgadas y flexibles, pero no se caracterizan por ser muy forzudos como en nuestros países ni por practicar deportes. Cuando llegó la hora de bajar los muebles del contenedor y llevarlos dentro de la casa, decenas de hombres los cargaban hasta ubicarlos en sus respectivos lugares. Los indios también son muy curiosos, y si por ejemplo el carpintero colocaba algo en la pared los demás se quedaban largo rato contemplándolo.

Sabíamos que íbamos a tener gente trabajando en el jardín durante un largo tiempo, pero nunca imaginamos que serían tantos. Todas las mañanas, al mirar por la ventana, veíamos alrededor de treinta personas sentadas en cuclillas formando hileras y colocando el pasto. Hacían su trabajo concentradamente, en silencio, como si estuvieran meditando, como si no hubiera otra cosa en el mundo. Llegada la hora del almuerzo sacaban sus viandas y, otra vez en completo silencio, se dedicaban a comer. La mayor parte del pueblo indio lo hace con las manos porque necesita tocar lo que come, mientras que el uso de cubiertos impide una conexión directa con el alimento a través del tacto. Ésta fue una etapa de aprendizaje para mí. Con sólo observarlos fui interiorizándome de sus costumbres, sus códigos y sus muchas virtudes, entre las que se destacan la ausencia de ansiedad, la placidez y la aceptación (no confundir con resignación). A partir de aquel momento decidí tratar de practicarlas.

Sus manos son extraordinariamente lindas y talentosas para el trabajo, con dedos finos y largos. Desde que nacen practican posiciones de yoga y es posible encontrar un zapatero en la calle que permanece horas en posición de loto, o ver a los hombres durmiendo sobre bordes angostos, o sobre el asiento de sus bicicletas con los pies apoyados sobre el manubrio.

Contadas con una mano fueron las veces que vi a un indio correr o mostrarse ansioso. El tiempo que se toman para realizar sus tareas es uno de los mayores aprendizajes para nosotros, los occidentales. Haga calor o frío, nada altera su ritmo. Si la paciencia es el arte de la paz, estoy segura de que nació en ese país.

De a poco fueron surgiendo los primeros problemas, como por ejemplo, la negativa del personal doméstico a limpiar los baños en razón de su casta. En la India, la persona que lava los pisos no hace las camas, la que hace el cuarto no quiere hacer los baños, y así sucesivamente. Me vi obligada entonces a ponerme firme y a plantearles que, si yo podía hacerlo, ellos también tenían que poder.

Uno de los hechos que más me impresionaron fue cuando tuve que comprar las camas para el personal. Por suerte se me había ocurrido averiguar cuáles eran sus costumbres en este aspecto, porque ya partía yo a buscar camas comunes con colchones y sábanas cuando en realidad ellos duermen en una especie de camastros a los que llaman *charpoy*, y no usan sábanas sino un acolchado. Y cuando el resto del personal me dio a entender que los jardineros tenían que dormir en el suelo yo me negué, ya que no podía permitir que eso ocurriera bajo nuestro propio techo. De acuerdo con la distribución de las castas, dentro del personal doméstico el chofer tiene el rango más alto, al que le sigue el cocinero y, en último lugar, los jardineros.

Cientos de códigos tendría que aprender en esta primera etapa, ser cuidadosa, adaptarme lo más posible a ellos y sólo de a poco ir cambiando algunas cosas porque todo lo que es lógico para nosotros está bastante lejos de serlo para ellos. Temas sutiles como las costumbres, las castas y la religión influyen en el comportamiento diario de la gente. Lleva largo tiempo poder descifrar mínimamente ese lenguaje y encontrar un punto de equilibrio entre las dos culturas. Sentí que comenzaba mi verdadero acercamiento a la India.

13. *Hilos de oro*

No hay árbol que el viento
no haya sacudido.
PROVERBIO HINDÚ

Luego de instalar nuestra casa, pasé por un período muy difícil. Si bien a poco de llegar conocí a mucha gente, me encontraba perdida conmigo misma. Fue en ese momento que tomé conciencia de que muchas cosas habían cambiado en mi vida. País nuevo, una relación por comenzar, un idioma distinto y por primera vez sin trabajar. Nunca había vivido en el exterior y menos en un sitio donde se hablara una lengua tan diferente. Muchas veces estuve tentada de estudiar hindi, pero nunca me decidí porque me preguntaba qué hacer después con ese idioma si la gente con la cual tratábamos sólo hablaba en inglés.

Pasé por etapas de llanto por no saber a qué dedicar mi tiempo. Tenía gran actividad social vinculada a la función de mi marido y asistía esporádicamente a varias agrupaciones internacionales de mujeres, pero nada llenaba profundamente mi tiempo. Pensé mucho hasta que tomé la decisión de dedicarme seriamente a la pintura, una asignatura pendiente desde hacía años. Me anoté en los cursos dictados en la escuela más antigua de Delhi y resulté ser la única occidental inscripta, lo cual me fascinó. Compartir el tiempo con esta gente y ser parte de ellos fue un gran regalo. En uno de los salones trabajaban artistas consagrados que usaban el lugar como taller y así fue como me hice amiga de varios de ellos. Me invitaban a sus casas, compartíamos charlas sobre arte y frecuentábamos galerías y exposiciones.

Un día en que teníamos que bocetar el cuerpo humano y pasar al frente de a una para hacer de modelo, por supuesto totalmente vestidas, se me ocurrió preguntarle al profesor si en la India no se estilaba usar modelos desnudas. El espanto que causó esta pregunta en las presentes me dejó con la boca abierta. Ni siquiera con fines artísticos podía exhibirse el cuerpo femenino.

Adornos para camellos

En la India millones de personas trabajan en la actividad textil, en la confección y bordado de las telas. Cada estado tiene sus colores y técnicas característicos e inimitables y cada región, su manera de usar los saris.

Uno de los museos más maravillosos de Delhi es el Museo del Arte Textil. Cuando lo visité, en uno de los salones se ofrecía una muestra de tejido en telar y un hombre confeccionaba una tela para un sari de casamiento que tenía los bordes en hilo de oro. Intérprete de por medio le pregunté cuánto tiempo tardaba en tejer los aproximadamente seis metros del sari y su respuesta fue: "el que haga falta".

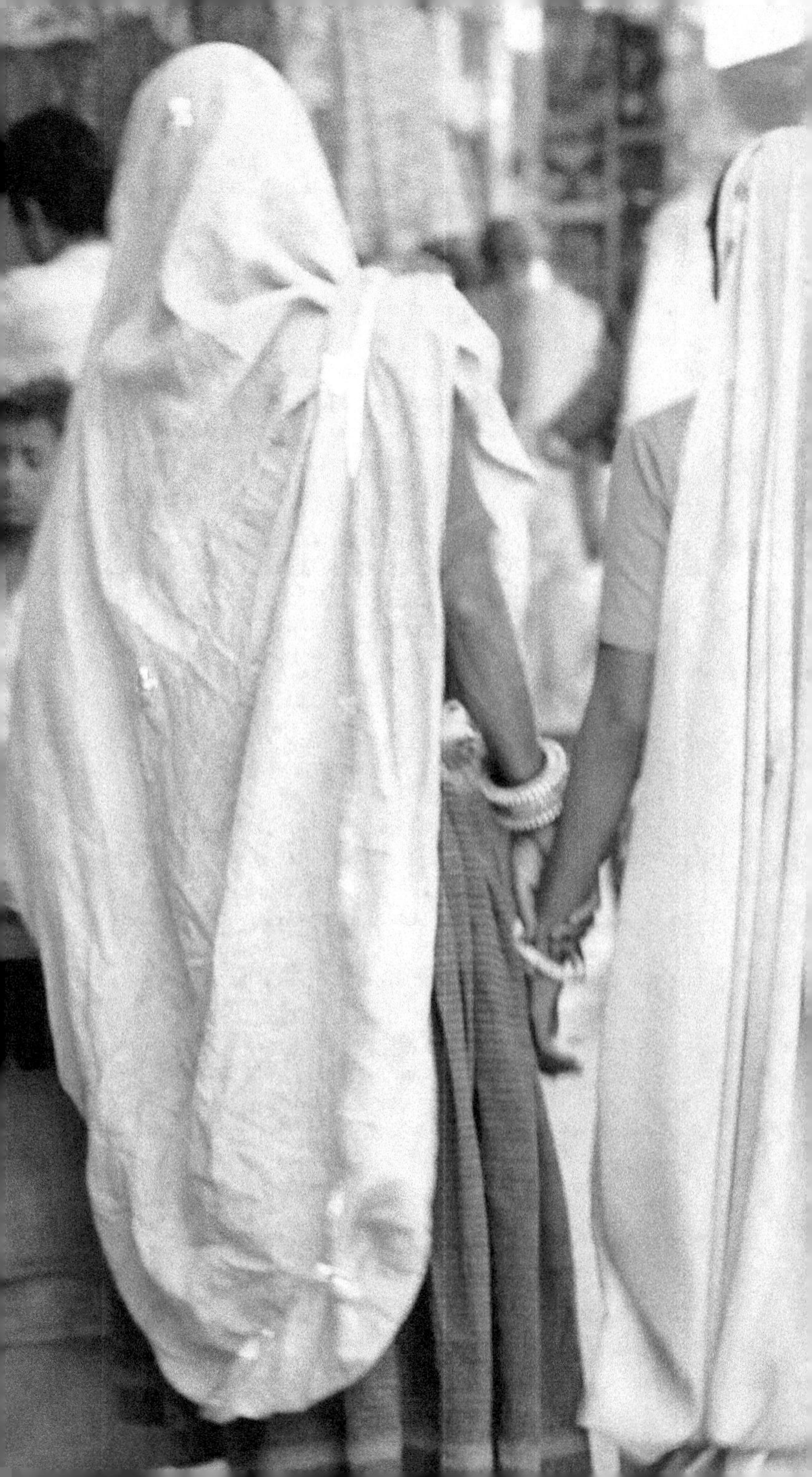

Uno de mis lugares preferidos de toda la India es el desértico estado de Rajastán, el más pintoresco del país por sus colores, fuertes y palacios de lujo exultante. Los lugareños usan el turbante típico, drapeado alrededor de la cabeza con una tela de varios metros de longitud de colores brillantes. Las mujeres usan polleras (*lenghas*) en vez de saris, con unas blusas escotadas por fuera que tienen una especie de corpiño-top a la vista (*choli*), y llevan sobre la cabeza un chuni, rectángulo enorme de colores vivos que les sirve de velo. Las mujeres de los pueblos del interior, de la India rural y campesina, sólo muestran su rostro a personas de la familia.

Se decoran de pies a cabeza con aros, collares, una especie de argolla que dejan caer sobre la frente (*tikas*), aritos en las narices, muchas pulseras (*bangles*) en cada muñeca y las infaltables tobilleras con campanitas que suenan al caminar. Verlas andar es un placer para los sentidos.

No muy lejos de Delhi se encuentra la ciudad rosada de Jaipur, capital del Rajastán, uno de nuestros destinos preferidos por ser la quintaesencia de la India. Fuertes, palacios, *maharajas* y *maharanis* (reyes y reinas) y encantadores de serpientes se dan cita para proyectar la imagen de la ciudad soñada. Durante la luna llena de octubre-noviembre las dunas y el pueblo de Pushkar se convierten en una enorme *mela* o feria, adonde miles de aldeanos llevan sus reses, camellos y caballos para comerciar. Los nómades y aldeanos del Rajastán llegan todos juntos formando una masa colorida y hay fiestas y competiciones. Miles de camellos y camellitos toman posesión dentro del desierto del Thar, así que la mayor aventura consiste en vivir en carpas para observar el atardecer y escuchar música y cantos típicos. En los mercados se venden joyas, adornos para camellos, saris y *lenghas*. Los llamativos atuendos y los paseos en camello son parte de mi tesoro indio.

Jaisalmer, la ciudad amarilla, llena de *havelis* o mansiones feudales, ofrece una vista de balcones con enrejados decorados para que las mujeres no sean vistas desde la calle. También su fuerte milenario, implantado sobre las dunas en el corazón

250

mismo del desierto del Thar. Hicimos un safari en camello penetrando el desierto y pudimos observar a hombres solitarios, con sus turbantes vibrantes en la cabeza, conduciendo a sus camellos hacia sus chozas en pueblitos perdidos entre las arenas, con construcciones de adobe y paredes pintadas a mano por las mujeres con diseños naíf. Los pueblos son pequeños, para unas diez familias, muy limpios y rodeados de la inmensidad de la arena. Continuamente se ven pastores -con el clásico turbante de color o blanco puro y la vestimenta típica de Gandhi guiando a sus ovejas y cabritos.

Simbología del color

Las historias de estos lugares datan de decenas de siglos atrás, pero sus habitantes han logrado mantener intactas muchas de sus tradiciones milenarias. El color tiene una simbología particular en el vestido tradicional rajastaní. El amarillo en los turbantes sólo está permitido a los descendientes varones de los *rajputs*, guerreros misteriosos surgidos en el desierto y al frente de Rajastán durante más de mil años (hacia el siglo VIII d. c.). Los miembros de la primera de las castas de la India, los brahmines, los usan de color amarillo y naranja, los de los hombres de negocios son naranjas, las castas inferiores los llevan de color rojo, y los campesinos y quienes están de duelo, de color blanco.

Las mujeres jóvenes llevan saris o faldas bordadas y corpiños de color rosa, rojo, amarillo y naranja, y las viudas los llevan de color negro, azul, verde, gris o blanco. El azafrán, color de la pureza, es el de la ropa usada por los *sadhu* (hombres santos), y el atuendo naranja significa desprendimiento y es usado por los *swamis* (monjes).

Desde el destello de los espejos, la plata y las piedras preciosas, hasta el resplandor de las sedas y el vivo caleidoscopio del algodón, Rajastán aparece pleno de colores opulentos. Las joyas tribales están hechas principalmente de plata, cobre y bronce, de formas atrevidas, atractivas y grandes. Las mujeres llevan puesta literalmente la plata de la familia en una maraña de collares y tobilleras, con brazaletes de marfil o hueso en la parte superior del brazo para demostrar su estatus de casadas. Tan fabulosas como sus joyas son sus telas. Los hombres son responsables del tejido, el teñido y el corte, así como también del suntuoso bordado dorado usado en los saris de fiesta. Las mujeres se encargan del delicado anudado de los trabajos *bhandari*, infinitamente intrincados y alegres, con briznas de material del tamaño de una cabeza de alfiler anudadas y reanudadas para crear complejos dibujos de puntos, y del bordado elaborado que cubre sus corpiños y chalecos con pesados dibujos y fragmentos de cristal y espejo. Los algodones se tejen con urdimbre y trama de diferentes colores. Cerca de Jaipur se realizan los famosos estampados a mano con bloques de madera tallados a modo de plantillas. En la actualidad, los diseñadores del mundo se inspiran en el arte étnico de la India milenaria.

Metros de tela Alrededor de los cuerpos

Las mujeres, por lo general, usan el *salwar camize, churidar* pijama o el sari. El *salwar* es un pantalón muy amplio, sin botones ni cierres, que se ata a la cintura con una tira. Se cubre con la *camize*, que es una *kurta* o camisola. *Churidar* es un pantalón muy angosto en los tobillos, donde se forman muchos pliegues, atado a la cintura y cubierto por una *kurta*. Parte de estos conjuntos son las infaltables *duppatas*, chales grandes de dos metros de largo cuyo propósito es cubrir los pechos. Esta costumbre antigua de taparse los pechos delante de los hombres constituye una señal de humildad. Los conjuntos pueden comprarse ya terminados, o por cortes de tela con el metraje justo para ser confeccionados por un sastre.

Hilos de oro

Los saris son telas de seis metros de longitud y los hay de los
géneros y diseños más espectaculares que el ojo femenino pueda
soñar. Pueden ser de algodón muy simples, de seda, de chifón,
de crep de seda y de brocato.

La *lengha* o pollera rajastaní sólo es usada en las grandes
ciudades para los casamientos. En estas ceremonias los trajes son
de colores rojos, muy bordados, y queda librado al gusto de la
novia el usar sari o una *lengha* con un *choli*. Las mujeres casadas,
incluso aquellas que pertenecen a niveles sociales elevados, casi
siempre visten esos conjuntos o el sari, y rara vez se encuentra a
una india ataviada a la manera occidental —excepto en las clases
sociales muy altas, o en el caso de mujeres que han viajado—
porque son respetuosas de las tradiciones.

*contrario, consideran que mostrar los pechos es una
vergüenza y falta de respeto.*

Les encanta decorarse con joyas, las cuales son impresionantes y tienen diseños muy diferentes de los nuestros. Las joyerías abundan en todas las ciudades y la gente poderosa invierte mucho en ellas. En tiempos antiguos, los *maharajas* (reyes) pesaban a su *maharani* (reina) delante del pueblo y le obsequiaban a éste el peso en kilos en monedas de oro.

Algunas zonas de la India mantienen la costumbre de aislar a las mujeres de los hombres dentro de una misma casa, cada uno en un sector distinto. De allí proviene el permiso del contacto físico entre ambos. Cuando compartían los aposentos para no ser vistas por los hombres las mujeres solían peinarse, vestirse y embellecerse entre ellas. Hoy se ven hombres indios caminando tomados de la mano en señal de amistad y no necesariamente de homosexualidad.

Al salir de las ciudades grandes y penetrar en la India campesina y rural, se ven más hombres que mujeres en las calles y los mercados. Hay gran cantidad de ellas trabajando los campos o en la construcción de casas porque los varones suelen reunirse para jugar a las cartas o fumar. Siguiendo con las costumbres en el vestir, podemos decir que en invierno no usan tapados sino chales de lana. Éste es el país de los chales, de los que existen en millones de diseños y diferentes texturas.

Es parte fundamental del vestuario femenino.

En las grandes urbes, las más jóvenes se visten a la manera occidental: *jeans* de corte bajo, minis, tops y zapatos con plataforma. Quiere decir que lentamente ha ido produciéndose un cambio entre las costumbres del vestir tradicional y los modernos gustos de la juventud. La influencia de Occidente es cada vez mayor, sobre todo a través de la televisión, los diarios y las revistas femeninas, de las que hay por decenas. La imagen de la mujer occidental es mostrada en forma constante y son justamente los canales de la moda los que hacen furor, de ahí que las jovencitas no estén felices con la perspectiva de un futuro en ropa india y tengan una actitud de rebeldía. La mujer casada suele usar un *bindi*, pequeño círculo aplicado entre los ojos para señalar su condición.

Es extraño ver a las mujeres en las ciudades vestidas con tal cantidad de tela. El sari no debe de ser muy cómodo a la hora de caminar y movilizarse. El *salwar camize* fue rápidamente adoptado por muchas occidentales por su amplitud y comodidad, ya que cualquier kilo de más desaparece entre los metros de tela. El sari es majestuoso, muy sensual, y a las indias les queda muy bien, pero pocas veces vi a una mujer occidental lucirlo con gracia. No tenemos ni el color de la piel, ni el cabello, ni los ojos ni el porte para llevarlo. Es usado en la India y también en Nepal, Bangladesh, Pakistán y Sri Lanka.

Mi forma de vestir por aquellos años también fue cambiando, en especial por mi adaptación a las costumbres del país, y por ejemplo no volví a usar remeras con breteles por la calle o shorts aunque hiciera un calor insoportable. Lo que en nuestro país es habitual, en la India es visto como una provocación de mal gusto. Por supuesto que en las reuniones entre occidentales estas restricciones no existen.

Usar zapatos con tacos durante el día es prácticamente imposible porque ni las calles ni los mercados están preparados para ellos y hay demasiada suciedad y gente. El clima tampoco ayuda mucho para estar vestida con ropa ajustada, si bien ésta no responde a mi estilo. En Delhi, durante aproximadamente siete meses, el calor es extenuante con máximas cercanas a los cincuenta grados. Cinco meses son secos y el resto, extremadamente húmedo por la influencia del monzón. La vida se desarrolla puertas adentro gran parte del tiempo, ya que permanecer a la intemperie sería imposible.

La creatividad de la moda india se basa en los diseños de las telas y los bordados más que en el corte. Es casi siempre la misma prenda con miles de variaciones en el color, los bordes y los diseños de los bordados, y sólo se observan diferencias en el largo de la camisola o en el escote. De día se usa el mismo conjunto en versión simple, mientras que de noche se elige uno con ricos y trabajados géneros.

Todos saben enroscar y torcer con habilidad envidiable las telas que visten, y hasta el más humilde de los hombres tiene trapos atados alrededor de la cabeza que harían abrir los ojos de sorpresa al mejor diseñador de modas. Lo que más llamaba mi atención era la fidelidad a estas costumbres, ya que son pocos los países que mantienen tanto su cultura en la forma de vestirse como la India.

La moda es de gran importancia en este país y hay gente muy talentosa dedicada a este arte. Miles de jóvenes estudian en institutos especializados y los diarios le brindan mucho espacio al tema. Un alto porcentaje de la población urbana vive de la industria de la moda, y ni hablar de las cientos o miles de fábricas que se dedican a la confección de ropa y exportan a Occidente. Muchas de las marcas más importantes del mundo fabrican en la India, pero sus productos no se ofrecen en el mercado nacional. Existe una segunda India que produce y fabrica productos solamente para Occidente.

Me interesé bastante por la danza y la música nativas, y tuve oportunidad de participar en audiciones de bailarines para danza moderna en Delhi. No me extrañó tanto que los hombres fueran mucho más flexibles y sueltos que las mujeres, ya que ellas cargan con el peso de prohibiciones milenarias en sus cuerpos.

Mis experiencias en la India cambiaron mi manera de ver las cosas en muchos aspectos, entre ellos, el relativo a la belleza. Como verán en el próximo capítulo, este país milenario percibe ese concepto de una forma muy particular.

14.   *Moda sensual y misteriosa*

En la India también incursioné en el mundo de la moda, me contacté con diseñadores, recorrí las boutiques para entender su forma de trabajar y fui invitada a varios desfiles. Me interesaba saber más sobre sus modelos y conocer sus códigos de belleza.

En los concursos, tanto femeninos como masculinos, el momento más importante es cuando los participantes tienen que hablar. Presencié el entrenamiento para el de Miss Mundo y Miss India, y pude ver que no sólo era extremadamente riguroso y muy profesional en lo relativo al aspecto y la forma de caminar, sino también al conocimiento de la cultura e historia de su país que debían demostrar los concursantes, quienes eran formados como verdaderos embajadores.

En general, tanto el maquillaje como los peinados son diferentes de los nuestros, para mi gusto muy recargados y pesados. La moda gira alrededor de los equipos básicos tradicionales y son muy pocos los diseñadores que están experimentando con la fusión de la moda oriental y occidental, cuyos resultados son tan interesantes.

La diseñadora más conocida y clásica de toda la India es Ritu Kumar, quien realza los saris y los conjuntos con una riqueza de detalles fuera de serie. Es autora de un libro sobre los vestuarios de la realeza india el cual fue editado, impreso y presentado por la casa *Christie's* de Londres. El día de la presentación, exhibió estos trajes en un desfile y quedé impactada con la belleza de las modelos. Los adornos, los peinados y el maquillaje, si bien son recargados, dan como resultado una mujer muy sensual y misteriosa, de mirada serena y enfocada y andar majestuoso. Esta serenidad, denominador común de la mujer india, es lo que la hace diferente de las occidentales. Incluso cuando habla lo hace en forma muy pausada y sin levantar nunca la voz, y esa es una de las razones por las cuales es considerada extremadamente femenina.

Prohibiciones milenarias inscriptas en el cuerpo

Durante estas andanzas conocí a una diseñadora que me acercó a la mujer india. Un día me llamó por teléfono para contarme que estaba por abrir un *Finishing School* al mejor estilo de Suiza y me ofreció trabajar con ella. Acepté por un período para probar, pero sin comprometerme a largo plazo porque no quería desatender mis múltiples obligaciones como mujer de un embajador. *Finishing School* es una escuela donde las jóvenes de clase alta reciben su preparación para mejorar sus modales y su vida social y aprender a llevar una casa. Ella sabía que yo había trabajado con mujeres en mi país y conocía los temas que había abordado, y así fue que un día me encontré trabajando nuevamente, esta vez con mujeres indias, a quienes les enseñaba a caminar, a lograr un buen porte y una postura adecuada. Los resultados fueron muy enriquecedores para mí y una vez más pude verificar la influencia de la cultura sobre nuestro lenguaje corporal y la personalidad toda.

*Mi grupo estaba integrado por unas veinte mujeres de
entre dieciocho y treinta y cinco años. Las solteras iban
vestidas muy cancheras con sus jeans, y las casadas, con
estricto traje tradicional. No me resultó fácil convencer a
algunas de ellas de llevar un pantalón simple recto o calza
y una remera para ayudarlas a corregir sus errores
corporales. Jamás se me hubiese ocurrido pedirles que
llevaran un top porque sabía que eran muy tímidas en lo
que a sus cuerpos se relaciona.*

Las mujeres indias no tienen por costumbre hacer gimnasia para conservar la figura, pero le dedican mucho tiempo al cuidado del cabello y de la piel. Cuanto más ricas son las casadas, generalmente más gordas son, ya que al estar rodeadas de un batallón de personal doméstico no tienen necesidad de moverse y lo único que hacen es comer y comer. Me refiero por supuesto a las que no trabajan, a la mujer tradicional, ya que afortunadamente las chicas más jóvenes son mucho más conscientes de sus cuerpos.

Si en nuestra cultura caminar delante de un grupo y tener los ojos de todas clavados en el cuerpo es una tarea penosa, no puedo explicarles lo que me costó tratar de hacerlas caminar a ellas. Por suerte, encontré una manera diferente de trabajar y finalmente logré lo que quería, a tal punto que después eran ellas las que me pedían que les diera nuevas clases. Aprendieron a abrirse y conectarse más honestamente con sus cuerpos herméticos, un verdadero tabú en esta cultura. Ellas llevan marcados a fuego en ellos los deberes familiares.

*Las mujeres que viven en áreas rurales tienen un porte
bello y sensual. Cuando caminan, cargando sobre la
cabeza potes de cobre o barro con agua o enormes bultos de
pasto fresco, el alimento de sus vacas, se balancean como si
algún ritmo mágico las inspirara. No hay duda de que*

Moda sensual y misteriosa

*tienen contacto con los flujos naturales del universo. La
famosa sensualidad india está personificada por esas
mujeres pintorescas de las zonas campesinas y también las
de la realeza, con sus arreglos lujosos, ambas dueñas de
un andar y una apariencia bella, misteriosa y majestuosa.*

Solía mantener largas charlas con las chicas de mi grupo, sobre sus vidas y costumbres, y así pude saber que son muchas las jóvenes que van a estudiar al extranjero. Sin embargo, al preguntarles si allí habían tenido novio o conocido a alguien interesante respondían con evasivas y negaciones. Toda mujer india joven sabe que, en algún momento de su vida, sus padres le anunciarán que le han encontrado novio para casarse y que las relaciones de estudiantes no serán aceptadas por ellos.

En la India existe la tradición de los matrimonios arreglados. Aunque una joven estudie en el exterior, ella sabe que llegará el día en que recibirá el llamado de sus padres, y ninguna hija o hijo será capaz de contradecir este mandato a riesgo de ser considerado la vergüenza de la familia. Lo que cuenta es la reunión simbólica de los deseos de los respectivos padres, no de la pareja, y es por eso que esa unión se realiza entre las familias. Para nuestros parámetros occidentales es un tema muy complejo y de difícil comprensión; sin embargo ahora, después de tantos años en la India, entiendo que el matrimonio arreglado no deja de ser interesante. Se parte de la base de que tiene que funcionar y, a la larga, las parejas generalmente lo logran. Saben acercarse al amor desde el respeto y la paciencia, y muchas veces los resultados son muy exitosos. Por otro lado, el divorcio es cada día más frecuente pero sólo en los grandes centros urbanos, donde la independencia de la mujer trabajadora es creciente. Y aun en estos casos, ella todavía no la pasa muy bien.

El libro *Inside the haveli* cuenta la historia verídica de una estudiante india en Oxford que recibe el llamado de sus padres anunciándole que le han seleccionado el novio para ella, un muchacho indio perteneciente a su mismo nivel y cultura. Diplomada de abogada con honores regresó a su país para conocerlo, casarse con él e irse a vivir a la casa de sus suegros tal como dicta la tradición. Se recluyó en una *haveli* (casa importante) en un pueblo perdido, donde vivían los padres del flamante marido, tan ricos como tradicionales, y hubo de adoptar las costumbres más ortodoxas de las mujeres de los viejos tiempos: no podía andar con la cabeza descubierta ni practicar su profesión, y quedó en manos de la suegra, uno de los personajes más fuertes de toda la India.

Las tradiciones culturales le otorgan muy pocos derechos a la mujer india, sobre todo si pertenece a las clases bajas. La llegada de un hijo varón es un seguro de vida para el futuro ya que, al casarse, este hijo traerá a su esposa al hogar paterno, quien deberá sufrir en la mayor parte de los casos las mismas injusticias que la suegra ha sufrido durante toda su vida. Por eso, ese momento es el más esperado por ella, ya que por primera vez tendrá poder sobre alguien. Al respecto, existen largas y complejas historias.

Un sari bordado con Piedras Preciosas

Cuando el calor disminuye, comienza la temporada de casamientos en Delhi. Pueden observarse largas procesiones de novios muy nerviosos yendo sobre sus caballos blancos hacia sus novias, a quienes prácticamente no conocen.

El novio está ataviado con un traje de brocato muy elaborado, lleva en la cabeza un tocado con flecos largos que esconden su confusión y es escoltado por amigos, familiares y una banda musical. Cada procesión demora media tarde en llegar a destino, que puede ser una casa, un lugar alquilado, o si se es muy adinerado un hotel cinco estrellas o la propia mansión familiar. En un casamiento realizado en un estado principesco, no es extraño ver al novio llegar en una carroza de plata o sobre un elefante decorado.

Mientras tanto la novia está encerrada con su madre, familiares femeninos y amigas, casi inmóvil por el pesado *sari* o *lengha* extravagantemente bordado en oro y piedras preciosas. Su peso puede llegar a los treinta kilos. Se espera de ella una actitud pasiva también durante la ceremonia, que le exige llevar la vista al suelo.

La preparación de la novia para el gran momento ha demandado todo el día y es un ritual en sí mismo. Lleva flores entretejidas en el cabello, pequeñas joyas aplicadas y pegadas bordeando las cejas, y sus manos y pies están pintados con *henna* con diseños que imitan un encaje fino y complicado. El casamiento de familias acaudaladas puede durar días, cada día con una diversidad de ceremonias, y en la principal pueden contarse miles de invitados. Las clases trabajadoras llegan a invitar a unas doscientas personas y es común para ellas quedar adeudadas por la década siguiente. Hoy en día, la mayoría de los casamientos se celebra en los hoteles más lujosos, lo cual fue llamado por Indira Gandhi "cultura cinco estrellas".

Muchas veces los choques entre la nueva esposa y sus cuñadas llegan a crear situaciones desagradables, sobre todo para el hombre, quien mantiene una postura ambivalente. En la familia india, no existe relación más cálida y afectiva que la de la madre con el hijo varón. Al ser los matrimonios arreglados la mujer tiene que compartir su vida con un marido con el cual no siempre se lleva bien, y por tal motivo desarrolla un vínculo de gran solidez y amistad con el hijo. La intensidad de esta relación está concentrada en uno solo de ellos, pero no necesariamente el primogénito. La docilidad, obediencia y respeto que las madres inculcan en ese hijo promueven una profunda dependencia desde la infancia.

Esto fue así desde la formación del sistema de las *joint families* (familias juntadas) en épocas muy lejanas, pero continúa vigente incluso en la clase media urbana. Las *joint families* están integradas por la familia de origen más la esposa del hijo, quienes viven bajo el mismo techo, pero en otro piso de la misma casa.

Sacrificio es el término más institucionalizado dentro de la cultura india. La mujer expresa su necesidad de poder en forma indirecta a través de la dote que ofrece para casarse, sobre todo en la franja de clase media y campesina.

Una nuera es juzgada por su estatus y prestigio económico, pero rara vez es considerada una personalidad independiente. El varón es el heredero de la riqueza familiar y el que realiza los rituales, el protector de los padres cuando envejecen, la ayuda financiera y, sobre todo, el orgullo familiar frente a los demás. La identidad de la mujer india está definida en términos de su relación con los otros porque carece de identidad propia.

Muchas cosas están cambiando en la actualidad. La educación de las mujeres, su dedicación al estudio de carreras profesionales y su contribución económica a la familia las hace participar activamente de los asuntos importantes. En áreas urbanas hay una tendencia cada vez mayor a la formación de núcleos de familias independientes, ya no está tan mal visto que las viudas vuelvan a unirse a otro hombre (algo inaceptable en el pasado) y el divorcio ya no es algo impensable. Los padres hoy en día están más preocupados por el éxito de sus hijos y sus futuras carreras que en asuntos familiares y de parentesco. El matrimonio, sin embargo, sigue siendo la prueba para mantener el estatus familiar y, por esa razón, sigue siendo arreglado por los padres y parientes, que aseguran así una unión dentro de un mismo linaje.

Por lo que pude observar en estos años, los indicios de cambios constituyen una amenaza para la institución familiar tradicional india ya que la mujer está concentrada en su desarrollo personal y sabe que tiene razones válidas —económicas, sociales y emocionales— para romper con el antiguo esquema familiar. Hoy en día es más decidida e independiente, sobre todo en las grandes ciudades, y está armando su propia familia. Los conflictos con el nuevo núcleo familiar son aceptados en una conformación tradicional, pero la mujer es cada vez más consciente y moderna y no se deja dominar tan fácilmente.

India, muestrario del universo

Concurrí a talleres individuales dictados por una psicóloga transpersonal, en los cuales los participantes eran conducidos hacia su verdadero ser a fin de tomar contacto con su maestro interno. Esta técnica consiste en un masaje sacrocervical activador del cerebro derecho bajo que logra hacerlos soñar despiertos. En mi caso particular, por intermedio de interpretaciones de los arquetipos surgidos en mis relatos pude comprender los modelos negativos que tantas veces repetí en mi vida.

Con Rashna nos hicimos amigas y participé de varios talleres que ofrecía en Delhi, a los cuales asistía una mezcla de gente india y occidental. En estos encuentros Rashna intentaba motivar a la mujer no profesional a desarrollar su potencial femenino. Por lo general, estas mujeres de buen nivel social prefieren estar bajo el mando de sus maridos sin animarse a trabajar ni a tener opinión propia.

En otro aspecto de mi vida, en la India aprendí más sobre el contacto visual. Los indios fijan sus ojos en el otro sin desviar la mirada. Un día, tuve un contacto visual con un maestro de yoga durante más de media hora sin que fueran necesarias las palabras. Los años transcurridos en ese país me permitieron aplicar en la práctica conceptos que antes eran sólo teoría.

En cuanto a la pareja, aprendí a dejar de lado el egoísmo y a incorporar la palabra "nosotros", tan necesaria para vivir.

Dentro y fuera del círculo diplomático conocí personas que serán mis amigas y amigos de por vida. Sé que tengo siempre un lugar en la India y que volveré varias veces.

También aprendí a ser más humilde, más paciente, a mirar mis miserias de frente sin esquivarlas, y hoy siento estar menos enmascarada. No es cuestión menor haber podido conectarme con el yoga de la manera en que lo hice, transitar ese camino de disciplina y autoobservación. Un camino difícil, pero ilimitado.

Aprendí a alimentarme en forma más sana y a ser más consciente del cuidado de mi salud. Gracias a la maravilla del Ayurveda, antiguo sistema hindú de medicina tradicional —tan antiguo como la cultura india—, aprendí a combinar los diferentes ingredientes de la comida y a manejar mi salud respetando mi específica tipología física.

La India moderna no tiene en el mundo la imagen que merece. No es solamente el país pobre y misterioso del que muchos autores hablan, es también una nación joven con una cultura milenaria. Un gran caldero donde todo se cocina al mismo tiempo. Puedes amarla u odiarla, pero nunca olvidarla.

Cada vez que vuelvo al Río de la Plata, a mis queridos Buenos Aires y Montevideo, los amigos me preguntan cómo es vivir en la India. ¡Vaya pregunta! Al ser un medio tan diferente no es fácil, pero al mismo tiempo es muy atractivo porque lo que se vive en ese país tiene magia, exotismo y autenticidad.

Cada vez que vuelvo a Delhi siento el shock cultural que significa convivir con millones de habitantes apretados en un territorio que es un poco más grande que la Argentina pero que tiene treinta veces nuestra población, en donde cohabitan en las calles los animales más variados y todo tipo de vehículos que sirvan para transportar personas y objetos, en donde el orden es caótico y la regla es la falta de normas. Sólo un pueblo muy pacífico puede vivir bajo estos parámetros de conducta.

Por eso, ante esa pregunta lógicamente repetida de mis amigos, siempre digo que la India es el gran muestrario del universo, donde conviven seres de todas las especies en continuo movimiento, en el que cada uno sabe hacia dónde tiene que ir, pero carece de la certeza de su suerte en el camino.

Su gente es muy cálida, transmite paz y serenidad. Aprendimos a admirarla, a entenderla, a respetar sus costumbres, sus diversas tradiciones y sus tiempos.

Como dijo André Malraux, la India real, para quien desee conocerla, "enseña a vivir".

TINI DE BUCOURT

Palabras finales

La corona de la femineidad

A veces, cuando me miro en el espejo y veo mis arrugas y gestos marcados, me pongo a pensar en los beneficios eventuales de una operación. Como muchas otras mujeres, yo también me he preguntado alguna vez si hacerme o no una "refrescada de cara". ¿Qué podría aportar a mi vida? ¿Me sentiría más linda, joven y aceptada? ¿Operarme para satisfacer mi necesidad de aprobación externa y seguir escuchando que soy mona, como cuando era adolescente? ¿Operarme porque mucha gente lo hace? los argumentos son tentadores —sobre todo para mí, que vengo del mundo de la imagen—, pero lo cierto es que ninguno termina por convencerme.

¿Por qué envejecer tiene tan mala prensa en algunos países? ¿Cuál es la verdadera raíz del pánico a aceptar lo que nuestra vida escribe sobre nuestra piel cuando debiera ser un trofeo a exhibir con satisfacción?

¿Por qué seguir modelos femeninos que parecen de treinta? ¿Por qué no sentir orgullo por las experiencias vividas?

Hay mujeres que alteran tanto sus facciones que luego nadie las reconoce y, sin embargo, su actitud delata su verdadera edad. no son conscientes de que el lenguaje de su profundo ser interno habla un idioma genuino.

Antes me preocupaban muchísimo las primeras arrugas, pero

hoy me importa más estar concentrada en temas que ocupen mi espíritu y mi mente. He aprendido que el desarrollo de las habilidades y la disciplina es lo único capaz de moldear la personalidad y la belleza de cada ser, y hoy prefiero pensar en las arrugas como partes de un paisaje sereno y no angustiante.

Aunque he aprendido a conocerme, sigo mirándome en el espejo y sigue gustándome agradar a los demás, si bien no tanto como antes. Me da placer cuidarme y verme linda, pero a la vez puedo reírme de mis aspectos inseguros. Gracias al trabajo realizado, éstos han cobrado menor protagonismo.

Los años pasan para todos y también para mí. He vivido en un medio en el que la belleza, la juventud y la perfección física eran primordiales, pero tengo profundas ganas de no dejarme vencer por la tentación del bisturí. esas ganas son el resultado de años de trabajo con la belleza interior, una tarea que echó raíces lo suficientemente fuertes para lograr mi objetivo. Hoy me gusta ver inscriptas en mi cuerpo las experiencias vividas; mi cara tiene arrugas, pero se mueve, tiene ritmo, y a veces trasunta esa paz rejuvenecedora que ninguna cirugía podría lograr. Quisiera envejecer en forma natural porque amo la naturaleza y porque quiero ser fiel a mis principios. sé que es posible ser bella a pesar de las arrugas.

Son muchas las mujeres que comparten mi pensamiento, que no desean vivir en un mundo donde los seres humanos van mutando por culpa del artificio. Un mundo que avanza por una autopista a una velocidad que no permite detenerse a pensar y donde la naturaleza tiene cada vez menor espacio. Prefiero insistir en el trabajo de actitudes y movimientos flexibles, sueltos y libres a través del yoga, la danza y la meditación, y esperar los resultados. lograr misterio con lo que tengo y es mío. seguir ocupada en los temas que me interesan y producir resultados eficaces para mí. no quiero borrar mi historia ni de mi rostro ni de mi cuerpo. ahora que reencontré internamente mi ser femenino, no deseo cambiar el envase.

¿Quién no recuerda a Brigitte Bardot, una diosa de su época?

a mucha gente le parece desagradable que alguien que ha sido un ícono de belleza de su tiempo haya permitido que los años dejaran sus huellas, pero yo la admiro doblemente. Otra figura a quien siempre admiré por su naturalidad e informalidad es Susan Barrantes, quien lamentablemente ya no está entre nosotros. ni hablar de China Zorrilla, quien a sus ochenta años es natural y jovial, y está plena de espontaneidad y acción. China, si llego a los ochenta, ¡me encantaría tener tu espíritu radiante!

Fueron muchas las mujeres que me impactaron por su coraje de seguir siendo quienes eran en un mundo competitivo y lleno de tentaciones por el artificio. no deja de fascinarme conocer a mujeres mayores de setenta años que están erguidas, tienen los ojos llenos de vida y muestran orgullo ante los otros. Que parecen niñas, pero no por la ropa o la forma de hablar sino por su juventud espiritual y mental, porque están colmadas de proyectos, hacen cosas que las gratifican y el cuerpo las acompaña con la flexibilidad de un junco. sin duda, la mejor receta para lograr el objetivo de la jovialidad es estar enfocadas en lo que nos gusta y tener el coraje y el ánimo de realizar nuestras ideas y fantasías. Vivir el paso del tiempo como algo natural es una expresión de madurez. estar abiertos a la exploración tiene una sensualidad poderosa. las almas que viven activamente su tiempo nunca están quietas. Vale la pena envejecer naturalmente, porque sólo así se obtiene el premio de una personalidad auténtica.

Viví desfasada durante demasiados años al tener que atravesar etapas que no correspondían a mi edad y me costó mucho trabajo volver a ajustarme a mi ritmo natural. ahora que finalmente lo he logrado, quisiera poder disfrutar de cada cosa a su debido tiempo. soy madre, esposa y abuela llena de vida, de ganas y de experiencias para compartir. Quiero aprovechar al máximo mi mente y desarrollar mi espíritu como preparación para la madurez futura. indudablemente el miedo a la vejez está ligado al miedo a morir. Maestros espirituales de todo el mundo enseñan que las claves de la muerte hay que hallarlas en la vida, y, según las tradiciones indias, los años posteriores a la menopausia son ideales para ocuparse de este tema tan delicado ya que los hijos han crecido y se han independizado, la actividad laboral ya no nos preocupa como antes y tenemos más tiempo para la reflexión. es en esta etapa que la experiencia da el fruto del entendimiento.

También ahora nuestro rol de madres se transforma en el de mentoras porque nuestros hijos se dan cuenta del valor de nuestros consejos.

Y es cuando la vida nos premia con la llegada de los nietos. nuestra función en este caso consiste en hacer todo lo que los padres no tienen tiempo de hacer con ellos por estar ocupados, como leerles cuentos, pasear con ellos, mimarlos, hacer cosas que enriquezcan sus vidas. ellos sabrán atesorar en la memoria el sentimiento de haber sido amados por nosotras incondicionalmente.

En esta etapa, podemos llevar la corona de la femineidad con sabiduría y entereza. Al habernos liberado de los ritmos menstruales de la luna podemos flotar según el ritmo de nuestro océano propio y profundo, que está unido al fluir del universo.

Nuestra belleza refleja la conexión interna con el núcleo de toda la creación, y es por eso que cuando desarrollamos ese nexo brillamos con naturalidad hacia el mundo. la belleza es un estado de felicidad y paz interior. Cuanto más conectadas estemos con nuestra verdadera naturaleza, mayor energía vital tendremos y, con esto, un aspecto saludable. elegir una vida tranquila es el primer paso hacia la verdadera belleza.

Necesito estar siempre en contacto con mi cuerpo, vivirlo por dentro para continuar trabajando mi espejo interior. Practico yoga y pranayana diariamente porque a través de la respiración sigo redescubriendo facetas en mí que habían caído en el olvido.

272

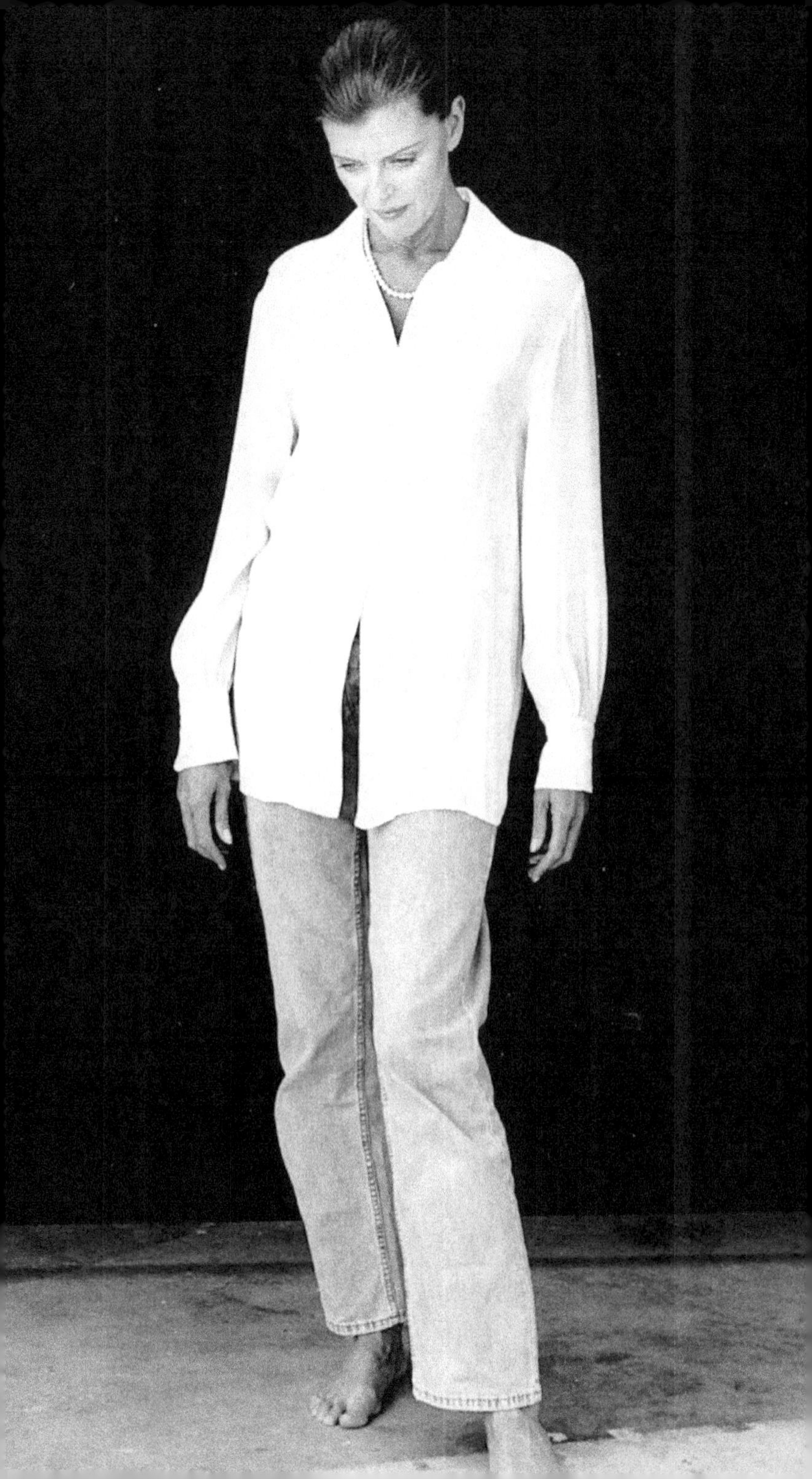

Hoy me siento satisfecha con mi vida y me agradaría poder inyectarles esta sensación de plenitud a todas las mujeres que sufren y dependen demasiado de su imagen. He pasado momentos difíciles, pero el placer de revertirlos es incomparable. el trabajo es arduo, pero la recompensa es la posibilidad de recuperar la aceptación personal, la autoestima y la identidad.

No anhelo ser otra, sino que cada vez deseo con más fuerza seguir siendo la Tini sana, abierta y plena, la Tini con defectos, pero también con proyectos. Hoy las dos Tinis hemos llegado a ser buenas amigas. antes sentía pánico a estar sola y en silencio, pero hoy es un placer elegido. Y si de vez en cuando reaparecen viejos fantasmas no me preocupo, porque sé que también ellos son parte de este aprendizaje.

Agradecimientos

Cuando culmina el esfuerzo de escribir este libro vienen a mi memoria, y no exentos de nostalgia, muchos acontecimientos y personas que han tenido que ver con esta parición. Por ese motivo, y un poco en consonancia con lo escrito en estas páginas que les entrego, deseo expresar mi especial gratitud por lo que ha sido mi vida, siempre intensa, siempre audaz y fundamentalmente plena de optimismo. Para unos puede ser gracias a Dios, para mí también. Quiero agradecer muy especialmente a mis hijos, Juan y Ceci, quienes siempre me han apoyado y me dieron fuerzas desde la lejanía. Ceci estuvo conmigo unos días en la India y me tomó algunas de las fotos que aportan su estética al libro.

No puedo hacer una larga lista de agradecimientos ya que estos últimos meses de lecturas y escritura los pasé en Nueva Delhi, donde mis amigas hablan en inglés. En algunos momentos de dudas y temores extrañé la consulta de quienes —estoy segura— me habrían iluminado el camino, pero afortunadamente conté con el apoyo incondicional de mucha gente.

Agradezco a mi amiga Susie Roy, quien a pesar de no hablar castellano siempre me ayudó escuchando y analizando mis dudas y me llenó de fuerza positiva con sus visitas y su cariño incondicional. También a tantas amigas y amigos en la India que respetaron mi clausura y me ofrecieron su colaboración. Quiero agradecer muy especialmente a Doris Capurro, mi gran amiga de muchos años, por el apoyo brindado, sus ideas inteligentes y su ayuda invalorable para hacer posible este libro. A Lelén Lesa Brown, quien hizo de nexo entre la editorial y yo durante todo el proceso de escritura, resolvió variados temas con eficiencia y apoyó el proyecto con toda su fuerza. ¡Gracias, Lelén, por confiar en mí! Un agradecimiento especial para Gabriel Rozman y Alberto Arana. Agradezco también a Laura Berti, quien con mucha fe tomó el proyecto en sus manos y logró terminarlo a tiempo. Gracias a Gabriela Vigo por haber editado el texto con eficacia, y a Guadalupe Zorrero por su trabajo de diagramación. Mi amiga india Urmilla Dongree merece unas gracias especiales porque aportó las maravillosas fotografías sobre la India de su colección privada. Gracias también a Raddhimrata Burman por sus fotos, y a mi amiga Rashna Imhasly Gandhi, una de las mujeres más geniales que conocí.

Agradezco también el apoyo incondicional de mi nuera, Natalia Sieburger, y de Patricia Ferretti, por su cariño y buen humor. Un ser que jamás se despegó de mí y estuvo constantemente a mis pies brindándome su compañía es mi perro labrador Simba. Las gracias con mayúsculas son para mi querido marido Quique, quien con su paciencia, calma y excelente criterio ha sabido guiarme sabiamente tanto en los momentos de dudas como durante las lecturas y correcciones. Sus críticas han sido siempre acertadas y llenas de amor y comprensión. ¡Infinitamente gracias, Quique!

Bibliografía

Alexander, Gerda: *La Eutonía*, Paidós, 1979.

Atreya: Practical *Ayurveda*, Jaico Publishing House, 1998.

Barlow, Wilfred: *El principio de Matthias Alexander*, Paidós, 1973.

Beaton, Cecil: *El espejo de la moda*, Parsifal Ediciones, 1990.

Bennett, Bija: *Emotional Yoga. How The Body Can Heal The Mind*, Fireside, 2002.

Bernard, Michel: *El cuerpo. Un fenómeno ambivalente*, Paidós, 1994.

Bertherat, Therese: *El cuerpo tiene sus razones*, Paidós, 1976.

Bertherat, Therese: *La guarida del tigre*, Paidós, 1989.

Bertherat, Therese: *Las estaciones del cuerpo*, Paidós, 1985.

Bettelheim, Bruno: *Psicoanálisis de los cuentos de hadas*, Grijalbo, 1991.

Bolen, Jean Shinoda: *Las diosas de cada mujer*, Kairós, 1993.

Bornay, Erika: *Las hijas de Lilith*, Cátedra, 1995.

Bossu, Henri; Chalaguier, Claude: *La expresión corporal*, Martínez Roca, 1986. Branden, Nathaniel: *Los seis pilares de la autoestima*, Paidós, 1995.

Buchbinder, Mario J.; Matoso, Elina: *Las máscaras de las máscaras*, Eudeba, 1994. Bumiller, Elisabeth: *May you be the mother of a hundred sons*, Penguin, 1991.

Chakravarti, Uma; Gill, Preeti (comps.): *Shadow Lives Writings on Widowhood*, Kali for Women, 2001.

Cohen, Betsy: *El síndrome Blancanieves*, Planeta, 1988.

Doress, P. Brown; Siegal, Laskin D.: *Envejecer juntas*, Paidós, 1987.

Dowling, Colette: *El complejo de Cenicienta*, Grijalbo, 1982.

Feldenkrais, Moshe: *Autoconciencia por el movimiento. Ejercicios para el desarrollo personal*, Paidós, 1972.

Feldenkrais, Moshe: *El poder del yo*, Paidós, 1985.

Feldenkrais, Moshe: *La dificultad de ver lo obvio*, Paidós, 1981.

Feuerstein, Georg: *The Yoga Tradition. Its History, Literature, Philosophy and Practice*, Hohm Press, 1998.

Frawley, David Dr.: *Ayurveda and the Mind*, Lotus Press, 1997.

Frawley, David Dr.: *Yoga & Ayurveda*, Lotus Press, 1999.

Hall, Edward: *El lenguaje silencioso*, Alianza Editorial, 1959.

Hanna, Thomas: *Somatics*, Perseus Books, 1988.

Hemsy de Gainza, Violeta: *Conversaciones con Gerda Alexander*, Paidós, 1985.

Klensch, Elsa: *Style*, The Berkley Publishing Group, 1995.

Lapierre, André; Aucouturier, Bernard: *El cuerpo y el inconsciente en educación y terapia*, Editorial Científico-Médica, 1980.

Lapierre, André; Aucouturier, Bernard: *Simbología en movimiento*, Editorial Científico-Médica, 1985.

Le Boulch, Jean: *Hacia una ciencia*, Paidós, 1989.

Lipovetsky, Gilles: *El imperio de lo efímero*, Anagrama, 1990.

Lipovetsky, Gilles: *La era del vacío*, Anagrama, 1986.

Lipovetsky, Gilles: *La tercera mujer*, Anagrama, 1999.

Luke Helen, M.: *La vía de la mujer*, Editorial Edad, 1997.

Lurie, Alison: *El lenguaje de la moda*, Paidós, 1994.

Lysebeth André Van: *Tantra, el culto de lo femenino*, Urano, 1990.

Margulis, Mario (comp.): *La juventud es más que una palabra*, Biblos, 2000.

Mascetti, Manuela Dunn: *Diosas. La canción de Eva*, Ediciones Robinbrook, 1990.

Matoso, Elina: *El cuerpo, territorio escénico*, Paidós, 1992.

Mehta, Gita: *Raj*, Penguin, 1990.

Noble, Vicki: *El poder natural de la mujer*, Planeta, 1994.

Odier, Daniel: *Tantra*, Neoperson Ediciones, 1997.

Osho: *Acerca de la mujer*, Editorial Luz de Luna, 1995.

Paz, Octavio: *Vislumbres de la India*, Seix Barral, 1995.

Pinkola Estés, Clarissa: *Mujeres que corren con los lobos*, Ediciones B, Grupo Z, 1995.

Punja, Shobita: *Daughters of the Ocean*, Viking, 1996.

Quick, Harriet: Catwalking. *A history of the fashion model*, Hamlyn, 1997.

Robles, Martha: *Mujeres, mitos y diosas*, Tezontle, 1996.

Rodin, Judith: *Las trampas del cuerpo*, Paidós, 1993.

Roth, Gabriella: *Enseñanzas de una chamán urbana*, Planeta, 1992.

Schiffmann, Erich: Yoga. *The Spirit and Practice of Moving into Stillness*, Pocket Books, 1996.

Schilder, Paul: *Imagen y apariencia del cuerpo humano*, Paidós, 1983.

Singh, Renuka: *The Womb of Mind*, Vikas Publishing House, 1990.

Sivananda Yoga Vedanta Centres International: *Yoga Teachers Training Manual*, 1989.

Socas, Francisco: *Sobre la belleza y el amor*. Agostino Nifo, Secretariado de Publicaciones de la Universidad de Sevilla, 1990.

Sorman, Guy: *El genio de la India*, Kairós, 2002.

Stokoe, Patricia: *Expresión corporal. Arte, salud y educación*, Hvmanitas.

Strauss, Anselm L.: *Espejos y máscaras*, Marymar Ediciones, 1977.

Svoboda, Dr. Robert E.: *Ayurveda for Women*, David and Charles, 1999.

Tapert, Annette; Edkins, Diana: *The Power of Style*, Crown Publishers Inc., 1994.

Urrera, Inmaculada: *Coco Chanel. La revolución de un estilo*, Ediciones Internacionales Universitarias, Eiunsa, 1997.

Verma, Vinod: *Ayurveda a Way of Life*, Lotus Press, 2001.

Weed, Susan S.: Menopausal Years. *The Wise Woman Way*, Ash Tree Publishing, 1992.

www.ingramcontent.com/pod-product-compliance
Lightning Source LLC
Chambersburg PA
CBHW070650250726

48662CB00001B/54